Qualifikationsunterschiede und die Dynamik der Arbeitsnachfrage

Europäische Hochschulschriften

Publications Universitaires Européennes
European University Studies

Reihe V
Volks- und Betriebswirtschaft

Série V Series V
Sciences économiques, gestion d'entreprise
Economics and Management

Bd./Vol. 2937

PETER LANG
Frankfurt am Main · Berlin · Bern · Bruxelles · New York · Oxford · Wien

Stephan Kohns

Qualifikationsunterschiede und die Dynamik der Arbeitsnachfrage

PETER LANG
Europäischer Verlag der Wissenschaften

Die Deutsche Bibliothek - CIP-Einheitsaufnahme

Kohns, Stephan:

Qualifikationsunterschiede und die Dynamik der Arbeitsnachfrage / Stephan Kohns. - Frankfurt am Main ; Berlin ; Bern ; Bruxelles ; New York ; Oxford ; Wien : Lang, 2002
(Europäische Hochschulschriften : Reihe 5, Volks- und Betriebswirtschaft ; Bd. 2937)
Zugl.: Bonn, Univ., Diss., 2002
ISBN 3-631-50374-1

D 5
ISSN 0531-7339
ISBN 3-631-50374-1

www.peterlang.de

Vorwort

Die vorliegende Arbeit entstand als Dissertation während meiner Tätigkeit als wissenschaftlicher Mitarbeiter am Institut für Internationale Wirtschaftspolitik (IIW) der Rheinischen Friedrich-Wilhelms Universität Bonn. Die erste Seite möchte ich nutzen, um all denen zu danken, die mir bei der Erstellung geholfen und daran mitgewirkt haben, daß diese Arbeit überhaupt oder zumindest in dieser Form realisiert wurde.

An erster Stelle ist hier mein Doktorvater, Prof. Dr. Manfred J.M. Neumann, zu nennen, und zwar sowohl für die Möglichkeit, dieses arbeitsmarktökonomische Thema zu bearbeiten als auch für Ermutigung, Anregungen und Ratschläge gerade bei Problemen, durch die die Fertigstellung der Arbeit merklich ins Stocken geriet. Danken möchte ich auch Prof. Dr. Klaus F. Zimmermann für die Übernahme des Zweitgutachtens und die damit verbundenen Hinweise, insbesondere zur Wahl eines prägnanteren Titels.

Den Mitarbeitern am IIW danke ich für die angenehme Arbeitsatmosphäre und ihre vielfältige Unterstützung. Besonders erwähnen möchte ich die studentischen Hilfskräfte, die mir vor allem bei der Datenbeschaffung und -eingabe sowie beim Satz der Arbeit wertvolle Dienste erwiesen haben. In diesem Zusammenhang geht mein Dank auch an die Schöpfer von LaTeX, MikTeX, BibTeX, WinEdt und RATS für ihre manchmal eigenwillige, aber gleichwohl hervorragende und für das Gelingen dieser Arbeit unentbehrliche Software.

Durch ihre sorgfältige Lektüre haben René Fahr, Dr. Winfried Koeniger und Uwe Sunde vom Forschungsinstitut Zukunft der Arbeit (IZA) noch wesentlich zur inhaltlichen sowie Tanja Kreuzberg und Annelise Rader zur orthographischen und stilistischen Verbesserung der Endfassung beigetragen.

Schließlich danke ich meinen Eltern für Ihre verläßliche Unterstützung während des Studiums und der Promotion. Ihnen und meinen Großeltern ist diese Arbeit gewidmet.

Inhaltsverzeichnis

Abbildungsverzeichnis

Tabellenverzeichnis

Abkürzungsverzeichnis

ADF-Test	Augmented Dickey-Fuller Test
AIC	Akaike Information Criterion
CES	Constant Elasticity of Substitution
d.h.	das heißt
EG-Test	Engle-Granger Test
EG-Verfahren	Engle-Granger Verfahren
et al.	et altera
etc.	et cetera
ff.	folgende
FK-Modell	Fehlerkorrekturmodell
GMM	Generalized Method of Moments
i.i.d.	independendly identically distributed (unabhängig identisch verteilt)
LM	Lagrange Multiplier
LR	Likelihood Ratio
OECD	Organisation for Economic Co-Operation and Development
S.	Seite
SIC	Schwarz Information Criterion
SOEP	Sozio-oekonomisches Panel
usw.	und so weiter
VAR	Vektorautoregression / vektorautoregressiv
z.B.	zum Beispiel

Kapitel 1

Einleitung

Ein Vergleich der Arbeitslosenquoten über die OECD läßt verschiedene Muster und Regelmäßigkeiten erkennen. Augenfällig ist eine relativ große Diskrepanz zwischen der Arbeitslosigkeit in Europa und den Vereinigten Staaten. Betrachtet man exemplarisch das Jahr 2000, so betrug die Arbeitslosenquote in der gesamten OECD 6,7%, in der EU 9,4% und in den USA 4,3%, und auch bei einem mehrjährigen Vergleich liegt die US-Quote um einiges niedriger. Dieses Phänomen ist Gegenstand einer umfangreichen Literatur, die zur Erklärung insbesondere die rigide Arbeitsmarktverfassung in den meisten europäischen Ökonomien per se oder, in einer Weiterentwicklung der Theorie, das Zusammenwirken von Rigiditäten mit einer Reihe kontraktiver Schocks heranzieht, vergleiche Blanchard und Wolfers (1999) oder Bertola et al. (2002). Der hohe Stellenwert, den die aggregierte Arbeitslosenquote in der Forschung und der öffentlichen Wahrnehmung einnimmt, findet seine Rechtfertigung in den beträchtlichen Wohlfahrtsverlusten, die mit einer persistent hohen Arbeitslosigkeit einhergehen. Zum Outputverlust und der Abschreibung auf Humankapital infolge länger anhaltender Arbeitslosigkeit treten zusätzlich die zur Finanzierung von Transferleistung an die Arbeitslosen erhobenen Steuern und Sozialbeiträge, die im allgemeinen wegen ihrer verzerrenden Wirkung weitere negative Effekte auf Beschäftigung und Wohlfahrt ausüben. Neben den Niveauunterschieden zwischen Europa und den USA zeigt sich ein zweiter stilisierter Fakt, wenn man die Arbeitslosenquoten nach der Qualifikation disaggregiert. Unter der Annahme, daß sich die Qualifikation einer Erwerbsperson näherungsweise durch den höchsten erreichten Schulabschluß messen läßt, zeigt sich in allen betrachteten Ökonomien eine wesentlich niedrigere Arbeitslosigkeit unter den Höher- und Hochqualifizierten. In der gesamten OECD betrug, ebenfalls im Jahr 2000, die Arbeitslosenquote unter Personen mit einem Universitätsabschluß 2,9% gegenüber 6,3% bei denjenigen ohne höhere Schulbildung. Die entsprechenden Quoten für die EU lauten 5,1% und 11,5% und für die USA

2,1% und 7,7%,[1] und das gleiche Muster einer mit der Qualifikation abnehmenden Arbeitslosenquote findet sich auch in früheren Jahren, vergleiche etwa Bell und Nickell (1995).

Verglichen mit den Niveaus von Beschäftigung und Arbeitslosigkeit findet die Dynamik dieser Größen in einer Volkswirtschaft und im internationalen Vergleich gemeinhin weniger Beachtung, wobei die dynamischen Eigenschaften einer Zeitreihe sowohl die Stärke und Häufigkeit von Schwankungen als auch das Verlaufsmuster betreffen.[2] Unterschiede in der Dynamik für ein gegebenes Niveau können ebenso wie Niveauunterschiede nicht zu vernachlässigende Wohlfahrtseffekte und Politikimplikationen haben. So hat eine asymmetrische Antwort der Arbeitslosigkeit auf expansive und kontraktive Schocks Auswirkungen beispielsweise auf die Beurteilung der Geld- und Fiskalpolitik. Je länger es dauert, bis sich die Arbeitslosenquote von einem kontraktiven Schock erholt, desto wahrscheinlicher ist es, daß Mechanismen wie der Verlust von Humankapital oder Desillusionierung unter den Arbeitslosen einsetzen, die zu einer Verlängerung des Arbeitslosigkeitsanstieges führen. Wenn umgekehrt die Arbeitslosenquote nur verzögert auf expansive Schocks reagiert, kann der Überraschungseffekt beispielsweise eines expansiven Geldmengenschocks gedämpft werden, da der induzierte Anstieg des Preisniveaus bereits teilweise in den Erwartungen der Privaten und der Lohnbildung berücksichtigt wird, bevor der intendierte Beschäftigungseffekt einsetzt.[3] Da bei einem solchen Asymmetriemuster zwei gleich große, lediglich in ihrem Vorzeichen verschiedene Schocks einen negativen Nettoeffekt auf die Wohlfahrt haben, ist in diesem Fall auch eine höhere Volatilität exogener Variablen wie des Ölpreises oder wirtschaftspolitischer Maßnahmen eindeutig wohlfahrtsmindernd.

Das Vorliegen von Asymmetrie ist ferner bedeutsam für die Entwicklung von Modellen in der Wirtschaftstheorie, da es, wie in den folgenden Kapiteln noch näher ausgeführt, beispielsweise die Verwendung linearer Modelle mit normalverteilten Innovationen, die immer zu einer symmetrischen Dynamik führen, ausschließt.

[1] Diese qualifikationsspezifischen Quoten basieren auf einer etwas anderen Grundgesamtheit als die zuvor genannten Gesamtquoten und sind mit diesen daher nicht direkt vergleichbar. Zu Definition und Datenquellen, Quoten für einzelne europäische Länder und Erwerbsquoten siehe Tabelle 4.1 auf Seite 74.

[2] In den vergangenen Jahren wurde gerade im Bezug auf die Arbeitslosigkeit die Unterscheidung zwischen Niveau und Dynamik als willkürlich kritisiert und stattdessen das Hysteresiskonzept als übergreifender Ansatz propagiert. Eine charakteristische Eigenschaft von Hysteresis ist, daß Niveau und Dynamik völlig simultan bestimmt sind und daher nicht sinnvoll getrennt analysiert werden können. Gerade für das (kontinental-)europäische Phänomen persistent hoher Arbeitslosigkeit, bei dem eigentlich transitorische Schocks dennoch zu lang anhaltenden Abweichungen vom Ausgangswert führen, scheint das Hysteresiskonzept besonders geeignet, siehe etwa die Beiträge in Cross (1988, 1995). Die empirische Evidenz für das Vorliegen vollständiger Hysteresis ist indes uneinheitlich, vergleiche etwa den Überblick in Nickell (1998).
Das Hysteresisproblem wird in dieser Arbeit nicht weiter betrachtet, da es für die Charakterisierung der Dynamik der Arbeitslosendaten nicht entscheidend ist.

[3] Garibaldi (1997) findet Belege für einen direkten asymmetrischen Einfluß der Geldpolitik auf die Stromgrößen am Arbeitsmarkt.

Umgekehrt kann beim Fehlen signifikanter Asymmetrie auf den teilweise erheblichen analytischen Aufwand von Ansätzen wie Matchingmodellen mit endogener Stellenzerstörung oder Modellen der dynamischen Arbeitsnachfrage mit asymmetrischen Anpassungskosten verzichtet werden.

Vor dem Hintergrund der scheinbar recht heterogenen Arbeitsmarktlage unterschiedlich qualifizierter Erwerbspersonen wird in dieser Arbeit versucht, theoretisch und empirisch herauszuarbeiten, welche Auswirkungen unterschiedliche Qualifikationsniveaus auf Beschäftigung und Arbeitslosigkeit der jeweiligen Teilgruppen haben. Ein besonderes Augenmerk liegt auf der Dynamik dieser Reihen im Konjunkturverlauf und beim Auftreten exogener Störungen. Auch wenn nur der Versuch einer einigermaßen vollständigen Erklärung eigentlich sowohl auf Angebots- als auch auf Nachfrageeffekte am Arbeitsmarkt eingehen muß, liegt der Schwerpunkt in der folgenden Analyse dennoch auf der Nachfrageseite. Auf mögliche Wechselwirkungen mit Angebotseffekten wird jedoch an den entsprechenden Stellen zumindest kurz eingegangen.

Für die Erklärung der Unterschiede zwischen den USA und den europäischen Ökonomien mit hoher Arbeitslosigkeit kommen weniger unterschiedliche Qualifikationsstrukturen in Frage, sondern vielmehr die bereits erwähnten Rigiditäten infolge staatlicher Arbeitsmarkt- und Sozialpolitik. Wegen der Konzentration auf nachfrageseitige Erklärungsansätze wird bei der Modellierung von den vielen möglichen Regulierungen der Schutz vor Entlassungen herausgegriffen. Im folgenden bezeichnen *Entlassungen* die Auflösung von Arbeitsverhältnissen durch das Unternehmen, während für den umgekehrten Fall der arbeitnehmerinduzierten Vertragsauflösung der Begriff *Kündigung* verwendet wird.

Die folgenden Kapitel behandeln zuerst Beschäftigungsniveau und -dynamik aus theoretischer Sicht anhand von Anpassungskosten- sowie Such- und Matchingmodellen, um dann im Anschluß auf die empirische Überprüfung einiger Modellimplikationen einzugehen.
Kapitel 2 stellt Modelle aus der Theorie der dynamischen Arbeitsnachfrage mit Anpassungskosten vor. Diese Modellklasse fußt auf dem neoklassischen Marktmodell mit vollkommener Information auf dem Arbeitsmarkt und hat sich zur Beschreibung der Beschäftigungsdynamik als gut geeignet erwiesen, liefert jedoch kaum Implikationen für die Höhe oder die Entwicklung der Beschäftigungsniveaus im langfristigen Gleichgewicht.
Im Gegensatz dazu werden in Kapitel 3 Matchingmodelle eingeführt, mit denen sich einige der am Arbeitsmarkt auftretenden Friktionen wie unvollständige Informationen über offene Stellen beziehungsweise verfügbare Bewerber wesentlich besser abbilden lassen. Nach einer Darstellung der Unterschiede zum klassischen Marktmodell wird das bekannte Matchingmodell von Mortensen und Pissarides (1994) um heterogene Arbeitskräfte und Entlassungskosten erweitert, so daß sich die Auswirkungen von Qualifikationsunterschieden auf die Höhe und den Verlauf der Arbeitslosigkeit analysieren lassen. Diese Modellerweiterung bildet den

Hauptbeitrag der vorliegenden Arbeit zur wirtschaftstheoretischen Literatur. Im Unterschied zu Kapitel 2, dessen Hauptergebnis die Darstellung eines Instrumentariums für eine differenzierte empirische Analyse der Beschäftigungsdynamik ist, lassen sich aus dem Matchingmodell stärkere Implikationen ableiten. Für eine unmittelbare empirische Überprüfung im Sinne der Herleitung einer Gleichung, die mit aggregierten Daten geschätzt werden könnte, ist das Modell hingegen weniger geeignet.

Kapitel 4 befaßt sich mit empirischer Evidenz zu den Modellen aus den beiden vorangehenden Kapiteln. Der Schwerpunkt liegt dabei auf der Betrachtung aggregierter Reihen. Neben einem deskriptiven Teil mit Arbeitslosenquoten im internationalen Vergleich, der Entwicklung qualifikationsspezifischer Arbeitslosigkeit in Deutschland sowie den Ergebnissen mehrerer Mikrostudien wird darin eine Überprüfung aggregierter Arbeitslosendaten verschiedener Länder auf das Vorliegen von Beschäftigungsverläufen, wie sie etwa das Matchingmodell impliziert, vorgenommen. Als weiterer Beitrag dieser Arbeit zur empirischen Literatur wird noch unter Rückgriff auf die Verfahren aus Kapitel 2 für das verarbeitende Gewerbe in (West-)Deutschland die Struktur der Anpassungskosten bestimmt, um im Gegensatz zu den Asymmetrietests auch Schlüsse über die Beschäftigungsdynamik in Abhängigkeit vom Qualifikationsniveau der Arbeitnehmer ziehen zu können.

Kapitel 5 schließlich enthält eine kurze Zusammenfassung der Ergebnisse mit einigen Schlußbemerkungen. In den Anhängen A, B und C finden sich Quellenangaben für die verwendeten Daten, ausführlichere Herleitungen, die für das Verständnis nicht unmittelbar erforderlich sind sowie einige Tabellen, die die im Hauptteil vorgestellten Ergebnisse ergänzen.

Kapitel 2

Die Rolle von Anpassungskosten für die Dynamik der Arbeitsnachfrage

Modelle mit Anpassungskosten erklären die Dynamik der Beschäftigung über die besondere Gestalt der Arbeitsnachfrage von Unternehmen. Wechselwirkungen mit dem Arbeitsangebot werden dabei ausgeblendet, zumal bei der Modellierung in der Regel von einem einzelnen Unternehmen ausgegangen wird, für das das Arbeitsangebot als vollkommen elastisch und der Lohn als zumindest kurzfristig exogen gegeben angesehen werden können. Ferner wird angenommen, daß sich offene Stellen sofort mit geeigneten Arbeitnehmern besetzen lassen und insofern vollkommene Information unter den am Arbeitsmarkt agierenden Marktteilnehmern herrscht.

Abschnitt 2.1 motiviert kurz die Entstehung von Anpassungskostenmodellen, kategorisiert die Formen von Anpassungskosten und veranschaulicht die Probleme einer direkten Erfassung. Die in der Literatur üblichen Ansätze zur Modellierung von Anpassungskosten sind Gegenstand von Abschnitt 2.2. Dabei wird nicht nur auf die Ansätze selbst eingegangen, sondern auch auf die jeweiligen Implikationen für die Beschäftigungsdynamik und auf die Möglichkeiten und Grenzen, das mikroökonomisch formulierte Problem der Anpassungskosten anhand von aggregierten Zeitreihen zu analysieren. Die Dynamik der Arbeitslosigkeit wird nicht explizit betrachtet, doch unter der üblichen Annahme einer festen Zahl von Erwerbspersonen verläuft sie entsprechend spiegelbildlich zu der der Beschäftigung. Im Hinblick auf die empirische Analyse in Kapitel 4 (und dort insbesondere in Abschnitt 4.3) skizziert Abschnitt 2.3 den Übergang zur empirischen Überprüfung der Ansätze aus 2.2. Einige abschließende Bemerkungen und eine kurze Zusammenfassung zu diesem Kapitel finden sich in Abschnitt 2.4.

2.1 Ursachen und Formen von Anpassungskosten

Ausgangspunkt der folgenden Betrachtungen ist ein Unternehmen, das unter Einsatz des – möglicherweise heterogenen – Faktors Arbeit und weiterer Faktoren ein homogenes Gut Y_t produziert. Seien im folgenden Q_t der $p \times 1$-Vektor der Einsatzfaktoren zum Zeitpunkt t, P_t der exogene zugehörige $p \times 1$-Preisvektor, $P_t^Y(Y_t)$ der Preis des Outputs und Ξ_t ein $q \times 1$-Vektor von sonstigen exogenen Variablen wie Produktivitätsschocks.[1] Die dem Unternehmen zur Verfügung stehende Technologie werde durch die Produktionsfunktion $F(Q_t, \Xi_t)$ beschrieben, wobei $\partial F/\partial Q_{i,t} > 0$, $i = 1, \ldots, p$ gilt. Schließlich sei ρ ein konstanter Diskontfaktor zwischen 0 und 1 und E_t ein Operator für vorerst nicht näher spezifizierte Erwartungen. Das Unternehmen maximiere den Gegenwartswert seiner Gewinne, so daß sich das Optimierungsproblem ausdrücken läßt als

$$\max_{Q_\tau} \mathrm{E}_t \sum_{\tau=t}^{\infty} \rho^{\tau-t} \left[P^Y(Y_\tau)Y_\tau - P_\tau' Q_\tau\right] \,, \tag{2.1}$$

$$\text{mit} \quad Y_\tau = F(Q_\tau, \Xi_\tau) \; \forall \tau \geq t \,. \tag{2.2}$$

Bezeichne Q_t^* die Lösung dieses Optimierungsproblems. Da alle Variablen nur kontemporär eingehen, hängt die Dynamik von Q_t^* einzig von den Eigenschaften der exogenen Größen Ξ_t ab, etwa der Korrelationsstruktur über die Zeit bei Produktivitätsschocks. Ist Ξ_t seriell unkorreliert, so vereinfacht sich das intertemporale Optimierungsproblem der beiden obigen Gleichungen wegen des Fehlens jeglicher Verknüpfung zwischen den Perioden zur Gewinnmaximierung in jeder einzelnen Periode, wie es aus der Theorie der statischen Faktornachfrage bekannt ist. Um die empirisch beobachtete Dynamik von Output und Faktornachfrage, etwa Investitionen und Beschäftigung, mit dem Modell erklären zu können, müßte folglich angenommen werden, daß derartige Schocks eine sehr hohe Persistenz aufweisen, da Kapital und Beschäftigung in der Regel nur relativ langsam reagieren.[2] Auch durch die Annahme seriell hoch korrelierter Produktivitätsschocks läßt sich aber nicht erklären, warum es in Rezessionen zu einer Hortung von Arbeitskräften kommt, während in Aufschwüngen die steigende Arbeitsnachfrage nur teilweise zu einer Ausweitung der Beschäftigung und stattdessen auch zu einer Erhöhung der Nutzungsintensität, insbesondere durch die Verwendung von Überstunden, führt.

[1] Die Abhängigkeit des Outputpreises $P_t^Y(Y_t)$ von der Outputmenge erlaubt die Berücksichtigung von Szenarien ohne vollständigen Wettbewerb auf dem Produktmarkt, d.h. der Outputpreis kann grundsätzlich auch endogen sein, vergleiche etwa Burgess und Dolado (1989) mit der Annahme monopolistischen Wettbewerbes.

[2] Aufgrund einer ähnlichen Produktionsstruktur findet sich dieses Ergebnis auch in einfacheren Real Business Cycle Modellen, siehe beispielsweise Romer (1996, S. 163) oder den Übersichtsartikel von King und Rebelo (1999).

Ein naheliegender Erklärungsansatz für Persistenz in der Nachfrage nach zumindest einigen Faktoren, der nicht auf die Annahme einer unrealistisch hohen seriellen Korrelation in Produktivitäts- oder sonstigen Schocks angewiesen ist und der zugleich die gedämpfte Entwicklung der Faktornachfrage im Konjunkturzyklus erklären kann, besteht darin, daß die Variation der Faktoren zusätzliche Kosten verursacht, so daß sich bei einer Änderung von Ξ_t die endogenen Variablen Q_t nicht alle sofort an das friktionslose Optimum Q_t^* anpassen. Anpassungskosten sollten sich insbesondere bei der Zahl der Beschäftigten und bei Investitionen in Realkapital finden, während bei anderen Faktoren wie Rohstoffen oder Energie eine vergleichsweise einfache und schnelle Änderung der eingesetzten Menge plausibel scheint. Bei der folgenden Darstellung liegt der Schwerpunkt auf der Arbeitsnachfrage, während auf die quantitativ teilweise noch wesentlich bedeutsameren Anpassungskosten bei Realkapital nicht weiter eingegangen wird.

Unterteilt werden Anpassungskosten insbesondere in Brutto- und Nettokosten sowie in interne und externe Kosten, vergleiche Hamermesh (1993, Kapitel 6) oder Hamermesh und Pfann (1996). Die Unterteilung in brutto und netto bezieht sich darauf, daß es typischerweise auch bei einer konstanten Arbeitsnachfrage zu einer Fluktuation unter den Beschäftigten kommt, weil aus verschiedenen Gründen ausscheidende Arbeitnehmer wieder ersetzt werden.[3] Bruttokosten beziehen sich deshalb auf die Stromgrößen „Einstellungen" und „Entlassungen/Kündigungen", während Nettokosten bei einer Variation der Bestandsgröße „Beschäftigung" anfallen.
Anpassungskosten gelten als extern, wenn sie zu abgrenzbaren Aufwendungen führen, andernfalls sind sie intern. Ausgaben für Stellenanzeigen oder Qualifizierungsmaßnahmen sind typische Beispiele für externe und der entgangene Output, der durch die Einarbeitung eines auf eine frei gewordene Stelle nachgerückten Arbeitnehmers bedingt ist, für interne Bruttoanpassungskosten. Nettoanpassungskosten fallen etwa bei der Qualifizierung von Arbeitnehmern für eine neue Produktionsstraße (extern oder intern) oder bei Abfindungszahlungen (extern) und zu beachtenden Kündigungsfristen (intern) nach einer Betriebsstilllegung an.[4]
Interne Anpassungskosten lassen sich nur sehr schwer oder überhaupt nicht direkt messen, und auch bei externen Kosten sind die entsprechenden Daten, obwohl möglicherweise im Unternehmen vorhanden, im allgemeinen öffentlich nicht ohne weiteres zugänglich. Die wenigen direkten, meist in den USA vorgenommenen Messungen von Anpassungskosten der Beschäftigung weisen darauf hin, daß Anpassungskosten je nach Branche und Tätigkeit ein erhebliches Volumen von bis zu einem Jahreslohn haben können, daß sie ausgehend von einem sehr

[3] Bezogen auf den Kapitalstock betrifft dies die Unterscheidung zwischen Ersatz- und Erweiterungsinvestitionen.

[4] Da Daten über die Bestände, d.h. die Beschäftigungsniveaus, wesentlich leichter und in größerem Umfang verfügbar sind als Daten zu Einstellungen und Entlassungen oder Kündigungen, liegt in den meisten empirischen Untersuchungen zu Anpassungskosten das Augenmerk auf Nettokosten, auch wenn für viele Fragestellungen die Kenntnis der Bruttokosten ebenso bedeutsam oder sogar noch wichtiger wäre.

niedrigen Niveau bei Geringqualifizierten merklich mit dem Qualifikationsniveau ansteigen und daß sie bei Einstellungen größer als bei Entlassungen (somit also asymmetrisch) sind.[5]

Ergebnisse über den qualitativen Verlauf von Anpassungskosten finden sich in der Studie von Pfann und Verspagen (1989), die auf einer Befragung von Personalmanagern des niederländischen verarbeitenden Gewerbes aufbaut. So sind die Anpassungskosten zur Beibehaltung eines bestimmten Beschäftigungsniveaus höchstens linear, d.h. die entsprechenden Grenzanpassungskosten nehmen nicht zu. Bis zu einem Beschäftigunganstieg von 5% nehmen die Grenzanpassungskosten zu,[6] während darüber hinausgehende Erhöhungen der Beschäftigtenzahl von den Befragten als wirtschaftlich nicht mehr sinnvoll eingeschätzt werden. Die Studie zeigt außerdem, daß der Erwartungsbildung der Unternehmen eine besondere Bedeutung zukommt, da sich durch eine korrekte Antizipation künftigen Anpassungsbedarfes die Entlassungskosten erheblich reduzieren lassen. Dies liegt darin begründet, daß in den Niederlanden Gewerkschaften aufgrund der Arbeitsmarktverfassung einen nicht unerheblichen Einfluß auf die Entlassungskosten haben, insbesondere durch die Existenz von einzuhaltenden Fristen und die Pflicht zu Beratungen zwischen Unternehmen und Gewerkschaften bei Massenentlassungen.[7] Ein weiteres Resultat der Befragungen ist die Bedeutung der Arbeitsintensität des Produktionsprozesses für die Anpassungskosten. Sie sind besonders hoch bei einem hohen Anteil an qualifizierten Arbeitnehmern. In kapitalintensiven Branchen hingegen spielen Anpassungskosten für den Faktor Arbeit nur eine zu vernachlässigende Rolle, und die Arbeitsnachfrage wird nicht eigenständig ermittelt, sondern quasi als Residuum aus der Investitionsnachfrage abgeleitet.

2.2 Modellierung von Anpassungskosten

Um Anpassungskosten in den Modellrahmen der Gleichungen (2.1) und (2.2) einzufügen, wird angenommen, daß sich die einzelnen Kostenbestandteile zusammen durch eine geeignete Funktion beschreiben lassen. Zur Vereinfachung der Darstellung gelte ferner, daß Arbeit und Kapital die beiden einzigen Einsatzfaktoren sind und daß der Kapitalstock prädeterminiert ist, so daß Investitionsentschei-

[5] Als grundlegend zählt die Studie von Oi (1962) aus dem landwirtschaftlichen Bereich. Einen Überblick vermitteln Hamermesh (1993, Kapitel 6) und Hamermesh und Pfann (1996). Für Europa existieren leider keine vergleichbaren Untersuchungen, die die Anpassungskosten unmittelbar in Unternehmen und in Geldbeträgen zu erfassen versuchen (anstatt sie indirekt über ein strukturelles Modell aus dem beobachteten Beschäftigungsverlauf zu schätzen).

[6] Aus der im weiteren Verlauf des Aufsatzes durchgeführten empirischen Analyse ist zu entnehmen, daß die Bezugsperiode für die Befragung vermutlich ein Jahr ist.

[7] Eine gute Übersicht zu den einschlägigen Regeln in den Niederlanden und anderen OECD-Ländern findet sich in OECD (1999, S. 90 ff.).

dungen nicht berücksichtigt werden müssen.[8] Der Faktor Arbeit N_t sei homogen, und die Anpassungskosten mögen nur von der absoluten Beschäftigungsänderung abhängen, d.h. im Hinblick auf die in Kapitel 4 zur empirischen Implementierung verfügbaren Daten werden nur Nettoanpassungskosten betrachtet. Auf die Abschwächung dieser Annahmen, insbesondere die Berücksichtigung von heterogenen Arbeitskräften, wird im Anschluß an die Darstellung des Basismodells eingegangen.
Der Preis des Outputs sei unabhängig von der produzierten Menge und wird zur Vereinfachung gleich 1 gesetzt. Im folgenden bezeichnen N_t die Zahl der Beschäftigten in Periode t, W_t deren Reallohn, K_t den Kapitalstock, r den konstanten Realzins als Maß für die Nutzungskosten des Kapitals, A_t eine Maßgröße für den Stand des technischen Wissens und $AC(\Delta N_t)$ die Nettoanpassungskosten bei einer Beschäftigungsänderung vom Umfang ΔN_t. Bezogen auf den Ansatz (2.1) gilt somit $Q_t = (N_t, K_t)'$, $P_t = (W_t, r)'$ und $\Xi_t = A_t$. Das Gewinnmaximierungsproblem des Unternehmens lautet nun

$$\max_{\{N_\tau\}} \mathrm{E}_t \sum_{\tau=t}^{\infty} \rho^{\tau-t} \left[F(N_\tau, K_\tau, A_\tau) - W_\tau N_\tau - rK_\tau - AC(\Delta N_\tau)\right] . \tag{2.3}$$

Als Bedingung erster Ordnung folgt durch Differentiation nach N_τ

$$\mathrm{E}_t \left[\frac{\partial F(N_\tau, K_\tau, A_\tau)}{\partial N_\tau} - W_\tau - AC'(\Delta N_\tau) + \rho AC'(\Delta N_{\tau+1})\right] = 0 \;\forall \tau \geq t . \tag{2.4}$$

Die Eulergleichung (2.4) zeigt, daß es durch die Berücksichtigung von Anpassungskosten unabhängig von der Korrelationsstruktur der Schocks A_τ zu einer intertemporalen Verknüpfung der Entscheidungen über den Arbeitseinsatz kommt. Die sich aus (2.4) ergebende Dynamik der Beschäftigung hängt neben dem Typ der Produktionsfunktion $F(\cdot)$ folglich entscheidend von der funktionalen Form der Anpassungskosten $AC(\Delta N_t)$ ab.

In der Literatur finden sich im Wesentlichen vier Kostenverläufe:[9]

- symmetrisch konvex über eine quadratische Funktion:

$$AC_Q(\Delta N_t) = \frac{\gamma}{2}(\Delta N_t)^2 \tag{2.5}$$

  mit $\gamma > 0$;

- asymmetrisch konvex, entweder als stückweise quadratische Funktion oder in der von Pfann und Verspagen (1989) vorgeschlagenen Form:

$$AC_K(\Delta N_t) = e^{\beta \Delta N_t} - 1 - \beta \Delta N_t + \frac{\gamma}{2}(\Delta N_t)^2 , \tag{2.6}$$

[8] Der Kapitalstock dient damit zur Illustration der Auswirkungen weiterer Faktoren. Die Abschreibungsrate wird zur Vereinfachung gleich 0 gesetzt.

[9] Auf ebenfalls mögliche Mischformen wird nicht eingegangen. Zu konkaven Kostenverläufen vergleiche Lundgren und Sjöström (2001). Bei einem konkav-konvexen Verlauf ist wegen der im konkaven Bereich fallenden Grenzkosten letztlich vor allem der konvexe Bereich für die Dynamik bedeutsam, vergleiche Nickell (1986).

mit $\gamma > 0$ und β beliebig;

- asymmetrisch linear:

$$AC_L(\Delta N_t) = \begin{cases} \delta_1 \Delta N_t & \text{falls } \Delta N_t \geq 0 \\ \delta_2 \Delta N_t & \text{falls } \Delta N_t < 0 \end{cases} \tag{2.7}$$

mit $\delta_1 > 0$ und $\delta_2 < 0$ sowie

- asymmetrisch fix:

$$AC_F(\Delta N_t) = \begin{cases} \kappa_1 & \text{falls } \Delta N_t \geq 0 \\ \kappa_2 & \text{falls } \Delta N_t < 0 \end{cases} \tag{2.8}$$

mit $\kappa_1, \kappa_2 > 0$.

Abbildung 2.1 gibt den stilisierten Verlauf der Anpassungskostenfunktionen wieder. Bei den Asymmetrie zulassenden Funktionen (2.6)–(2.8) wird in den Teilab-

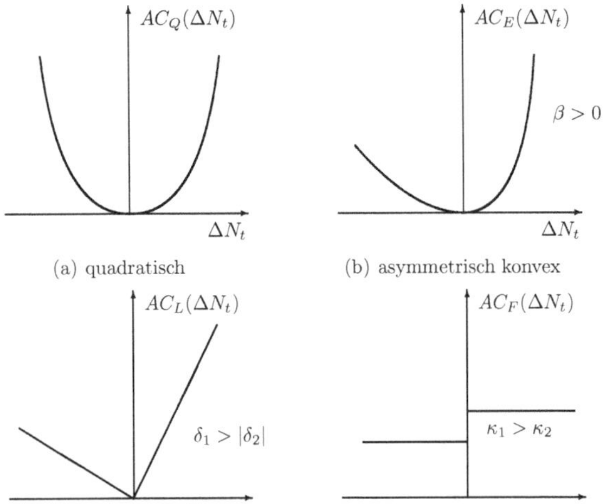

(a) quadratisch (b) asymmetrisch konvex (c) asymmetrisch linear (d) asymmetrisch fix

Abbildung 2.1: Stilisierter Verlauf von Anpassungskostenfunktionen

bildungen jeweils angenommen, daß die Einstellungskosten größer als die Entlassungskosten sind. Die Eigenschaften und Implikationen dieser vier Spezifikationen werden in den folgenden Unterabschnitten kurz erläutert. Neben dem jeweils implizierten Beschäftigungsverlauf ist auch von Interesse, welche Daten zur Identifikation des Kostenverlaufes benötigt werden beziehungsweise wie gravierend

der Informationsverlust durch Aggregation über unterschiedliche Beobachtungseinheiten oder über die Zeit ist. Die Auswirkungen von Anpassungskosten auf das durchschnittliche Beschäftigungsniveau werden hingegen nicht untersucht. Für eine gegebene Produktionsfunktion $F(\cdot)$ gilt aber, daß Anpassungskosten das langfristige Nachfrageniveau (nur) insofern beeinflussen, als verglichen mit dem flexiblen Fall nun zusätzlich die durchschnittlichen Anpassungskosten amortisiert werden müssen. Endogenisiert man hingegen die Produktionsfunktion beispielsweise über eine putty-clay Technologie in der Art,[10] daß es bei steigenden Kosten für einen Faktor mittel- bis langfristig zu einer Substitution durch andere Faktoren kommt, so können Anpassungskosten auch das Beschäftigungsniveau beeinflussen, vergleiche etwa Caballero und Hammour (1998).
Die folgende ausführlichere Darstellung der Kostenverläufe und ihrer Implikationen für die Beschäftigungsdynamik orientiert sich an Hamermesh und Pfann (1996). Bei der Erläuterung der quadratischen Kosten wird zusätzlich auf Amano und Wirjanto (1997) und Nickell (1986) zurückgegriffen.

2.2.1 Symmetrisch konvexer Verlauf

Die Funktion $AC_Q(\Delta N_t)$ wurde ursprünglich als Approximation für lineare Kosten eingeführt, vergleiche die Verweise in Hamermesh und Pfann (1996), wurde dann aber bald als eigenständig gültiger Kostenverlauf betrachtet. In der Spezifikation aus (2.5) gilt $AC_Q(0) = 0$, $AC'_Q(\Delta N_t) \geq 0$ mit Gleichheit für $\Delta N_t = 0$ und schließlich $AC''_Q(\Delta N_t) > 0$ (Konvexität). Wegen der steigenden Grenzkosten ist es optimal, die Anpassung zu strecken, so daß nach einer einmaligen Abweichung vom Gleichgewicht dieses in endlicher Zeit nicht mehr erreicht wird.

Ein wichtiger Spezialfall ergibt sich, wenn zusätzlich die Produktionsfunktion als quadratisch angenommen wird, da dann die Eulergleichung (2.4) linear in N_t ist. Zur Vereinfachung der Notation wird ferner vom Kapitalstock abgesehen. Für die Produktionsfunktion gelte beispielsweise

$$F(N_t, A_t) = \alpha A_t N_t - \frac{\alpha}{2} N_t^2 \ , \tag{2.9}$$

und dementsprechend lautet die Bedingung erster Ordnung

$$\alpha(A_t - N_t) - W_t - \gamma \Delta N_t + \rho\gamma \mathrm{E}_t \Delta N_{t+1} = 0 \ . \tag{2.10}$$

Für eine konstante Beschäftigung ($\Delta N_t = \Delta N_{t+1} = 0$) erhält man das Gleichgewichtsniveau der Beschäftigung in Höhe von $N_t^* = A_t - \frac{W_t}{\alpha}$, mit dem sich (2.10)

[10] Eine Technologie wird als putty-clay bezeichnet, wenn die Einsatzverhältnisse zwischen den Faktoren kurzfristig fest (wie bei einer Leontief-Produktionsfunktion), langfristig aber variabel sind, weil beispielsweise erst neue Maschinen mit einem anderen Faktoreinsatzverhältnis entwickelt und installiert werden müssen.

umschreiben läßt zu

$$
\begin{aligned}
\alpha(N_t - N_t^*) &= -\gamma\Delta N_t + \rho\gamma\Delta \mathrm{E}_t N_{t+1} \\
\Leftrightarrow \quad \frac{\alpha}{\gamma}N_t + \Delta N_t - \rho \mathrm{E}_t \Delta N_{t+1} &= \frac{\alpha}{\gamma}N_t^* \\
\Leftrightarrow \quad -\rho \mathrm{E}_t N_{t+1} + (1+\eta+\rho)N_t - N_{t-1} &= \eta N_t^* \qquad (2.11)
\end{aligned}
$$

mit $\eta = \frac{\alpha}{\gamma}$. Wegen des Sicherheitsäquivalenzprinzips können bei der Lösung dieser linearen Differenzengleichung zweiter Ordnung Erwartungswerte durch ihre Realisationen ersetzt werden. Mit L als dem Lagoperator ($Lx_t = x_{t-1}$) läßt sich die linke Seite von (2.11) über das Lagpolynom

$$-\rho L^{-1} + (1+\eta+\rho) - L \qquad (2.12)$$

umschreiben. Betrachtet man die Faktorisierung

$$c_1(1 - c_2\lambda L^{-1})(1 - \lambda L) \qquad (2.13)$$

mit λ als noch unbekannter Größe und vergleicht die Koeffizienten von (2.12) und (2.13), so folgt $c_1 c_2 \lambda = \rho$, $c_1(1 + c_2\lambda^2) = 1 + \eta + \rho$ und $c_1\lambda = 1$. Man kann zeigen, daß die Nullstellen des charakteristischen Polynoms von (2.12) beide positiv sind und eine von ihnen im Einheitskreis liegt, vergleiche Nickell (1986). Sei μ diese Nullstelle, dann folgt aus dem Koeffizientenvergleich $-c_2 = \rho$ und $c_1 = \frac{1}{\mu}$. Mit (2.13) läßt sich die Lösung für (2.11) (unter Vernachlässigung des Erwartungswertes) demnach schreiben als

$$
\begin{aligned}
&\frac{1}{\mu}(1 - \rho\mu L^{-1})(1 - \mu L)N_t = \eta N_t^* \\
&\qquad \Leftrightarrow \quad N_t = \mu N_{t-1} + \frac{\mu\eta}{1 - \rho\mu L^{-1}} N_t^* \qquad (2.14) \\
&\qquad \Leftrightarrow \quad N_t = \mu N_{t-1} + (1-\mu)(1-\rho\mu)\sum_{\tau=0}^{\infty}(\rho\mu)^\tau N_{t+\tau}^* \qquad (2.15) \\
&\qquad \Leftrightarrow \quad \Delta N_t = (1-\mu)\left[\left((1-\rho\mu)\sum_{\tau=0}^{\infty}(\rho\mu)^\tau N_{t+\tau}^*\right) - N_{t-1}\right] \qquad (2.16)
\end{aligned}
$$

da $0 < \rho, \mu < 1$ und $\mu\eta = (1-\mu)(1-\rho\mu)$, wobei letzteres aus dem charakteristischen Polynom zu (2.12) folgt. Die Entwicklung der Beschäftigung hängt demnach von der – erwarteten, wenn man die Erwartungswerte wieder einführt – Entwicklung der Gleichgewichtsbeschäftigung N_t^* und damit von den N_t^* bestimmenden Variablen ab. Man kann ferner zeigen, daß μ eine im Anpassungskostenparameter γ steigende Funktion ist, so daß mit wachsenden Anpassungskosten sowohl das bisher erreichte Beschäftigungsniveau als auch weiter in der Zukunft liegende Realisationen von N_t^* (und damit auch beispielsweise zukünftige Produktivitätsschocks) eine immer größere Rolle spielen. Unter Unsicherheit erhält man eine Darstellung in Abhängigkeit von vergangenen und damit beobachtbaren Größen, indem man geeignete Annahmen an die stochastischen Eigenschaften der exogenen oder prädeterminierten Variablen W_t und A_t trifft, von denen N_t^* letztlich abhängt, vergleiche hierzu die mittlerweile klassische Arbeit von Sargent (1978) sowie Nickell (1985).

Wie in (2.16) zu sehen, bedeuten quadratische Anpassungskosten für die Dynamik der Beschäftigung, daß N_t gedämpft dem Gleichgewichtswert N_t^* folgt, vergleiche Abbildung 2.2(a). Die Dämpfung und damit die mittlere absolute Differenz $|N_t - N_t^*|$ ist um so größer, je stärker die Konvexität von $AK_Q(\cdot)$ ist, d.h. je höher γ und damit μ sind. In diesem Sinne stellt (2.16) ein einfaches Fehlerkorrekturmodell mit dem Anpassungskoeffizienten $1 - \mu$ dar, wobei das langfristige Gleichgewicht, zu dem N_t strebt, eine Konvexkombination der zukünftigen N_t^* ist (vergleiche Nickell (1985)).

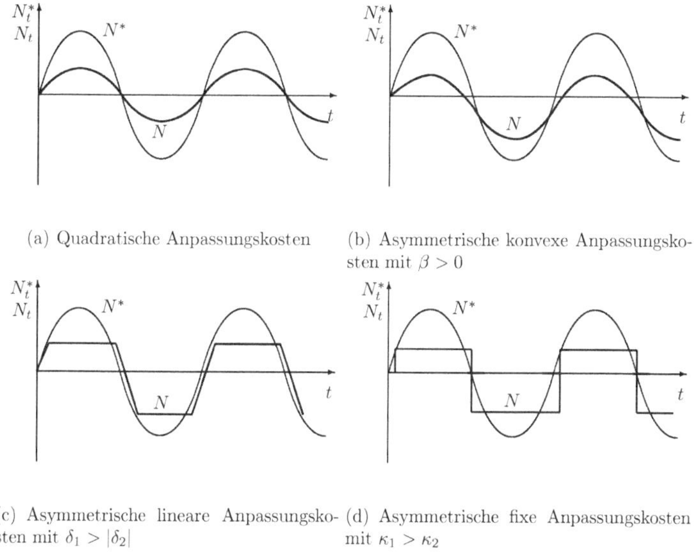

(a) Quadratische Anpassungskosten

(b) Asymmetrische konvexe Anpassungskosten mit $\beta > 0$

(c) Asymmetrische lineare Anpassungskosten mit $\delta_1 > |\delta_2|$

(d) Asymmetrische fixe Anpassungskosten mit $\kappa_1 > \kappa_2$

Abbildung 2.2: Stilisierte Beschäftigungsdynamik bei unterschiedlichen Anpassungskostenfunktionen; nach Hamermesh und Pfann (1996, Abb. 3)

Aufgrund der linearen Struktur ist die Aggregation über Firmen mit identischen Kosten- und Produktionsfunktionen ohne Informationsverlust selbst bei firmenspezifischen Schocks möglich. Aggregiert man indes über verschiedene Typen von Arbeitnehmern, so müssen in (2.15) zusätzliche Lags der aggregierten Beschäftigung aufgenommen werden, vergleiche Nickell (1984).

Ansätze zur Verallgemeinerung dieses Ansatzes gehen in verschiedene Richtungen. Shapiro (1986) etwa berücksichtigt den natürlichen Abfluß durch Kündigungen und ist so in der Lage, Bruttoanpassungskosten zu untersuchen.[11] Ferner erprobt er Spezifikationen, bei denen die Anpassungskosten nicht von der absoluten, sondern der prozentualen Beschäftigungsänderung abhängen oder bei denen kleinere Beschäftigungsänderungen anpassungskostenfrei sind.[12] Burgess und Dolado (1989) gehen zwar auch von quadratischen Anpassungskosten aus, verallgemeinern diese aber insofern, als die Kostenfunktion neben einem quadratischen Ausdruck für die eigentliche Beschäftigungsänderung noch einen zeitabhängigen Faktor enthält, in den die relative Knappheit offener Stellen, die Stärke des Entlassungsschutzes und das Angebot an Geringqualifizierten eingehen. Darüber hinaus wird für den Produktmarkt nicht vollständiger, sondern monopolistischer Wettbewerb angenommen, so daß in der Arbeitsnachfragegleichung auch die die Outputnachfrage betreffenden Variablen auftreten. In einzelnen Arbeiten wird statt der quadratischen Produktionsfunktion eine Cobb-Douglas oder CES Spezifikation gewählt, siehe wiederum Shapiro (1986). Die genannten Erweiterungen führen meist dazu, daß für die Lösung keine geschlossene Form mehr wie in (2.15) existiert.

Einige Studien wie Epstein und Denny (1983) oder Pindyck und Rotemberg (1983) gehen indirekt von einer allgemeineren Produktionsfunktion aus, indem sie nicht das Gewinnmaximierungsproblem, sondern das duale Kostenminimierungsproblem betrachten und dann beispielsweise eine Translogkostenfunktion annehmen. Die Anpassungskosten sind in den genannten Ansätzen aber weiterhin quadratisch.

2.2.2 Asymmetrische konvexe Kosten

Die in Unterabschnitt 2.1 angeführten Beispiele für Anpassungskosten zeigen, daß Einstellungs- und Entlassungskosten unterschiedliche Ursachen haben, so daß eine symmetrische Kostenfunktion wie (2.5) nicht a priori auferlegt, sondern gegen eine allgemeinere, auch Asymmetrie zulassende Alternative getestet werden sollte. Beschränkt man sich beim Vergleich auf (streng) konvexe Funktionen, so ist die Spezifikation $AC_K(\Delta N_t)$ aus (2.6) besonders geeignet, da sie $AC_Q(\Delta N_t)$ als Spezialfall mit $\beta = 0$ enthält, und unabhängig von β im Ursprung Gesamt- und Grenzkosten ebenfalls 0 betragen.[13] Für $\beta > 0$ nehmen die Einstellungskosten

[11] Die Nettoanpassungskosten sind in diesem Fall auch bei einer quadratischen Kostenfunktion asymmetrisch, da die Anpassungskostenfunktion in Abbildung 2.1(a) entlang der Abszisse nach links verschoben wird und der Scheitelpunkt nun bei der Kündigungsrate beziehungsweise der entsprechenden Zahl von Arbeitnehmern liegt.

[12] Eine aktuelle Arbeit von Feichtinger et al. (2001) allerdings zeigt in einem Modell in stetiger Zeit, daß die Annahme von konvexen Anpassungskosten, die von der relativen Faktornachfrage abhängen, den langfristigen Steady-State verändern kann.

[13] Ein Modell mit asymmetrischen quadratischen Kosten entwickeln Chang und Stefanou (1988). Aufgrund der Verwendung von Indikatorfunktionen für die beiden Arme der Kostenfunktion ist dieser Ansatz theoretisch ähnlich schwierig zu analysieren wie unter Verwendung

mit wachsendem $|\Delta N_t|$ relativ stärker zu (vergleiche Abbildung 2.1(b)), für $\beta < 0$ hingegen die Entlassungskosten.

Setzt man die Ableitung von $AC_K(\Delta N_t)$ in die Eulergleichung (2.4) ein, so ergibt sich

$$\mathrm{E}_t\left[\frac{\partial F(N_\tau, K_\tau, A_\tau)}{\partial N_\tau} - W_\tau - \gamma\left(\Delta N_t - \rho \Delta N_{t+1}\right) - \beta\left(e^{\beta \Delta N_t} - \rho e^{\beta \Delta N_{t+1}} + 1 - \rho\right)\right] = 0 \;\forall \tau \geq t\,. \tag{2.17}$$

Unabhängig von vereinfachenden Annahmen an die Erwartungsbildung oder die Produktionsfunktion läßt sich aufgrund der nichtlinearen Grenzkosten aus (2.17) für N_t keine Lösung in geschlossener Form herleiten.[14] Auch die Aggregation über verschiedene Firmen ist nur noch möglich, wenn alle Firmen identische Produktions- und Kostenfunktionen aufweisen und zusätzlich keine firmenspezifischen Schocks vorliegen.

Wie bei symmetrischen konvexen Kosten folgt N_t gedämpft dem Gleichgewichtsniveau N_t^*, doch unterscheidet sich die Dynamik nun je nach der Bewegungsrichtung von N_t^*. Gilt beispielsweise $\beta > 0$, so daß bei betragsmäßig gleicher Beschäftigungsänderung Einstellungen teurer sind als Entlassungen, so erfolgt bei einer Zunahme von N_t^* der Anstieg von N_t langsamer als der Beschäftigungsabbau bei einem Rückgang von N_t^*, siehe Abbildung 2.2(b) auf Seite 13.[15]

Noch deutlicher wird die asymmetrische Beschäftigungsdynamik, wenn man isolierte diskrete Änderungen von N_t^* betrachtet. In Abbildung 2.3 auf der nächsten Seite wird angenommen, daß sich zwischen t_0 und t_1 die Gleichgewichtsbeschäftigung von N_1^* auf N_2^* erhöht und danach wieder auf das alte Niveau zurückspringt. An der Steigung der auf- und absteigenden Äste ist zu erkennen, daß der Beschäftigungsaufbau unter der Annahme $\beta > 0$ langsamer erfolgt als die anschließende Rückführung auf N_1^*.

2.2.3 Asymmetrische lineare Kosten

Im Unterschied zu den beiden vorangehenden, streng konvexen Kostenfunktionen $AC_Q(\Delta N_t)$ und $AC_K(\Delta N_t)$ ist $AC_L(\Delta N_t)$ bei $\Delta N_t = 0$ nicht differenzierbar und $AC'_L(\Delta N_t)$ folglich an dieser Stelle unstetig. Bei der Eulergleichung (2.4) ist

von $AC_K(\cdot)$ und wirft darüber hinaus weitere Probleme bei der empirischen Implementierung auf.

[14] Dies schließt nicht die Verwendung von $AC_K(\Delta N_t)$ in empirischen Untersuchungen aus, da zur Parameterschätzung grundsätzlich bereits die Bedingung erster Ordnung ausreicht, vergleiche den folgenden Abschnitt 2.3.

[15] Auf die zusätzliche Unterscheidung zwischen transitorischen und permanenten Änderungen von N_t^* wird verzichtet, da sie das hier relevante Muster, d.h. die Anpassungsgeschwindigkeit der Beschäftigung und insbesondere ihre asymmetrische Struktur, nicht maßgeblich beeinflußt.

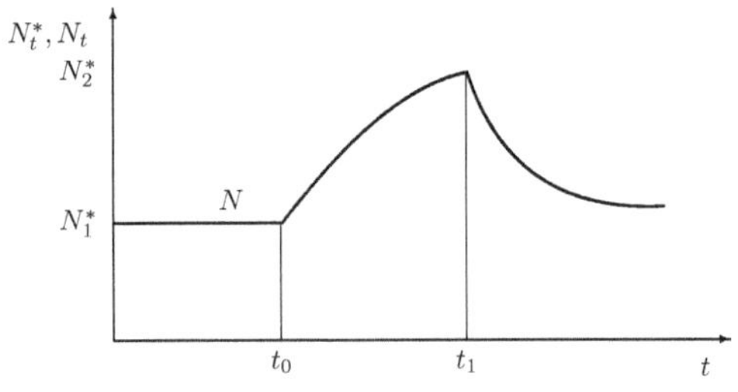

Abbildung 2.3: Beschäftigungsentwicklung bei einem unantizipierten, expansiven transitorischen Schock auf N^*

daher eine Fallunterscheidung erforderlich, je nachdem ob ΔN_t größer, kleiner oder gleich 0 ist.[16] Bezeichne GDB_τ den Grenzdeckungsbeitrag der Arbeit ohne Berücksichtigung von Anpassungskosten, d.h. $GDB_\tau = \partial F(N_\tau, K_\tau, A_\tau)/\partial N_\tau - W_\tau$. Dann gilt im Optimum $\forall \tau \geq t$

$$\mathrm{E}_t GDB_\tau = \delta_1 + \beta \mathrm{E}_t \frac{\partial AC_L(\Delta N_{\tau+1})}{\partial N_\tau} \quad \text{falls } \Delta N_\tau > 0 \tag{2.18}$$

$$\delta_2 + \beta \mathrm{E}_t \frac{\partial AC_L(\Delta N_{\tau+1})}{\partial N_\tau} < \mathrm{E}_t GDB_\tau < \delta_1 + \beta \mathrm{E}_t \frac{\partial AC_L(\Delta N_{\tau+1})}{\partial N_\tau} \quad \text{falls } \Delta N_\tau = 0 \tag{2.19}$$

$$\mathrm{E}_t GDB_\tau = \delta_2 + \beta \mathrm{E}_t \frac{\partial AC_L(\Delta N_{\tau+1})}{\partial N_\tau} \quad \text{falls } \Delta N_\tau < 0 \; . \tag{2.20}$$

Die drei Gleichungen zeigen, daß es nur dann zu einer Beschäftigungsänderung kommt, wenn die durch GDB_τ gemessene Lücke zwischen optimaler und tatsächlicher Beschäftigungsmenge gewisse Schwellenwerte über- oder unterschreitet. Neben den unmittelbaren Grenzanpassungskosten δ_1 und δ_2 ist dabei zu berücksichtigen, daß eine vollzogene Beschäftigungsänderung in τ die Änderung in der darauffolgenden Periode erspart, was jeweils in den Termen $\mathrm{E}_t \partial AC_L(\Delta N_{\tau+1})/\partial N_\tau$ zum Ausdruck kommt. Da die Grenzanpassungskosten konstant sind, springt bei Überschreitung der Schwellenwerte die Beschäftigung unmittelbar auf das Zielniveau, d.h. im Unterschied zu konvexen Kostenverläufen kommt es nicht zu einer Streckung der Anpassung über die Zeit.[17] Unterliegt N_t^* zyklischen Schwankungen, so hat dies zur Folge, daß die Beschäftigung zwar in Aufschwung- und Rezessionsphasen fortlaufend angepaßt wird, nicht jedoch in der Nähe der Konjunktur-

[16]Eine ausführliche Behandlung dieses Optimierungsproblems in stetiger Zeit findet sich in Bentolila und Bertola (1990), die in einer Simulation ihres Partialmodells zu dem Ergebnis kommen, daß Entlassungskosten einen leicht positiven Beschäftigungseffekt haben.

[17]Nickell (1986, S. 495) zeigt in einem Modell in stetiger Zeit, daß die Beschäftigung nicht genau auf N_t^* springt, sondern daß das Zielniveau auch noch vom Annuitätswert der Anpassungskosten abhängt, so daß bei Neueinstellungen N_t^* leicht unter- und bei Entlassungen N_t^* leicht überschritten wird.

spitzen und -täler, da dort wegen der geringen Änderung von N_t^* und damit von GDB_t die Erträge von Neueinstellungen oder Entlassungen nicht die anfallenden Kosten decken. Abbildung 2.2(c) gibt stilisiert den entsprechenden Verlauf unter der Annahme $\delta_1 > |\delta_2|$ wieder. Der leicht versetzte Verlauf der tatsächlichen Beschäftigung soll andeuten, daß es bei Unsicherheit über den Verlauf von N_t^* erst dann zu einer Anpassung kommt, wenn die Abweichung vom optimalen Beschäftigungsniveau hinreichend groß geworden ist. Bei perfekter Voraussicht würde N_t dementsprechend schon etwas früher angepaßt.

Hamermesh (1992b) zeigt in einem stark vereinfachten Modellrahmen, daß bei Firmen mit identischen Kosten- und Produktionsfunktionen, aber firmenspezifischen Schocks eine Aggregation möglich ist. Die resultierende Bedingung erster Ordnung für das Aggregat hängt allerdings nicht vom verzögerten Beschäftigungsniveau, sondern nur von aktuellen Werten ab. Ein Problem bei Nachweis linearer Anpassungskosten mit aggregierten Daten ist jedoch, daß das bei Konjunkturgipfeln und -tälern zu erwartende Konstantbleiben der Beschäftigung bei Aggregation über die Zeit oder über heterogene Firmen zunehmend schwieriger zu beobachten ist, da die Wahrscheinlichkeit abnimmt, daß in dem betreffenden Intervall alle anderen Firmen ebenfalls ihre Beschäftigung unverändert lassen. Insofern wird es mit aggregierten Daten in gleichem Maß zunehmend schwieriger, lineare Kostenverläufe zu identifizieren.[18]

2.2.4 Asymmetrische fixe Kosten

Im Unterschied zu allen vorangehenden Spezifikationen ist nun die Höhe der Anpassungskosten nur noch vom Vorzeichen der Beschäftigungsänderung, nicht aber von deren Umfang abhängig. Doch ähnelt dieser Kostenverlauf dem vorangehenden insofern, als an der Stelle $\Delta N_t = 0$ die Grenzkosten ebenfalls nicht definiert sind. Eine geschlossene Form für die Lösung existiert nicht, aber unter der stark vereinfachenden Annahme statischer Erwartungen und einer quadratischen Produktionsfunktion kann gezeigt werden, daß es nur dann zu einer Anpassung der Beschäftigung kommt, wenn die abdiskontierten Erträge der Anpassung κ_1 beziehungsweise die abdiskontierten Verluste der Nichtanpassung κ_2 übersteigen, vergleiche Hamermesh (1993, S. 213ff) und Hamermesh und Pfann (1996). Ähnlich wie bei linearen existiert demnach auch bei fixen Anpassungskosten für jedes Beschäftigugnsniveau N_t ein Intervall für N_t^*, innerhalb dessen es nicht zu Beschäftigungsanpassungen kommt. Verläßt N_t^* jedoch dieses Inaktivitätsband, so springt bei statischen Erwartungen N_t immer auf das Gleichgewichtsniveau N_t^*. Im Konjunkturzyklus weist N_t daher einen treppenförmigen Verlauf auf, siehe

[18] Dieses Resultat findet sich auch in der empirischen Untersuchung von Lundgren und Sjöström (2001) für ausgewählte einzelne Unternehmen auf der einen und das gesamte schwedische verarbeitende Gewerbe auf der anderen Seite, wobei die Autoren allerdings nur symmetrische Kostenverläufe betrachten.

Abbildung 2.2(d) mit $\kappa_1 > \kappa_2$.[19]
Die Aggregation über verschiedene Beobachtungseinheiten oder über die Zeit stellt bei fixen Anpassungskosten ein besonderes Problem dar, da es, ähnlich wie bei den linearen Kosten, bei beiden Aggregationsformen zunehmend unwahrscheinlich wird, zwischen zwei Beobachtungspunkten das für fixe Anpassungskosten charakteristische Konstantbleiben der Beschäftigung zu beobachten. Sowohl theoretisch als auch empirisch läßt sich zeigen, daß selbst bei einer auf der Mikroebene nichtstetigen Änderung der Beschäftigung mit zunehmender Aggregation die resultierende Beschäftigungsdynamik immer mehr der einer Reihe ähnelt, die auf konvexen Anpassungskosten beruht, vergleiche Hamermesh (1989) und Hamermesh (1992b).[20] Daher ist es mit aggregierten Daten nicht möglich, auf der Mikroebene vorliegende fixe Anpassungskosten zu identifizieren.

2.2.5 Ausdehnung auf mehrere Faktoren

Unterliegt der Faktor Kapital ebenfalls Anpassungskosten, oder werden andere quasi-fixe Faktoren wie beispielsweise heterogene Arbeitskräfte hinzugenommen, so müssen Produktions- und Anpassungskostenfunktion entsprechend erweitert werden.[21] Die in Abschnitt 2.1 erwähnten Ergebnisse direkter Messungen von Anpassungskosten lassen erwarten, daß die Aufspaltung der Gesamtbeschäftigung nach Qualifikationsgruppen nicht nur für die Produktionsfunktion bedeutsam ist, sondern sich auch in merklichen Unterschieden bei den für die einzelnen Teilgruppen gültigen Anpassungskosten niederschlägt. Zu entscheiden ist dabei nicht nur über die Zahl der Faktoren, die im Hinblick auf eine empirische Überprüfung meist von den verfügbaren Daten bestimmt wird, sondern auch darüber, in welchem Umfang Interdependenzen zwischen den einzelnen Faktoren in die beiden Funktionen aufgenommen werden. Die Berücksichtigung solch gegenseitiger Abhängigkeiten ist unter anderem deshalb bedeutsam, weil es sonst bei einer empirischen Untersuchung zur fälschlichen Zuschreibung von Anpassungskosten kommen kann. Dies ist beispielsweise dann der Fall, wenn zwei Faktoren komplementär zueinander sind, aber nur einer von ihnen quasi-fix, der andere hingegen frei variierbar ist. Kommt es aufgrund eines Schocks zu Anpassungsbedarf für beide Faktoren, so wird wegen der verzögerten Reaktion des quasi-fixen Faktors und der Komplementarität in der Produktionsfunktion auch der eigentlich varia-

---

[19] Bei rationalen Erwartungen kann auch eine Anpassung auf ein Niveau größer als N_t^* optimal sein, wenn mit einem weiteren Anstieg von N_t^* gerechnet wird. Wie bereits bei den linearen Kosten soll dies durch den leicht versetzten Verlauf angedeutet werden, doch das treppenförmige Muster bleibt davon unberührt.
Hingegen kann es bei einer positiven Kündigungsrate optimal sein, ganz auf Entlassungen zu verzichten, so daß der Beschäftigungsverlauf das aus Lagerhaltungsmodellen bekannte Sägezahnmuster aufweist.

[20] Zu den empirischen Auswirkungen der Aggregation vergleiche auch Hamermesh (1992a), der ein Modell mit sowohl fixen als auch quadratischen Anpassungskostenbestandteilen entwickelt.

[21] Grundlegend auf diesem Gebiet ist die Arbeit von Nadiri und Rosen (1969).

ble Faktor verzögert reagieren, und für den Beobachter entsteht der Eindruck, daß beide Faktoren Anpassungskosten unterliegen. Für den vollständig quadratischen Fall, d.h. unter der Annahme einer quadratischen Produktionsfunktion und quadratisch-symmetrischer Anpassungskosten, zeigen Palm und Pfann (1990) indes, daß es in den Gleichungen für die Nachfrage nach den einzelnen Faktoren nur dann zu dynamischer Interdependenz kommt, wenn die seriellen Kreuzkorrelationen der exogenen Schocks positiv sind,[22] während das Vorliegen von Interdependenzen in der Produktions- oder der Anpassungskostenfunktion unerheblich ist.

Anzumerken ist an dieser Stelle, daß die Ergebnisse empirischer Studien zum Vorliegen von Interdependenz uneinheitlich sind. Erschwert wird die Interpretation noch zusätzlich dadurch, daß es einerseits durch eine fehlspezifizierte Anpassungskostenfunktion zur fälschlichen Zuschreibung dynamischer Interdependenz kommen kann und daß andererseits die Mehrzahl der Studien, die das Vorliegen von Interdependenzen bejahen, auf der restriktiven Annahme quadratischer Anpassungskosten basieren.[23]

2.3 Der Übergang zur Empirie

Aufgrund der Verfügbarkeit numerischer Lösungsverfahren stellt die Parameterschätzung geringere Anforderungen an die funktionale Form des Optimierungsproblems als die analytische Herleitung einer Lösung, so daß das Fehlen einer geschlossenen Form für die Arbeitsnachfrage die Schätzung nicht grundsätzlich in Frage stellt, sondern nur die bei diesen Lösungsverfahren üblichen Probleme (Existenz eines globalen Maximums, Konvergenz des Algorithmus, Wahl geeigneter Startwerte etc.) aufwirft. Im folgenden wird nur auf die Schätzung im Zusammenhang mit symmetrischen und asymmetrischen konvexen Anpassungskostenfunktionen eingegangen: Wie aus den vorangehenden Erläuterungen zu ersehen, erfordert der Nachweis der auf der Ebene eines einzelnen Unternehmens wahrscheinlich sogar relevanteren linearen und fixen Kosten geeignete Mikrodaten, um die durch Aggregation entstehenden Identifizierbarkeitsprobleme zu vermeiden. Da der Schwerpunkt dieser Arbeit aber auf der Erklärung der – möglicherweise asymmetrischen – Dynamik von aggregierter Beschäftigung und Arbeitslosigkeit liegt, geht die empirische Analyse in Kapitel 4 von aggregierten Zeitreihen aus und verwendet dazu die auch für aggregierte Daten anwendbaren konvexen Kostenfunktionen.
Zum Verständnis der Methodologie und der auftretenden Probleme ist es hilfreich, nicht nur auf $AC_K(\Delta N_t)$, sondern an einzelnen Stellen ebenfalls auf den analytisch

[22]Dynamische Interdependenz wird hier verstanden als das Auftreten von Lags anderer Faktoren in der Nachfragegleichung eines Faktors.

[23]Siehe etwa Nadiri und Rosen (1969) oder Epstein und Denny (1983).

einfacheren symmetrischen Fall $AC_Q(\Delta N_t)$ einzugehen, zumal in den meisten Anwendungen die Vorgehensweise für beide Funktionen ähnlich oder identisch ist. Auf die Schätzung eines Systems im Zusammenhang mit heterogenen Arbeitnehmern wird nur bei entsprechenden Besonderheiten oder Unterschieden gegenüber dem univariaten Fall eingegangen.

Das vollkommen quadratische Problem, d.h. die Spezifikation mit quadratischer Produktionsfunktion und quadratischen Anpassungskosten, führt zu der Arbeitsnachfragegleichung (2.16) in geschlossener Form, die linear in den Variablen ist. Die Erwartungen $\mathrm{E}_t N_\tau^*$ können statisch, nichtstatisch etwa über ARIMA-Modelle oder rational spezifiziert werden, so daß man eine Gleichung für N_t oder ΔN_t enthält, die nur von aktuellen oder vergangenen, d.h. beobachtbaren Größen abhängt. Die auftretenden strukturellen Parameter lassen sich direkt mittels der Maximum-Likelihood-Methode schätzen, wobei im Falle mehrerer Einsatzfaktoren zusätzlich noch Restriktionen über die Einzelgleichungen hinweg zu beachten sind, vergleiche Sargent (1978). Der Nachteil der Maximum-Likelihood-Schätzung ist, daß das Modell relativ eng spezifiziert ist und starke Annahmen an die stochastische Struktur der exogenen Variablen erforderlich sind, so daß das geschätzte Modell häufig gegenüber der unrestringierten Fassung verworfen werden muß. Sofern es nicht entscheidend auf die strukturellen Parameter sondern mehr auf die Prognosegüte oder die Bestimmung der Anpassungsgeschwindigkeit ankommt, schlägt deshalb Nickell (1984) die Verwendung eines weniger restriktiven Modells vor, welches linear auch in den Parametern und somit über OLS schätzbar ist.

Im folgenden bezeichnet der Operator E_t den mathematischen bedingten Erwartungswert und damit rationale Erwartungen. Wie im vorangehenden Abschnitt ausgeführt, bewirkt die Verfeinerung der Produktionsfunktion, der Anpassungskostenfunktion oder der Produktmarktstruktur eine Zunahme an Komplexität, so daß sich keine geschlossene Lösung mehr für die Arbeitsnachfrage finden läßt. Die Schätzung muß daher auf den Eulergleichungen aufbauen. Hierzu werden die auftretenden Erwartungsterme durch die Realisationen plus einen Erwartungsfehler ersetzt, so daß man eine Gleichung mit beobachtbaren Variablen und unbeobachtbaren Schocks erhält. Bezeichne ausgehend vom Fall asymmetrischer konvexer Kosten ξ_{t+1} den Erwartungsfehler in den marginalen Anpassungskosten der Periode $t+1$, d.h. $\xi_{t+1} := \frac{\partial AC_K(\Delta N_{t+1})}{\partial N_t} - \mathrm{E}_t \frac{\partial AC_K(\Delta N_{t+1})}{\partial N_t}$. Aus der Eulergleichung (2.17) erhält man die Beziehung

$$\begin{aligned} \frac{\partial F(N_t, K_t, A_t)}{\partial N_t} &- W_t - \gamma\left(\Delta N_t - \rho \Delta N_{t+1}\right) \\ &- \beta\left(e^{\beta \Delta N_t} - \rho e^{\beta \Delta N_{t+1}} + 1 - \rho\right) = \xi_{t+1} + \zeta_t =: \nu_{t+1}\ , \quad (2.21) \end{aligned}$$

wobei ζ_t neben dem eventuell auftretenden Erwartungsfehler im Grenzprodukt und dem Lohn in der Praxis auch sonstige Störeinflüsse wie Meßungenauigkeiten, Fehler in der Spezifikation etc. enthält.

Wegen der Endogenität der auftretenden Variablen N_t und N_{t+1} sowie mögli-

cher Korrelationen von Lohn und Grenzprodukt mit dem Störterm ζ_t liefert eine einfache Schätzung mittels nichtlinearer kleinster Quadrate keine konsistenten Schätzwerte, und die endogenen Variablen müssen daher geeignet instrumentiert werden. Die neuere Literatur verwendet statt einer einfachen Instrumentenschätzung das verallgemeinerte Momenteverfahren (*generalized method of moments*), kurz GMM . In der Umsetzung handelt es sich ebenfalls um eine nichtlineare KQ-Schätzung mit Instrumenten, doch wird für den zu minimierenden quadratischen Ausdruck eine spezielle Gewichtsmatrix verwendet, die die Effizienz der Schätzung gegenüber einer einfachen Instrumetenschätzung erhöht, vergleiche Davidson und MacKinnon (1993, Kapitel 17.3).
Für das vorliegende Problem lautet die Momentebedingung $E_t(\nu_{t+1}|Z_t) = 0$, wobei Z_t ein $l \times 1$-Vektor geeigneter Instrumente ist. Wegen der Korrelation der in (2.21) auftretenden Variablen mit ν_{t+1} müssen für die Beschäftigung zumindest einfache Lags als Instrumente verwendet werden, doch zieht man in der Literatur wegen möglicher serieller Korrelation in ν_t auch N_{t-2} oder N_{t-3} oder deren erste Differenzen heran.[24] Der Lohn und der Kapitalstock hingegen werden meist mit einmal verzögerten Werten instrumentiert. Ferner werden in der Literatur noch Zinssätze als weitere Instrumente verwendet, vergleiche etwa Palm und Pfann (1993).
Bei mehreren Einsatzfaktoren ist entsprechend ein System von Eulergleichungen für die einzelnen Faktoren zu schätzen. In Abhängigkeit von den Annahmen an Interdependenzen zwischen den Faktoren über die Produktionsfunktion oder die Anpassungskosten müssen zusätzlich Restriktionen zwischen den Gleichungen berücksichtigt werden.

Neben der Wahl der Instrumente sind bei der Aufstellung der Schätzgleichung und der eigentlichen Schätzung noch eine Reihe weiterer Punkte zu beachten. Die Wahl der Produktionsfunktion kann auch die geschätzten Anpassungskosten nicht unerheblich beeinflussen, siehe etwa Shapiro (1986) zu einer CES gegenüber einer Cobb-Douglas Produktionsfunktion. Andererseits weisen Palm und Pfann (1997) darauf hin, daß die Produktionsfunktion sich vor allem auf das statische Gleichgewicht und nicht so sehr die Modelldynamik auswirkt, so daß für die Analyse der Beschäftigungs*dynamik* eine Fehlspezifikation bei der Anpassungskostenfunktion wesentlich gravierender ist als bei der Produktionsfunktion.

Ein besonderes Problem stellt oft die korrekte Erfassung des Kapitalstocks sowie der zugehörigen Nutzungskosten dar. So ist beispielsweise nicht a priori eindeutig zu bestimmen, in welchem Umfang nur Ausrüstungen oder auch Bauten in den Kapitalstock mit hineingenommen werden sollten. Ferner kann es aus bilanz- oder steuertechnischen Gründen zu erheblichen Abweichungen zwischen dem technisch vorhandenen und dem bilanzierten Kapitalstock kommen. Je nach der Schwere

[24] Hinsichtlich der Wahl von ersten Differenzen oder Niveaus weist Arellano (1989), allerdings im Zusammenhang mit der Schätzung dynamischer Paneldatenmodelle, darauf hin, daß die Verwendung von Niveaus vorzuziehen ist.

des Problems kann statt des Kapitalstocks ein linearer Trend als grobe Näherung in der Regression verwendet werden.[25]

Bei den in der Schätzung auftretenden Variablen Beschäftigung, Lohn, Kapitalstock und gegebenenfalls Output kann in der Regel das Vorliegen einer Einheitswurzel nicht verworfen werden. Eine sinnvolle GMM-Schätzung setzt daher das Vorliegen einer Kointegrationsbeziehung, d.h. die Stationarität von ν_t voraus. Sind die die Gleichgewichtsbeschäftigung N_t^* bestimmenden Variablen integriert, so kann man im völlig quadratischen Fall zeigen, daß zwischen diesen Variablen und der tatsächlichen Beschäftigung N_t eine Kointegrationsbeziehung vorliegen muß, siehe Amano und Wirjanto (1997). Vor der eigentlichen GMM-Schätzung muß daher auf das Vorliegen einer langfristigen, idealerweise bis auf Normierungen eindeutigen, Kointegrationsbeziehung getestet werden. Da die durch die Anpassungskostenfunktion bedingten, in der Beschäftigungsänderung nichtlinearen Terme das langfristige Gleichgewicht bei konstanter Technologie nur insofern beeinflussen, als die durchschnittlichen Kosten der Beschäftigungsänderung amortisiert werden müssen und sie somit eher einen Niveaueffekt haben, können sie bei der Überprüfung auf das Vorliegen einer Kointegrationsbeziehung vernachlässigt werden, wenn auch unter Umständen auf Kosten der Testgüte. Ein Problem beim Nachweis der Kointegrationsbeziehung ist allerdings, daß die Persistenz des Störterms der Langfristbeziehung mit der Höhe der Anpassungskosten zunimmt, so daß die Effizienz der Schätzung abnimmt, vergleiche wiederum Amano und Wirjanto (1997).

Ein in manchen Anwendungen besonders schwieriges Problem ist die bei allgemeineren Produktions- und Anpassungskostenfunktionen auftretende Nichtlinearität der Eulergleichungen, die dazu führen kann, daß die Schätzung nicht mehr konvergiert. Tritt ein solcher Fall auf, und läßt er sich nicht über eine Variation der Startwerte bei der Schätzung oder ein anderes numerisches Optimierungsverfahren beheben, so gibt es verschiedene Auswege oder Behelfsmöglichkeiten, insbesondere:

- die a priori Fixierung von Parametern,
- die Zerlegung der Schätzung in zwei Stufen sowie
- die Approximation der Eulergleichung.

In der Literatur werden häufig der Diskontfaktor ρ sowie bei einer CES-Produktionsfunktion die Substitutionselastitzität a priori fixiert, da beispielsweise beim Diskontfaktor des öfteren Schätzwerte größer als 1 auftreten, siehe etwa Amano und Wirjanto (1997) oder Palm und Pfann (1993). Bisweilen werden auch die Kreuzterme in der Anpassungskostenfunktion auf 0 gesetzt, doch sind, wie bereits angemerkt, die empirischen Belege für die Zulässigkeit dieses Vorgehens uneinheitlich.

[25] Siehe etwa Sargent (1978).

Bei einer zweistufigen Schätzung wie in Kodde et al. (1990) für quadratische oder Pfann (1996) für asymmetrischenen konvexe Anpassungskosten werden erst die Parameter der reduzierten Form und dann über die Methode der asymmetrischen kleinsten Quadrate daraus die der strukturellen Form geschätzt, vergleiche wiederum Kodde et al. (1990).[26] Voraussetzung für dieses Verfahren sind offensichtlich genügend Restriktionen, um die strukturellen Parameter anhand der geschätzten Koeffizienten der reduzierten Form zumindest eindeutig zu identifizieren, wobei in der Praxis die Parameter sogar regelmäßig überidentifiziert sind.
Ein dritter Weg schließlich besteht darin, das nichtlineare Modell und hier insbesondere die Anpassungskostenfunktion durch eine einfachere funktionale Form zu approximieren, so daß zumindest wichtige qualitative Eigenschaften wie die Asymmetrie erhalten bleiben. Escribano und Pfann (1998) zeigen in einem univariaten Modell, daß ein asymmetrisches Fehlerkorrekturmodell als Näherung für ein Faktornachfragemodell mit asymmetrischen konvexen Anpassungskosten wie in (2.6) aufgefaßt werden kann. Aus den Gleichungen (2.10) und (2.16) ist zu ersehen, daß bei quadratischen Anpassungskosten und integrierten Variablen die Beschäftigungsentwicklung durch ein lineares Fehlerkorrekturmodell beschrieben werden kann. Approximiert man die Kostenfunktion $AC_K(\Delta N_t)$ stückweise durch quadratische Funktionen, d.h.

$$\begin{aligned} AC_K(\Delta N_t) &= e^{\beta \Delta N_t} - 1 - \beta \Delta N_t + \frac{\gamma}{2}(\Delta N_t)^2 \\ &\approx \begin{cases} \frac{\gamma_1}{2}(\Delta N_t)^2 & \text{falls } \Delta N_t \geq 0 \\ \frac{\gamma_2}{2}(\Delta N_t)^2 & \text{falls } \Delta N_t < 0 \end{cases} , \end{aligned} \tag{2.22}$$

mit $\gamma_1 \gtreqless \gamma_2$ wenn $\beta \gtreqless 0$, so ergeben sich lineare Eulergleichungen für die Fälle $\Delta N_t \geq 0$ und $\Delta N_t < 0$. Sei $\hat{u}_t$ das Residuum der Langfristbeziehung

$$N_t = -X_t'\theta + u_t \ , \tag{2.23}$$

wobei X_t einen Vektor von exogenen, möglicherweise nichtstationären Variablen (darunter gegebenenfalls auch das Absolutglied) bezeichnet, bezogen auf den vorliegenden Fall also beispielsweise den Reallohn W_t und den Kaptialstock K_t. Ist N_t ein $I(1)$-Prozeß und u_t stationär, so bezeichnet $(1, \theta')'$ den Kointegrationsvektor. Wegen der Tendenz der Beschäftigung hin zum Gleichgewicht gilt, daß ein Überschreiten der Gleichgewichtsbeschäftigung ($\hat{u}_t > 0$) in der nächsten Periode eher zu einem Beschäftigungsrückgang ($\Delta N_{t+1} < 0$) und ein Unterschreiten ($\hat{u}_t < 0$) in der nächsten Periode eher zu einem Beschäftigungsanstieg ($\Delta N_{t+1} > 0$) führen. Diese eins zu eins Beziehung zwischen den Vorzeichen von $\hat{u}_t$ und ΔN_{t+1} führt in Verbindung mit den linearen Eulergleichungen aus der Approximation (2.22) schließlich zu dem asymmetrischen Fehlerkorrekturmodell

$$\Delta N_t = a(L)\Delta N_{t-1} + B'(L)X_t + (\phi_1 1_{\{\hat{u}_{t-1}<0\}} + \phi_2 1_{\{\hat{u}_{t-1}\geq 0\}})\hat{u}_{t-1} + \varepsilon_t \ . \tag{2.24}$$

[26] Vergleiche auch Amano und Wirjanto (1997) mit einer GMM-Schätzung in der zweiten Stufe, bei denen aufgrund der quadratischen Produktionsfunktion und der quadratischen Anpassungskosten das zweistufige Vorgehen sogar exakt ist.

Hierbei bezeichnen $a(L)$ ein Lagpolynom, $B(L)$ einen Vektor von Lagpolynomen und 1_A die Indikatorfunktion für das Ereignis A, d.h. $1_A = 1$ falls A eintritt und 0 sonst. Man kann zeigen, daß die im stabilen Fall negativen Parameter ϕ_1 und ϕ_2 betragsmäßig um so kleiner sind, je höher die jeweiligen Anpassungskosten γ_1 und γ_2 sind.[27] Signifikant verschiedene Schätzwerte $\hat{\phi}_1$ und $\hat{\phi}_2$ weisen demnach auf das Vorliegen von Asymmetrie hin, so daß beispielsweise im Falle $|\hat{\phi}_1| > |\hat{\phi}_2|$ die Entlassungs- und im umgekehrten Fall die Einstellungskosten relativ größer sind.
Anzumerken ist noch, daß Escribano und Pfann (1998) zwar ebenfalls argumentieren, daß es bei $\hat{u}_t > 0$ in der nächsten Periode eher zu einem Beschäftigungsrückgang kommt (beziehungsweise einem Anstieg bei $\hat{u}_t < 0$), die Aufteilung von $\hat{u}_t$ aber gleichwohl nicht anhand des Vorzeichens des Residuums selbst, sondern der ersten Differenz vornehmen. Ohne der Analyse in Kapitel 4 zu stark vorzugreifen, sei aber schon an dieser Stelle erwähnt, daß die Art der Zerlegung von $\hat{u}_t$ zumindest für die in dieser Arbeit betrachteten Daten keinen großen Einfluß auf die Ergebnisse hat.

Analoge Gleichungen erhält man bei mehreren Faktoren, indem jeweils die Anpassungskostenterme in den einzelnen Eulergleichungen wie in (2.22) approximiert werden. Auf mögliche Interdependenzen zwischen den Faktoren und die Identifizierung von Langfristbeziehungen wird im Rahmen der empirischen Umsetzung dieses Ansatzes in Abschnitt 4.3.4 eingegangen.

2.4 Zusammenfassung

Auch wenn Beispiele für Anpassungskosten bei einer Variation der Beschäftigung relativ leicht zu finden und in der betrieblichen Praxis weit verbreitet zu sein scheinen, so ist ihre Quantifizierung gleichwohl schwierig und im Fall interner Kosten sogar nahezu unmöglich. Einige Studien lassen aber darauf schließen, daß insbesondere bei Qualifizierten Anpassungskosten einen nicht zu vernachlässigenden Umfang haben. Sofern das betroffene Unternehmen nicht zu einer kapitalintensiven Branche zählt, bei der die Personalkosten (und die Anpassungskosten als ein Teil von ihnen) nur ein relativ geringes Gewicht haben, läßt dies vermuten, daß Anpassungskosten einen nicht unerheblichen Einfluß auf die Arbeitsnachfrage und damit auch auf die Dynamik von Beschäftigung und Arbeitslosigkeit haben können.

Die in diesem Kapitel vorgestellten Modelle formalisieren das Konzept der Anpassungskosten und erlauben die Integration unterschiedlicher Anpassungskostenverläufe in das Gewinnmaximierungskalkül eines Unternehmens, das dadurch unabhängig von der Natur der auftretenden Schocks intertemporal wird. In Abhängigkeit von den unterstellten Kostenfunktionen – symmetrisch (quadratisch-)konvex

[27] Vergleiche die Beziehung zwischen γ und $1-\mu$ im quadratischen Fall auf Seite 12.

sowie asymmetrisch konvex, linear oder fix – weist die Beschäftigung einen charakteristischen Verlauf bei Schwankungen der exogenen Variablen auf. Zu beachten ist allerdings, daß die vorgestellten Modelle zwar die Auswirkungen einer bestimmten Kostenstruktur aufzeigen, die Anpassungskosten selbst aber nicht erklären können, sondern diese vielmehr in Umfang und Form auf der Ebene eines Unternehmens als schon gegeben voraussetzen. Insofern sind sie eine verkürzende Beschreibung, d.h. gleichsam eine reduzierte Form, einer Reihe zugrunde liegender Faktoren und Mechanismen wie Technologien mit time-to-build Effekten, Friktionen am Arbeitsmarkt oder staatlich gesetzten Rahmenbedingungen.

Aus dem theoretischen Modell des Optimierungsproblems eines Unternehmens lassen sich für die einzelnen Kostenverläufe Schätzgleichungen herleiten, so daß mit geeigneten Daten Art und Höhe der Anpassungskosten geschätzt werden können. Bisherige Studien zeigen, daß der analytisch einfachste Fall quadratischer Kosten in der Regel zu restriktiv ist und auf der Mikroebene eher fixe oder lineare Verläufe vorzuliegen scheinen. Man kann jedoch theoretisch und empirisch zeigen, daß durch Aggregation über die Zeit oder verschiedene Beobachtungseinheiten (Betriebe oder Unternehmen) die Identifizierung linearer und insbesondere fixer Kostenverläufe zunehmend schwieriger wird und schon bei relativ niedrigen Aggregationsniveaus ein Beschäftigungsverlauf entsteht, der ununterscheidbar von dem bei einer (unter Umständen asymmetrischen) konvexen Anpassungskostenfunktion ist. Da das Hauptaugenmerk dieser Arbeit auf der Dynamik aggregierter Reihen liegt, wurde eingehender nur auf die Schätzung konvexer Anpassungskosten eingegangen.
Außer in den einfachsten Fällen mit quadratischen Produktions- und Kostenfunktionen existiert regelmäßig keine geschlossene Form für die Arbeitsnachfrage. Die Schätzung erfolgt daher meist über die Eulergleichungen mittels des GMM-Verfahrens, welches für das ohnehin bereits recht eng spezifizierte Modell weniger restriktive Zusatzannahmen erfordert als eine Maximum-Likelihood-Schätzung. Die Arbeitsnachfrage hat bei quadratischen Anpassungskosten eine Fehlerkorrekturstruktur, die auch näherungsweise für den asymmetrisch-konvexen Fall gilt, dann jedoch als asymmetrisches Fehlerkorrekturmodell.

Das Kapitel hat gezeigt, daß Anpassungskostenmodelle gut geeignet für eine empirische Implementierung zur Erfassung der dynamischen Merkmale von Arbeitsnachfrage und Beschäftigung sind. Je nach Art und Umfang der vorliegenden Daten kann das Grundmodell geeignet verallgemeinert werden, etwa um weitere, teilweise ebenfalls quasi-fixe Faktoren, die Unterscheidung zwischen Bestandsgrößen und den zugehörigen Nutzungsintensitäten, eine positive Kündigungsrate, unvollständigen Wettbewerb am Produktmarkt usw.. Ein Nachteil der Modelle ist, daß sie als reine Partialmodelle Effekte auf die Beschäftigung, die sich aus dem Arbeitsangebot oder bestimmten Eigenschaften des Arbeitsmarktes wie etwa Informationsasymmetrien oder sonstigen Friktionen ergeben, nicht berücksichtigen. Dies beeinträchtigt zwar nicht die Eignung der Modelle als Instrument zur empirischen Überprüfung der Beschäftigungsdynamik, wohl aber ihre Fähigkeit, diese Dynamik auch zu erklären. Im folgenden Kapitel wird daher mit den Such- und Matchingmodellen ein Ansatz vorgestellt, der, wenn auch zu Lasten einer vergleichsweise einfachen empirischen Überprüfbarkeit mit aggregierten Daten, einige der genannten Effekte berücksichtigt.

Kapitel 3

Ein Matchingmodell mit Qualifikationsunterschieden und Entlassungskosten

Such- und Matchingmodelle sind ein wichtiger, wenn nicht sogar der bedeutendste Modelltyp in der modernen Arbeitsmarkttheorie und können zur Analyse einer Vielzahl von Fragestellungen herangezogen werden. Der folgende Abschnitt 3.1 stellt kurz Idee und Merkmale dieser Modellklasse dar. Ferner wird ein Überblick zu wichtigen Arbeiten auf dem Gebiet heterogener Arbeitskräfte und Entlassungskosten gegeben.[1] Der Hauptgegenstand dieses Kapitels ist in den Abschnitten 3.2–3.4 die Entwicklung eines Matchingmodells, das den Einfluß von Qualifikationsunterschieden unter den Erwerbspersonen auf Löhne, Beschäftigung und Arbeitslosigkeit aufzeigt. Umfangreichere Rechenschritte bei der Herleitung dieses Modells finden sich in einem eigenen Anhang B.1.

3.1 Matchingmodelle und Literaturüberblick

3.1.1 Grundlagen zu Such- und Matchingmodellen

Im vorangehenden Kapitel wurde zur Beschreibung des Arbeitsmarktes das Modell eines neoklassischen Marktes verwendet, wie es sich in seiner einfachen Fassung ohne Anpassungskosten auch in fast allen Lehrbüchern zur Arbeitsmarktökonomik findet. In seiner Grundform weist der Markt eine atomistische Struktur auf, und jedes Mitglied aus den beiden Gruppen von Akteuren, Erwerbspersonen und Unternehmen, verfügt über vollständige Information hinsichtlich der Gesuche

[1]Einen sehr guten Überblick zu Such- und Matchingmodellen bieten Mortensen und Pissarides (1999b), Pissarides (2000) und, mit besonderem Gewicht auf makroökonomische Implikationen, Mortensen und Pissarides (1999a).

und Gebote aller anderen. Aus diesen Gründen kommt es zur sofortigen Besetzung offener Stellen, sofern der gezahlte Lohn mindestens so groß wie der markträumende Lohn ist, und umgekehrt finden arbeitssuchende Erwerbspersonen sofort eine Stelle, sofern der von ihnen geforderte Lohn nicht größer als der markträumende Lohn ist. Zerlegt man wie in Pissarides (2000, Kapitel 1) das Marktgeschehen gedanklich in die Bestandteile „Handel" und „Leistungserbringung", wobei der Handel das Aufeinandertreffen von Arbeitssuchenden und Unternehmen und die Leistungserbringung die gemeinsame Produktion sowie die Aufteilung des Ertrages zwischen Unternehmen und Arbeitnehmer bezeichnen, so ist wegen der gemäß dem Walrasianischen Konzept zentralen Struktur des Marktes – alle Akteure kommen gemeinsam zusammen, und der Auktionator bildet aus den unterschiedlichen Geboten einen markträumenden Lohn – und der vollständigen Information aller Akteure die Bedeutung des Handels gleichsam trivial. Dementsprechend wird er in der Literatur auch nicht gesondert betrachtet.

Eine Reihe von stilisierten Fakten aus empirischen Untersuchungen legen allerdings nahe, daß das neoklassische Modell in seiner einfachsten Form unzureichend für die Beschreibung des Arbeitsmarktes ist. Zuvörderst ist hier die Existenz von unfreiwilliger Arbeitslosigkeit zu nennen, die es auf dem eben dargestellten Markt mit flexiblen Löhnen und atomistischer Struktur nicht gibt. Um Arbeitslosigkeit durch das Modell zu erklären, liegt es daher nahe, einzelne oder mehrere Annahmen abzuschwächen. Dies geschieht etwa durch die Einführung von Gewerkschaften mit einem gewissen Maß an Lohnsetzungsmacht oder von Effizienzlöhnen,[2] über die im vorigen Kapitel betrachteten Anpassungskosten oder durch gesetzliche Mindestlöhne über dem markträumenden Lohn.[3]
Andere Beobachtungen lassen sich indes nicht oder wesentlich schwieriger in den neoklassischen Modellrahmen integrieren. Hierzu zählt beispielsweise die Koexistenz von offenen Stellen und Arbeitssuchenden, die sich graphisch in der Beveridgekurve, bei der eben diese beiden Größen gegeneinander abgetragen werden, veranschaulichen läßt. Beispielhaft ist in Abbildung 3.1 auf der nächsten Seite die Beveridgekurve für Deutschland (früheres Bundesgebiet) in den Jahren 1962–2000 wiedergegeben.[4] Sie weist den üblichen negativen Verlauf auf, scheint sich aber in den vergangenen Jahren nach außen verlagert zu haben. Gegen das neoklassische Modell spricht sie insofern, als daß es neben der auch in diesem Modell erklärbaren strukturellen Arbeitslosigkeit, bei der offene Stellen und Arbeitslose räumlich oder hinsichtlich der Qualifikation nicht zusammenpassen, zusätzlich noch poten-

[2] Zur Bedeutung von Monopolgewerkschaften für die Entwicklung von Löhnen und Beschäftigung vergleiche etwa die Insider-Outsider Theorie in Blanchard und Summers (1986, 1987), Lindbeck und Snower (1987, 1988) oder Lindbeck (1992).
Effizienzlöhne mit einer im Gleichgewicht positiven Arbeitslosenquote können etwa durch Moral-Hazard Probleme bei den Beschäftigten wie in Shapiro und Stiglitz (1984), das Bestreben, die Fluktuation unter den Beschäftigten zu verringern oder die Vorstellung eines fairen Lohnes (zu den beiden letzten Punkten siehe etwa Layard et al. (1991, Kapitel 3)) bedingt sein.

[3] Vergleiche den Übersichtsartikel von Brown (1999).

[4] Zu Definition und Herkunft der Reihen siehe Anhang A.1.

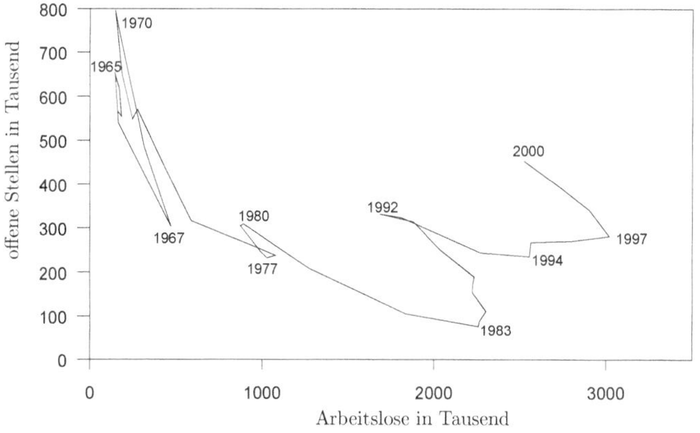

Abbildung 3.1: Beveridgekurve für das frühere Bundesgebiet

tiell gewinnbringende Kombinationen von offenen Stellen und Arbeitslosen gibt, die aber etwa wegen fehlender Informationen dennoch nicht zustande kommen. Ein weiteres Problem ist die Erklärung stilisierter Fakten zu den Stromgrößen am Arbeitsmarkt,[5] da die Gleichgewichte im neoklassischen Modell statisch sind. Auch die Bestimmung des Reservationslohnes eines Arbeitslosen, seine Entwicklung über die Zeit und, damit verbunden, die Austrittswahrscheinlichkeit aus der Arbeitslosigkeit sowie die bei der Stellensuche eingesetzte Suchintensität lassen sich in einen friktionslosen Arbeitsmarkt per Definition kaum integrieren. Such- und Matchingmodelle stellen für alle diese Fragestellungen einen wesentlich einfacheren und eleganteren Ansatz dar.

Die Suchmodelle der ersten Generation legen das Hauptaugenmerk auf das Verhalten des Arbeitnehmers.[6] Die Marktstruktur ist weiterhin atomistisch, aber im Gegensatz zum neoklassischen Modell ist der Handel, d.h. das Aufeinandertreffen von Arbeitssuchenden und Unternehmen mit offenen Stellen, nun Friktionen unterworfen und nimmt daher eine nicht mehr triviale Rolle ein. Eine mögliche Ursache derartiger Friktionen sind etwa fehlende Informationen über zum eigenen Profil passende offene Stellen. Die Erwerbsbiographie wird nun als das Ergebnis eines stochastischen Prozesses aufgefaßt, d.h. es kommt mit gewissen, teilweise durch den Arbeiter beeinflußbaren Wahrscheinlichkeiten, zu Entlassungen, Wiedereinstellungen oder auch dem gänzlichen Ausscheiden aus dem Erwerbsleben. Da es in einem solchen Umfeld im Mittel eine gewisse Zeit dauert, bis ein Arbeitssuchender auf eine geeignete Stelle trifft, wobei das Aufeinandertreffen in der Literatur üblicherweise als Match bezeichnet wird, ist die Auflösung auch in

[5]Vergleiche etwa den Überblick in Mortensen und Pissarides (1999a).
[6]Einen guten Überblick vermittelt Mortensen (1986).

Abwesenheit von Transaktions- oder Anpassungskosten kostenbehaftet. Es kommt zum Entstehen von Renten, über deren Aufteilung zwischen Unternehmen und Arbeitnehmer entschieden werden muß.

Die wesentlich durch Pissarides (1990) beeinflußte Literatur dehnt das Suchproblem auch auf das Unternehmen aus, d.h. ebenso, wie ein Arbeitssuchender nicht sofort eine offene Stelle findet, dauert es auch eine gewisse Zeit, bis sich für eine neu ausgeschriebene offene Stelle ein passender Bewerber meldet. Ähnlich wie in einfachen Suchmodellen die Wahrscheinlichkeit, eine offene Stelle zu finden, besteht auch hier die Möglichkeit, die Rate, mit der offene Stellen besetzt werden, als exogen anzunehmen. Da jedoch im Gleichgewicht die Zahl der besetzten offenen Stellen der Zahl der Arbeitssuchenden, die eine solche finden, entsprechen muß, liegt es nahe, die beiden Prozesse, d.h. die Suche nach offenen Stellen und die nach geeigneten Bewerbern, zusammenzufügen und die beiden Kontaktwahrscheinlichkeiten zu endogenisieren. Dies geschieht typischerweise über eine sogenannte Matchingfunktion, die für jede Kombination aus der Zahl an offenen Stellen und der Zahl an Arbeitssuchenden angibt, wie viele Stellen tatsächlich besetzt werden. Sie subsumiert die zuvor erwähnten Friktionen bei der Stellenbesetzung, ohne daß diese explizit modelliert werden müßten, ähnlich wie die Anpassungskostenfunktionen aus Kapitel 2 eine ganze Reihe von Kostenfaktoren summarisch zusammenfaßt.[7] Im einfachsten Fall, in dem nur eine Marktseite Friktionen unterworfen ist, hängt sie nur von den offenen Stellen oder der Zahl der Arbeitssuchenden ab und ist unabhängig von der jeweils anderen Größe,[8] doch gehen in der Regel beide Variablen nicht trivial ein. Die sich einstellenden Gleichgewichte sind dynamisch und haben daher insbesondere empirisch testbare Implikationen über die Stromgrößen am Arbeitsmarkt wie die Schaffung und Zerstörung von Stellen, Zu- und Abflüsse in die Arbeitslosigkeit etc..

Such- und Matchingansätze erlauben die Berücksichtigung einer Vielzahl von Einflußfaktoren. Typischerweise werden drei Akteure betrachtet, nämlich die Unternehmen, die offene Stellen anbieten, Erwerbsfähige, die arbeiten, nach Arbeit suchen oder gerade nicht aktiv am Arbeitsmarkt teilnehmen, und schließlich das sonstige Umfeld einschließlich des Staates, der verschiedene Rahmenbedingungen, etwa Mindestlöhne oder das System der Arbeitslosenversicherung, festsetzt. Trägt man die in der Literatur untersuchten Spezifikationen und Annahmen zusammen, so ergeben sich typische Merkmale, anhand derer ein gegebenes Modell klassifiziert werden kann. Die folgende Aufstellung gibt die häufigsten dieser Merkmale geordnet nach den genannten Akteuren wieder und soll dadurch bei der Einordnung der im folgenden Unterabschnitt zusammengefaßten Literatur helfen.[9]

---

[7]Zu möglichen Mikrofundierungen vergleiche den Übersichtsartikel von Petrongolo und Pissarides (2001).

[8]Vergleiche etwa die lineare Spezifikation in Kugler und Saint-Paul (2000).

[9]Faßt man alle folgenden Merkmale in ihrer jeweils allgemeineren Ausprägung zusammen, so gelangt man schließlich zu einem Idealmodell, d.h. einem Matchingmodell in seiner allgemeinsten Form, dessen „Abbilder“ die in der Literatur analysierten Modelle sind.

Die zur Vereinfachung der Analyse in der Regel als risikoneutral angenommenen Arbeitskräfte werden entweder als homogen oder als heterogen modelliert, wobei sich die Heterogenität etwa auf die Effektivität bei der Stellensuche, das Arbeitsleid auf einer besetzten Stelle, die Produktivität oder den Ausbildungsstand als Indikator für die Produktivität beziehen kann. In den meisten Fällen werden diese Merkmale und damit die jeweiligen Bevölkerungsanteile als exogen gegeben angenommen, doch gerade bei der Ausbildungsentscheidung finden sich auch vereinzelt Ansätze zur Endogenisierung. In vielen Modellen wird angenommen, daß nur Arbeitslose nach offenen Stellen suchen, auch wenn empirisch die Stellensuche von noch Beschäftigten wesentlich bedeutsamer ist.[10] Die Zahl der Erwerbspersonen ist in den meisten Fällen exogen und fest. Einige Modelle verwenden zwar exogene Zu- und Abflüsse, doch die Partizipationsentscheidung von Nichterwerbspersonen wird im allgemeinen nicht betrachtet. Hinsichtlich des Suchverhaltens selbst kann, um die Anreizwirkungen einer Arbeitslosenversicherung oder ähnliches zu untersuchen, die oft als exogen angenommene Suchanstrengung der Arbeitslosen als Funktion der Arbeitslosenquote, des individuellen Humankapitals, der Zahl der angebotenen Stellen etc. endogenisiert werden.

Bei der Modellierung der Unternehmensseite ist in den meisten Fällen der (möglicherweise heterogene) Arbeitseinsatz der einzige Einsatzfaktor, was zumindest unter der Annahme eines vollkommenen Marktes für Leihkapital keine wesentliche Beschränkung der Allgemeinheit darstellt, vergleiche Pissarides (2000, Kapitel 2). Typischerweise werden Einmannfirmen mit einer linearen Technologie unterstellt. Unabhängig von der Homogenität der Arbeitskräfte wird in vielen Fällen angenommen, daß die Produktivität einer Stelle stochastischen Schocks unterliegt. Auf diese Weise müssen die Entlassungs- oder Kündigungsraten nicht als exogen angenommen werden, sondern lassen sich vielmehr endogen bestimmen. Bisweilen wird auch die Annahme getroffen, daß die Heterogenität der Stellen von einer Investitionsentscheidung des Unternehmens, die noch vor der Stellenbesetzung getätigt werden muß, abhängt. In diesem Fall ist es bedeutsam, ob die Charakteristika eines Bewerbers erst nach der Stellenbesetzung oder bereits vor Vertragsschluß festgestellt werden können.
Ein weiteres wichtiges Unterscheidungsmerkmal zwischen verschiedenen Modellen ist noch die Lohnbestimmung.[11] Neben einer über einen Nash-Bargaining Ansatz begründeten festen Aufteilungsregel finden sich unter anderem auch Modelle mit Effizienzlöhnen oder der Zahlung des Reservationslohnes.

[10] Die Hinzunahme der Stellensuche von Beschäftigten ändert nach Pissarides (2000, Kapitel 5) die Modellresultate im allgemeinen nicht wesentlich, doch vergleiche etwa die Modelle von Boeri (1999), Mortensen (1994) oder Pissarides (1994). Mortensen weist darin darauf hin, daß das Modell ohne die Bewerbung von Stelleninhabern in Simulationen eine positive Korrelation zwischen Stellenschaffung und Stellenabbau erzeugt, wohingegen man empirisch eine negative Korrelation beobachtet. Aus diesem Grund erweitert er das Modell von Mortensen und Pissarides (1994) um die Bewerbung von Stelleninhabern und kann durch Simulationen zeigen, daß die Korrelation zwischen Stellenschaffung und Stellenabbau nun negativ ist.

[11] Vergleiche dazu insbesondere Mortensen und Pissarides (1999b, Abschnitt 4).

Eine dritte Gruppe von Modellmerkmalen betrifft schließlich das sonstige wirtschaftliche Umfeld, einschließlich des staatlichen Handelns. Hierzu zählen die Betrachtung aggregierter Schocks, die die Produktivität aller Stellen gleichermaßen betreffen, die Existenz einer Arbeitslosenversicherung und deren Struktur, wie etwa die Kopplung der Unterstützungsleistungen an das zuletzt erzielte Gehalt sowie die Beachtung einer Budgetbeschränkung des Staates und hier insbesondere der staatlichen Arbeitslosenversicherung. Für die Analyse europäischer Arbeitsmärkte bedeutsam sind zum einen Modelle, die Anpassungskosten, beispielsweise zur Ausbildung neu eingestellter Arbeitskräfte oder bei Entlassungen, berücksichtigen, wobei es sich wegen der Betrachtung von Stromgleichgewichten immer um Bruttoanpassungskosten handelt. Zum anderen finden sich mehrere Arbeiten, die die Auswirkungen befristeter und unbefristeter Beschäftigungsverhältnisse untersuchen, da erstere beispielsweise in Spanien einen zunehmenden Anteil an der Gesamtbeschäftigung ausmachen.

Das in den Abschnitten 3.2–3.4 dargestellte Modell geht von hinsichtlich ihrer Produktivität heterogenen Arbeitskräften aus, wobei die Anteile der beiden Bevölkerungsgruppen exogen gegeben sind. Darüber hinaus wird der Einfluß von Entlassungskosten auf die endogene Entlassungsrate untersucht.[12] Der folgende Unterabschnitt gibt einen Überblick zu der auf diesem Gebiet veröffentlichten Literatur.

3.1.2 Verwandte Literatur zu Entlassungskosten und heterogenen Arbeitskräften

Das Vorliegen von Entlassungskosten erlegt den Unternehmen zusätzliche Kosten bei einer nicht vom Arbeitnehmer ausgehenden Beendigung des Beschäftigungsverhältnisses auf, die unter der üblichen Annahme vorausschauender Agenten im allgemeinen die Bereitschaft zu Einstellungen mindern. Gleichzeitig werden jedoch auch weniger Arbeitnehmer entlassen, so daß der Nettoeffekt auf Beschäftigung und Arbeitslosigkeit sowohl positiv als auch negativ sein kann.[13]
Während der Einfluß auf die Bestandsgrößen am Arbeitsmarkt möglicherweise unbestimmt ist, gehen Stromgrößen wie etwa die Zuflüsse in und die Abflüsse aus der Arbeitslosigkeit regelmäßig zurück. Diese Beobachtung gilt insbesondere bei der Betrachtung höherfrequenter Daten, da sich bei jährlichen Beobachtungen bereits ein gewichtiger Teil der durch saisonale Effekte bedingten Fluktuation

[12] Da der Begriff „Kündigung“ für eine vom Arbeitnehmer ausgehende Beendigung des Arbeitsverhältnisses verwendet wird, wird statt des ebenfalls üblichen Begriffes „Kündigungskosten“ ausschließlich von „Entlassungskosten“ gesprochen.

[13] Diese Unbestimmtheit des Einflusses von Entlassungskosten findet sich sowohl in theoretischen Modellen als auch in empirischen Untersuchungen. Zu ersteren vergleiche neben der grundlegenden Arbeit von Bentolila und Bertola (1990) die in diesem Überblick genannten Arbeiten, zur Empirie die auf Seite 76 angegebenen Quellen.

herausmittelt, und ist der Ausgangspunkt der Studie von Blanchard und Portugal (2001). In einer empirischen Analyse am Beispiel Portugals, das einen sehr hohen Kündigungsschutz aufweist, und der USA wird das eben erwähnte Phänomen ähnlicher Arbeitslosenraten bei wesentlich schwächer ausgeprägten Strömen auf dem rigideren Arbeitsmarkt verdeutlicht. Zur Erklärung entwickeln die Autoren ein Matchingmodell, in dem Unternehmen offene Stellen sofort besetzen können, während Arbeitskräfte nach offenen Stellen suchen müssen und die Arbeitslosigkeit nur mit einer positiven, endogen bestimmten Rate verlassen. Die Arbeitskräfte sind hinsichtlich ihrer Produktivität homogen, erfahren aber auf einer Stelle ein unterschiedlich stark ausgeprägtes Arbeitsleid. Der Lohn wird unmittelbar nach der Besetzung ausgehandelt und ist danach fest. Die Produktivität der Stelle und der aus der Arbeitstätigkeit resultierende Nutzenverlust unterliegen hingegen stellen- beziehungsweise arbeitnehmerspezifischen Schocks, so daß bei einer genügend negativen Realisation der Schocks das Arbeitsverhältnis für eine der beiden Parteien nicht mehr attraktiv ist. Für beide Arten von Schocks finden sich daher endogen bestimmte Schwellenwerte, bei deren Unterschreiten es zur Auflösung der Stelle durch Entlassung oder Kündigung kommt. Bei entsprechend negativen Produktivitätsschocks, d.h. bei einer Entlassung des Arbeitnehmers, muß das Unternehmen Entlassungskosten zahlen.
In dem Modell kann gezeigt werden,[14] daß Entlassungskosten die Zahl der Entlassungen über eine Verringerung des Schwellenwertes für die Produktivitätsschocks verringern und die Verhandlungsmacht der Arbeitnehmer und damit deren Lohn erhöhen. Der Effekt auf die Arbeitslosigkeit ist hingegen a priori unbestimmt und hängt insbesondere vom Verlauf der Verteilungsfunktion der Produktivitätsschocks ab. Bei der Kalibrierung zeigt sich für die gewählten Parameter und Verteilungsfunktionen, daß bei steigenden Entlassungskosten die Kündigungen wesentlich schneller abnehmen als die Entlassungen, da es für die Arbeitnehmer zunehmend unattraktiv wird, sich nach einer neuen Stelle umzusehen. Während die Dauer der Arbeitslosigkeit steigend und die Arbeitsmarktströme fallend in den Entlassungskosten sind, weist die Arbeitslosenquote (als Produkt von Arbeitslosigkeitsdauer und Zufluß in die Arbeitslosigkeit) einen buckelförmigen Verlauf auf. Der Gesamtoutput als Näherungswert für die Wohlfahrt hingegen nimmt mit den Entlassungskosten monoton ab.

In eine ähnliche Richtung zielt die Arbeit von Boeri (1999), die besonders auf die Rolle der Stellensuche noch Beschäftigter abstellt. Anstoß sind einige empirische Beobachtungen, die im Widerspruch zu einem einfachen Matchingmodell stehen. Betrachtet man Querschnittsdaten von OECD-Ländern, so sind die Arbeitslosenquoten und die Zuflüsse in die Arbeitslosigkeit *negativ* korreliert, während aus der Bedingung für ein Stromgleichgewicht am Arbeitsmarkt eine positive Korrelation folgt. Ferner ist die Korrelation zwischen dem häufig verwendeten OECD-Maß für die Arbeitsmarktrigidität und dem Stellenumschlag, d.h. der Summe aus

[14] In einer vereinfachten Spezifikation ohne Kündigungen läßt sich das Modell noch analytisch lösen, während im allgemeineren Fall mit Kündigungen das Modell kalibriert werden muß.

der Schaffung neuer und der Zerstörung vorhandener Stellen, insignifikant und nicht, wie aus dem Modell zu erwarten, negativ.[15] Schließlich ist in vielen europäischen Volkswirtschaften der Zufluß in die Arbeitslosigkeit niedriger als der Stellenabbau. Dies legt nahe, daß ein nicht unerheblicher Teil der Stellenbesetzungen durch Arbeitsplatzwechsler, d.h. noch beschäftigte Arbeitskräfte, erfolgt, die nach dem Abbau ihres früheren Arbeitsplatzes ohne den Umweg über die Arbeitslosigkeit eine neue Stelle finden. Der Erklärungsansatz des Modells von Boeri für die genannten Beobachtungen ist, daß hoher Kündigungsschutz in Verbindung mit befristeten Verträgen dazu führt, daß Arbeitnehmer auf gefährdeten Stellen nicht direkt entlassen, sondern veranlaßt werden, sich noch während ihrer Beschäftigung nach einer anderen Stelle umzusehen. Auf diese Weise konkurrieren sie mit den Arbeitslosen und reduzieren den Abfluß aus der Arbeitslosigkeit. Gleichzeitig kommt es auf diese Weise auch zu weniger Entlassungen und freiwilligen Kündigungen, was den geringeren Zufluß in die Arbeitslosigkeit erklärt. Dieser Mechanismus wird dadurch ermöglicht, daß in vielen europäischen Ländern Regelwerke existieren, die eine zeitweilige Weiterbeschäftigung gegenüber einer sofortigen Entlassung begünstigen, etwa die Kurzarbeit in Deutschland oder einzuhaltende Fristen vor einer Entlassung. Einen ähnlichen Effekt haben befristete Arbeitsverhältnisse, da diese im allgemeinen nicht beliebig oft verlängert werden können.

Die Modellierung erfolgt in diskreter Zeit. Die Zahl der neu ausgeschriebenen offenen Stellen wird zur Vereinfachung nicht aus dem Gewinnmaximierungskalkül der Unternehmen abgeleitet, sondern ist eine lineare Funktion der um alte offene Stellen und Kurzarbeiter bereinigten Arbeitslosenzahl. Die Stellenzerstörungsrate ist ebenfalls exogen, und entsprechend der Modellidee erhält ein Teil der zu Entlassenden die Gelegenheit, noch eine Periode weiter beschäftigt zu werden und sich in dieser Zeit um eine neue Stelle zu bemühen.[16] Der Anteil der Stellen, die beim Abbau zuerst in Kurzarbeit umgewandelt werden müssen, dient dabei als Maß für die Stärke des Entlassungsschutzes. Als Arbeitssuchende gehen in die Matchingfunktion nicht nur die Arbeitslosen, sondern auch befristet Beschäftigte und in einer Modellerweiterung auch Festangestellte ein. Im Basismodell ohne Zeitverträge oder freiwillige Kündigungen führt eine Verschärfung der Entlassungsschutzbestimmungen zu einem Rückgang der offenen Stellen, während die Reaktion der Arbeitslosigkeit unbestimmt ist. In der Modellerweiterung kann eine Verschärfung des Kündigungsschutzes zu einer Zunahme der Arbeitslosigkeit führen. Dies ist dann der Fall, wenn die befristet oder als Kurzarbeiter Beschäftigten intensiv mit Arbeitslosen um neue Stellen konkurrieren und Festangestellte in ihren Suchanstrengungen sensitiv auf die Zahl offener Stellen reagieren.[17]

[15]Eine weitere mögliche Erklärung für diese Beobachtungen ist die Verwendung eines mehrjährigen Durchschnittes als Maß für den Stellenumschlag, vergleiche die Anmerkungen auf der vorherigen Seite zur Bedeutung der Datenfrequenz und in Blanchard und Portugal (2001).

[16]Gelingt dies nicht, so wird der Betroffene in der darauffolgenden (also der übernächsten) Periode definitiv entlassen und arbeitslos.

[17]Garibaldi (1999, 2001) verfolgt einen ähnlichen Ansatz, verwendet aber eine noch ausführ-

Saint-Paul (1995) untersucht die Auswirkungen von Entlassungskosten in einem Suchmodell, wenn die Kosten in Form von Abfindungszahlungen an die Entlassenen anfallen. Für gewisse Parameter ergeben sich multiple Gleichgewichte, von denen eines durch hohe Arbeitslosigkeit und wenige Kündigungen und das andere durch niedrige Arbeitslosigkeit und zahlreiche Kündigungen gekennzeichnet ist. Die Arbeitskräfte sind hinsichtlich ihrer Produktivität homogen, und es gibt einen exogenen Zu- und Abfluß in den beziehungsweise aus dem konstanten Pool der Erwerbspersonen. Für besetzte Stellen existieren zwei Produktivitätszustände, wobei Stellen immer mit einer hohen Produktivität beginnen, Produktivitätsänderungen zufällig eintreten und die niedrige Produktivität ein absorbierender Zustand ist. Die Aufteilung des Outputs einer Stelle erfolgt in kontinuierlichen Nashverhandlungen zwischen Unternehmen und Arbeiter, wobei die Abfindungszahlungen den Drohpunkt des Unternehmens in den Lohnverhandlungen verändern, d.h. Entlassungskosten stärken die Verhandlungsposition der Arbeitnehmer. Bewerbungen auf offene Stellen können sowohl durch Arbeitslose als auch durch Beschäftigte erfolgen. Die Wahrscheinlichkeit, mit der Arbeitssuchende eine neue Stelle finden, ist endogen bestimmt, während offene Stellen sofort besetzt werden können.[18] Die Höhe der Arbeitslosenunterstützung, die über den Drohpunkt des Arbeiters in den Nashverhandlungen die Lohnhöhe beeinflußt, ist so gewählt, daß in Abwesenheit von Entlassungskosten die Unternehmen Stellen mit niedriger Produktivität abbauen würden. Da bei Kündigungen keine Entlassungskosten anfallen, erfolgt bei Stellen mit niedriger Produktivität der Abbau einer Stelle nicht über Entlassungen, sondern über den natürlichen Abfluß infolge eines Arbeitsplatzwechsels oder Ausscheidens aus dem Erwerbsleben. Entlassungskosten bewirken daher eine Ineffizienz, da eigentlich unproduktive Stellen nicht aufgelöst werden. Unterschreitet die Stellenfindungswahrscheinlichkeit und damit auch der natürliche Abfluß einen gewissen Schwellenwert, so entlassen Unternehmen, deren Produktivität zurückgeht, ihre Arbeitnehmer, statt auf Kündigungen zu warten. Die Ökonomie befindet sich dann in dem bereits erwähnten Gleichgewicht mit hoher Arbeitslosigkeit und nur wenigen Kündigungen.

Die Mechanismen, die in Such- und Matchingmodellen zu positiven oder negativen Beschäftigungseffekten von Entlassungskosten führen, arbeitet Ljungqvist (1999) heraus. Über Simulationen wird in einem Suchmodell mit endogener Suchanstrengung und sofortiger Besetzung offener Stellen sowie zwei Varianten A und B eines Matchingmodells untersucht, welche Auswirkungen Entlassungskosten auf Arbeitslosigkeit und Wohlfahrt haben.[19] In allen Modellen ändert sich die Pro-

lichere Modellierung, so daß die Zahl der offenen Stellen nicht mehr postuliert werden muß, sondern aus dem Gewinnmaximierungskalkül des Unternehmens hergeleitet werden kann. Darüber hinaus sind auch die Löhne endogen bestimmt.

[18]Zwar können offene Stellen ohne Kosten geschaffen werden, doch wird eine unendliche Zahl offener Stellen dadurch verhindert, daß dann der Wert von unproduktiven Stellen zu stark sänke, was mittelbar auch den Wert produktiver Stellen reduzierte.

[19]Als viertes wird noch ein Modell mit Beschäftigungslotterien wie in Hopenhayn und Rogerson (1993) in die Untersuchung mit einbezogen.

duktivität in zufälligen Abständen, wobei die nach einem Schock eintretende neue Produktivität durch einen Markovprozeß beschrieben wird und somit im Gegensatz zu den meisten anderen Modellen pfadabhängig ist. Die Entlassungskosten sind keine Abfindungszahlungen, die ausschließlich dem Entlassenen zugute kommen, sondern fließen als Steuer an den Staat, der sie als Pauschaltransfers an die Erwerbspersonen zurückgibt. Die zwei Varianten des Matchingmodells unterscheiden sich in der Lohnfindung, da in Variante B wie in Saint-Paul (1995) angenommen wird, daß die Entlassungszahlungen die Verhandlungsmacht der Arbeitnehmer stärken.
Die Simulationen zeigen, daß durch die Einführung von Entlassungskosten die Arbeitslosigkeit im Suchmodell und in der Variante A des Matchingmodells sinkt, während sie in Variante B steigt. Dieses Ergebnis ist robust gegenüber Parametervariationen. Im Suchmodell ist entscheidend, daß Arbeitskräfte länger auf einer Stelle beschäftigt sind, d.h. der Stellenumschlag zurückgeht. Es gibt keinen gegenläufigen Effekt über einen Rückgang der angebotenen Stellen, da die Lohnforderungen der Arbeitnehmer abnehmen. Einen *Anstieg* der Arbeitslosigkeit erhält man lediglich dann, wenn die Suchanstrengung der Arbeitslosen sehr stark zurückgeht.
Zwei gegenläufige Effekte gibt es auch beim Matchingmodell. Neben der längeren Verweildauer auf einem Arbeitsplatz ist es das Erfordernis, daß das Unternehmen die Kosten offener Stellen aus dem eigenen Anteil des Überschusses der besetzten Stelle bezahlen muß. Dies fällt schwerer, wenn zusätzlich noch Entlassungskosten zu bezahlen sind, so daß im Gleichgewicht die erwarteten Kosten einer offenen Stelle zurückgehen müssen, indem das Arbeitsangebot relativ zur Zahl der offenen Stellen steigt. In Variante B kommt noch hinzu, daß wegen der gestiegenen Verhandlungsmacht der Arbeitnehmer der für die Finanzierung von offenen Stellen und Entlassungskosten beim Unternehmen verbleibende Überschuß niedriger ist als in Variante A, so daß der Knappheitsgrad am Arbeitsmarkt wesentlich stärker abnehmen muß. Im allgemeinen überwiegt dieser die Arbeitslosigkeit erhöhende Effekt, auch wenn sich Parameterkonstellationen finden lassen, in denen die mittlere Lebensdauer eines Arbeitsplatzes so stark ansteigt, daß im Ergebnis die Arbeitslosigkeit auch in Variante B zurückgeht. Sowohl im Suchmodell als auch in den beiden Varianten des Matchingmodells wird aber durch die Entlassungskosten die Allokation von Arbeitskräften auf Stellen ineffizient, da nun auch Stellen mit zu niedriger Produktivität nicht sofort aufgelöst werden. Entsprechend kann man zeigen, daß die Wohlfahrt durch die Einführung von Entlassungskosten zurückgeht.[20]

Saint-Paul (1996, Kapitel 9) entwickelt ein Matchingmodell mit heterogenen Arbeitskräften und untersucht den jeweiligen Einfluß des Produktivitätsunterschiedes zwischen den beiden Typen von Arbeitskräften, der Höhe der Kündigungskosten und der relativen Größe der Populationen auf die Höhe der Arbeitslosigkeit.

[20]Positive Wohlfahrtseffekte von Entlassungskosten können sich insbesondere bei risikoaversen Arbeitnehmern ergeben, vergleiche etwa Booth (1997).

Das Modell stellt in dieser Hinsicht eine Schnittstelle zwischen Modellen mit Entlassungskosten und solchen mit heterogener Bevölkerung dar. Zur Vereinfachung sind die Löhne, die Entlassungsrate und die Zahl der maximal in der Modellökonomie vorhandenen Stellen exogen gegeben.[21] Endogen sind hingegen die Zahl der offenen Stellen für Qualifizierte und Geringqualifizierte, die Arbeitslosen- und Beschäftigungsquoten auf beiden Teilmärkten sowie die Kontaktwahrscheinlichkeiten, d.h. die Wahrscheinlichkeiten, mit denen sich pro Zeiteinheit für eine auf einem Teilmarkt angebotene Stelle ein passender Bewerber findet. Die Unternehmen schreiben Stellen für Qualifizierte oder Geringqualifizierte getrennt aus, wobei Stellen für Qualifizierte wegen der höheren Produktivität zwar attraktiver sind, aufgrund der höheren Nachfrage nach Qualifzierten gleichzeitig aber im Mittel nicht so schnell besetzt werden können. Im Basismodell ohne die Möglichkeit, einmal eingestellte Arbeitnehmer diskretionär zu entlassen, kann gezeigt werden, daß die aggregierte Arbeitslosenquote mit dem Produktivitätsunterschied steigt, bis im Grenzfall Geringqualifizierte schließlich überhaupt nicht mehr beschäftigt werden. Die Arbeitslosigkeit unter den Geringqualifizierten ist stets höher als unter den Qualifizierten. Eine Zunahme des Bevölkerungsanteils der Qualifizierten erhöht die Arbeitslosenquoten in beiden Gruppen, da Qualifizierte nun weniger knapp sind, während der Effekt auf die aggregierte Arbeitslosenquote unklar ist.[22] In einer Modellerweiterung besteht die Möglichkeit, Geringqualifizierte gegen Zahlung von Entlassungskosten zu entlassen, um stattdessen Qualifizierte einzustellen.[23] Mit zunehmenden Entlassungskosten geht die Nachfrage nach Geringqualifizierten zurück, doch ist der Effekt auf die Arbeitslosenquote gleichwohl nicht eindeutig. Eine Verringerung der Produktivitätslücke zwischen Qualifizierten und Geringqualifizierten kann nun die Arbeitslosigkeit unter Geringqualifizierten und damit mittelbar auch die aggregierte Arbeitslosenquote erhöhen, was durch numerische Simulationen bestätigt wird. Dieses scheinbar paradoxe Ergebnis rührt daher, daß bei einem geringeren Produktivitätsunterschied Qualifizierte weniger stark nachgefragt werden und somit am Arbeitsmarkt auch weniger knapp sind. Es kommt daher häufiger zur Ersetzung von Geringqualifizierten durch Qualifizierte, und für gewisse Parameterkonstellationen kann dieser Sekundäreffekt die gestiegene Attraktivität der Geringqualifizierten überkompensieren.

In zwei Modellvarianten endogenisiert Saint-Paul (1996, Kapitel 10) die Quali-

[21] Die letztgenannte Annahme sorgt zusammen mit der Bedingung, daß eine ausgeschriebene Stelle auch besetzt werden muß, sofern sich ein geeigneter Bewerber findet, dafür, daß nicht unendlich viele offene Stellen ausgeschrieben werden, um so die Kontaktwahrscheinlichkeit auf 1 zu erhöhen.

[22] Simulationen zeigen einen buckelförmigen Verlauf der aggregierten Arbeitslosenquote in Abhängigkeit vom Anteil der Qualifizierten. Der fallende Teil der Kurve erklärt sich daraus, daß bei einem hohen Anteil von Qualifizierten von den zwei Effekten – einerseits steigen die Arbeitslosenquoten in beiden Segmenten, andererseits wächst das Segment mit der relativ niedrigeren Quote – der zweite überwiegt.

[23] Die Entlassung Qualifizierter ist wegen der Annahme fester Löhne und konstanter Produktivität nie profitabel.

fikationsstruktur, indem entweder Learning-by-Doing der Beschäftigten oder die Möglichkeit, zu Beginn des Erwerbslebens in Ausbildung und damit in eine höhere Produktivität zu investieren, eingeführt werden. Im ersten Fall kann eine Abnahme der Entlassungskosten zu einem Humankapitalverlust in der Ökonomie führen, da Geringqualifizierte nun schneller wieder entlassen werden und damit weniger Gelegenheit haben, sich zu qualifizieren. Die Auswirkungen auf die Arbeitslosigkeit sind wegen der vielfältigen Rückkopplungen a priori unbestimmt. Im zweiten Fall, d.h. bei Investitionen in Ausbildung zu Beginn des Erwerbslebens, können Entlassungskosten die Anreize, in Bildung zu investieren, erhöhen, da sie die Arbeitsmarktlage der Qualifizierten relativ zu der der Geringqualifizierten verbessern. Gegenläufig hierzu ist allerdings, daß nun Geringqualifizierte seltener zugunsten von Qualifizierten entlassen werden. Im Gegensatz zur ersten Modellvariante treten nun auch multiple Gleichgewichte mit hohem oder niedrigem Ausbildungsniveau der Erwerbspersonen auf.

In den meisten Arbeiten mit heterogener Bevölkerung wird wie in Saint-Paul (1996) angenommen, daß der jeweilige Typ des Bewerbers für das Unternehmen beobachtbar ist. Läßt man diese Annahme fallen und erlaubt gleichzeitig Bewerbungen von Stelleninhabern wie in Boeri (1999), so kann es in Verbindung mit Entlassungskosten zu adverser Selektion zu Lasten der Arbeitslosen kommen, da im Gleichgewicht die durchschnittliche Produktivität der Beschäftigten höher ist. Kugler und Saint-Paul (2000) entwickeln in Anlehnung an Mortensen und Pissarides (1994) ein derartiges Modell und führen auch eine empirische Überprüfung anhand von US-Daten durch. Weitere Modellmerkmale neben der Heterogenität der Bevölkerung und der Unbeobachtbarkeit des Typs vor der Einstellung sind eine in der Zahl der Stellensuchenden lineare Matchingfunktion, Einstellungs- und Entlassungskosten, das Vorliegen stellenspezifischer Produktivitätsschocks und damit verbunden eine Endogenisierung der Entlassungsentscheidung, d.h. die Bestimmung eines Schwellenwertes, bei dessen Unterschreiten es zur Entlassung des Arbeitnehmers kommt. Die Kündigung durch den Arbeitnehmer, der sich erfolgreich auf eine attraktivere Stelle beworben hat, ist im Gegensatz zu Entlassungen nicht mit Kosten verbunden. Der Markteintritt von Firmen und das Angebot an offenen Stellen müssen angesichts der speziellen Gestalt der Matchingfunktion nicht modelliert werden. Unter plausiblen Annahmen an die Verteilung der Produktivitätsschocks kann gezeigt werden, daß höhere Entlassungskosten die Entlassungsrate der qualifizierten Arbeitnehmer stärker reduzieren als die der geringqualifizierten. Zudem senken höhere Einstellungs- oder Entlassungskosten zwar die Rate, mit der Arbeitslose eingestellt werden, die Rekrutierung von bereits Beschäftigten ist jedoch nicht betroffen. Insgesamt führt daher eine Zunahme der Entlassungskosten zu einem Anstieg des Anteils der Geringqualifizierten unter den Arbeitslosen. Wie eingangs bereits ausgeführt, bevorzugen die Unternehmen daher die Einstellung von noch beschäftigten Arbeitskräften, da diese im Mittel eine höhere Produktivität haben.

Das Ziel des Modells von Mortensen und Pissarides (1999c) ist, die unterschiedliche Arbeitsmarktentwicklung in Europa und den USA durch das großzügigere Sozialsystem zu erklären. Im Rahmen einer Kalibrierung des Modells kommen die Autoren zu dem Ergebnis, daß die USA, hätten sie bei der Arbeitslosenversicherung und dem Entlassungsschutz von Arbeitnehmern ähnliche Regeln wie die meisten europäischen Volkswirtschaften, auch eine ähnlich hohe Arbeitslosigkeit zu erwarten hätten. Dieses Resultat spricht dafür, daß durch Sozialsysteme verursachte Rigiditäten am Arbeitsmarkt eine wichtige Rolle bei der Erklärung von hoher Arbeitslosigkeit spielen. Hinsichtlich der Modellstruktur ist diese Arbeit mit dem im folgenden Abschnitt entwickelten Modell am nächsten verwandt, da es ebenfalls eine Erweiterung von Mortensen und Pissarides (1994) um unterschiedlich qualifizierte Arbeitskräfte und Entlassungskosten darstellt. Um der folgenden Darstellung nicht vorzugreifen, wird daher im Rahmen der Modellentwicklung der Abschnitte 3.2–3.4 auf Gemeinsamkeiten und Unterschiede der beiden Ansätze eingegangen.
In einer Weiterentwicklung des Modells (Mortensen und Pissarides (2001)) konzentrieren sich die Autoren auf die Wirkungsanalyse arbeitsmarktpolitischer Maßnahmen. Über Simulationen zeigen sie, daß auf einem rigiden Markt die Arbeitslosigkeit unter den Qualifizierten niedriger, die bei den Geringqualifizierten hingegen höher ist als auf einem unregulierten Markt. Soll die Beschäftigung durch eine geeignete Variation des Steuersystems erhöht werden, so empfiehlt es sich, die Qualifizierten zugunsten der Geringqualifizierten mit einer höheren Proportionalsteuer zu belasten. Dies liegt darin begründet, daß der Nutzen der Freizeit nicht besteuert wird und dieser bei den Geringqualifizierten ein größeres Gewicht hat, so daß eine Verbesserung der Anreizwirkungen durch geringere Steuern dort zu stärkeren Beschäftigungsgewinnen führt als zu entsprechenden Einbußen bei den Qualifizierten. Wird zur Erhöhung der Beschäftigung hingegen eine Einstellungssubvention eingeführt, so verringert diese zwar die durch die Entlassungskosten bedingten Verzerrungen, kann aber über einen ineffizient hohen Stellenumschlag gleichwohl zu einem Rückgang der Beschäftigung führen.

Von der Zielrichtung her vergleichbar ist die Arbeit von Ljungqvist und Sargent (1998), die in einem Modell mit unterschiedlich qualifizierten Erwerbspersonen die Auswirkung einer Arbeitslosenversicherung auf Dauer und Höhe der Arbeitslosigkeit sowie die Lohnverteilung in einer Ökonomie mit Strukturwandel untersuchen.[24] Wie in den meisten Ländern üblich, ist die Arbeitslosenunterstützung

[24]Eine dritte Studie, die sich mit den Auswirkungen arbeitsmarktpolitischer Maßnahmen auf die Arbeitslosigkeit befaßt, stammt von Coe und Snower (1997), die sich auf die Wirkung von Maßnahmenpaketen wie die Verringerung sowohl des Leistungssatzes als auch der Entlassungskosten konzentrieren und zeigen, daß arbeitsmarktpolitische Maßnahmen in der Regel komplementär wirken, d.h. gemeinsam einen stärkeren Effekt haben als die isolierten Einzelwirkungen. Da sich die Modellstruktur des Einperiodenmodells ohne Matchingfunktion jedoch erheblich von dem in den nächsten Abschnitten verfolgten Ansatz unterscheidet und Coe und Snower (1997) auch kaum Aussagen über die isolierten Effekte, sondern meist nur über die Kreuzableitungen machen, wird auf eine ausführlichere Darstellung verzichtet.

an das letzte Gehalt gekoppelt. Ferner ist die Budgetbeschränkung der Arbeitslosenversicherung zu beachten, so daß es über die Versicherungsbeiträge zu Rückkopplungen zwischen der Höhe der Arbeitslosigkeit und dem Nettolohn kommt. Da sich die Analyse im Unterschied zu Mortensen und Pissarides (1999c) ganz auf Arbeitsangebotseffekte konzentriert, wird das Stellenangebot von Unternehmen nicht betrachtet und die Rate, mit der Stellen abgebaut werden, als exogen angenommen. Die Wahrscheinlichkeit, mit der Arbeitslose eine Stelle finden, wird hingegen durch die Suchintensität und den Reservationslohn bestimmt, welche wiederum vom individuellen Humankapital und dem zuletzt erzielten Lohn abhängen. Die Humankapitalausstattung eines Individuums folgt einem Markovprozeß mit Übergangswahrscheinlichkeiten, die vom Beschäftigungsstatus der Arbeitskraft abhängen. Der Bruttolohn schließlich ist das Produkt einer zufälligen Komponente und des Humankapitalbestandes eines Individuums. In einem solchen Modell kann Strukturwandel zum einen durch eine Modifikation der Entlassungsrate und zum anderen über den Umfang des Humankapitalverlustes im Falle einer Entlassung abgebildet werden.
In der Kalibrierung des Modells werden zwei Ökonomien mit („Sozialstaat") und ohne („laissez-faire Ökonomie") Arbeitslosenversicherung verglichen. In wirtschaftlich ruhigen Zeiten unterscheiden sich die Arbeitslosenquoten in beiden Ökonomien kaum, allerdings finden sich im Sozialstaat mehr Langzeitarbeitslose, da es dort aufgrund des höheren Reservationslohnes im Mittel länger dauert, bis Arbeitnehmer eine neue Stelle annehmen. Ein transitorischer Schock in Form einer kurzfristig höheren Entlassungsrate verbunden mit einem starken Humankapitalverlust bei einer Entlassung führt jedoch zu einer wesentlich höheren Persistenz der Arbeitslosigkeit und der Arbeitslosigkeitsdauer im Sozialstaat, da aufgrund der Koppelung der Arbeitslosenunterstützung an das letzte Gehalt für viele Arbeitslose angesichts ihres niedrigeren Humankapitals nun der Reservationslohn zu hoch und ihre Suchanstrengung daher niedrig ist. Ein permanenter Schock in Form einer stärkeren Streuung der Humankapitalverluste im Falle einer Entlassung senkt die Arbeitslosigkeit geringfügig in der laissez-faire Ökonomie, während im Sozialstaat die Arbeitslosigkeit und deren individuelle Dauer nun permanent zunehmen. Der Anstieg der Arbeitslosigkeit ist erstens darauf zurückzuführen, daß es wie im Fall des transitorischen Schocks mehr Arbeitslose mit hohem Reservationslohn und niedrigem Humankapital gibt. Zum zweiten wirken der zur Finanzierung der Arbeitslosenunterstützung erforderliche Steueranstieg und die größere Unsicherheit bei der Humankapitalakkumulation anreizhemmend, da das auf einem Arbeitsplatz erworbene Humankapital im Falle einer erneuten Entlassung eher wieder verlorengeht.[25]

Bei der Betrachtung von Teilarbeitsmärkten wird in den meisten Modellen, so auch in den eben vorgestellten, die Segmentierung des Arbeitsmarktes exogen angenommen. Die Arbeiten von Acemoglu (1999) und Albrecht und Vroman (2000)

[25]Dieses Resultat scheint indes zumindest teilweise durch die Annahme einer exogenen Rate der Stellenzerstörung bedingt zu sein, vergleiche die Arbeit von den Haan et al. (2001).

hingegen analysieren, unter welchen Bedingungen es bei unterschiedlich qualifizierten Arbeitnehmern zu einer Bildung von Teilarbeitsmärkten kommt.
Das Modell von Acemoglu (1999) versucht, die empirisch beobachtete zunehmende Ungleichheit in Lohnhöhe und Arbeitslosigkeit zwischen Qualifizierten und Geringqualifizierten sowie den Anstieg der Ausbildungserträge zu erklären.[26] Es wird von zwei Bevölkerungsgruppen ausgegangen, die sich hinsichtlich ihrer Produktivität unterscheiden.[27] Firmen entscheiden sich vorab für eine bestimmte Kapitalausstattung und schreiben dann offene Stellen aus, wobei das Grenzprodukt des Kapitals bei einer Besetzung der Stelle mit einem Qualifizierten höher ist. Die Besetzung von Stellen und ihre Zerstörung treten mit exogenen Raten ein, d.h. auf eine Matchingfunktion wird verzichtet. Bewerbungen auf offene Stellen erfolgen nur durch Arbeitslose, und der Typ des Bewerbers wird erst beim Match deutlich, so daß eine zielgerichtete Ausschreibung nicht möglich ist. Man kann zeigen, daß es in der Ökonomie bei einer (als exogen angenommenen) hinreichend starken Zunahme des Anteils der Qualifizierten in der Bevölkerung oder ihrer Produktivität zu einem Übergang von einem Gleichgewicht mit homogenen Arbeitsplätzen („pooling equilibrium") zu einem mit segmentierten Arbeitsmärkten („separating equilibrium" oder Trenngleichgewicht) kommen kann, da es sich für Firmen nun zu lohnen beginnt, Arbeitsplätze mit einer höheren Kapitalintensität zu schaffen und auf entsprechend geeignete Bewerber zu warten. Aufgrund der Stellendifferenzierung nehmen im Trenngleichgewicht die Unterschiede in Arbeitslosigkeit und Lohnhöhe zwischen Qualifizierten und Geringqualifizierten zu. Die Endogenisierung der Entscheidung über die Produktivität einer Stelle durch das Unternehmen führt, ähnlich wie in Saint-Paul (1996, Kapitel 10) die Endogenisierung der Ausbildungsentscheidung durch die Erwerbspersonen, zur Entstehung multipler Gleichgewichte.

Albrecht und Vroman (2000) wählen einen etwas anderen Ansatz, indem sie zwar nur von einem Produktionsfaktor, der Arbeit, ausgehen und die unterschiedlichen Anforderungsprofile der Unternehmen daher im Vergleich zu Acemoglu (1999) eher ad hoc postulieren, dafür aber die Stellenbesetzung durch eine Matchingfunktion beschreiben und somit auch die relative Knappheit von offenen Stellen gegenüber Arbeitslosen berücksichtigen. Firmen schreiben Stellen für eine gewisse Mindestqualifikation aus. Überqualifizierte können diese Stellen auch besetzen, doch erzeugen sie dann nur den gleichen Output wie ein gerade hinreichend qualifizierter Arbeitnehmer. Sie erhalten jedoch einen höheren Lohn, da für sie der

---

[26]Unter Ausbildungserträgen („returns to education") werden hier die Zuwächse im Arbeitseinkommen aufgrund eines höheren Bildungsabschlusses verstanden, in empirischen Untersuchungen etwa der prozentuale Lohnanstieg aufgrund eines weiteren Jahres an Schulbildung.

[27]Genau genommen ist die Annahme, daß es zwei Bevölkerungsgruppen gibt, die sich in der Qualität ihrer Ausbildung unterscheiden. Gut Ausgebildete haben häufiger eine hohe Produktivität, aber die Einteilung in Qualifizierte und Geringqualifizierte ist nicht vollkommen deckungsgleich mit dem Ausbildungsniveau, d.h. es gibt auch Qualifizierte mit geringer Schulbildung und umgekehrt. Diese Differenzierung ist für die verkürzte Modelldarstellung jedoch nicht wesentlich.

Wert der Arbeitslosigkeit höher ist. Die Matchingfunktion bezieht sich auf alle offenen Stellen, d.h. die Funktion ist nicht teilarbeitsmarktspezifisch, und Bewerbungen können nur durch Arbeitslose erfolgen. Die Rate, mit der Stellen wieder aufgelöst werden, ist exogen gegeben. In diesem Modellrahmen können nicht mehr alle Resultate analytisch hergeleitet werden, so daß die Autoren teilweise auf eine Kalibrierung zurückgreifen müssen.
In Abhängigkeit von den Modellparametern gibt es wie in Acemoglu (1999) Gleichgewichte mit segmentierten Arbeitsmärkten oder solche, in denen Qualifizierte auch auf Stellen für Geringqualifizierte arbeiten. Letzteres ist wahrscheinlicher, wenn der Produktivitätsunterschied kleiner oder der Anteil der Geringqualifizierten an der Gesamtbevölkerung größer ist, da dann ohnehin weniger Stellen für Qualifizierte ausgeschrieben werden und das Treffen auf solch eine Stelle weniger wahrscheinlich ist. Im nichtsegmentierten Gleichgewicht verdrängen die Qualifizierten teilweise die Geringqualifizierten, wodurch sich deren durchschnittliche Arbeitslosigkeitsdauer erhöht. Das Angebot an offenen Stellen mit niedriger Qualifikationsanforderung nimmt indes zu, so daß es nicht zu einer vollständigen Verdrängung kommt. Qualifikationsspezifischer technischer Fortschritt erhöht die Lohnungleichheit (durch steigende Löhne der Qualifizierten) und die Arbeitslosigkeit, letzteres besonders stark, wenn das Gleichgewicht zu einem segmentierten umschlägt. In einem segmentierten Gleichgewicht hat eine Produktivitätszunahme der Qualifizierten keinen Effekt auf den Wert offener Stellen für Geringqualifizierte, da die beiden Teilmärkte de facto unabhängig voneinander sind.
Bei einem Rückgang der Produktivität der Geringqualifizierten, der beispielsweise als Anstieg der Importe aus Niedriglohnländern interpretiert werden kann, steigen im kalibrierten Modell ebenfalls die Arbeitslosigkeit und die Lohnungleichheit. Außerdem geht die Knappheit am Arbeitsmarkt zurück, während sie bei qualifikationsspezifischem technischem Fortschritt konstant blieb, und die Qualifizierten verschlechtern sich relativ zur Ausgangssituation.
Eine Erhöhung des Anteils der Geringqualifizierten verringert im kalibrierten Modell die Lohnungleichheit über einen Anstieg der Löhne der Geringqualifizierten und einen Rückgang der Löhne der Qualifizierten. Die Arbeitslosigkeit geht zurück, da nun mehr Stellen für Geringqualifizierte geschaffen werden und folglich auch deren Arbeitslosigkeitsdauer abnimmt. Entsprechend steigt der Wert der Arbeitslosigkeit für Geringqualifizierte, während er für die Qualifizierten abnimmt. Überschreitet der Bevölkerungsanteil der Geringqualifizierten eine gewisse Schwelle, so werden nur noch Stellen für Geringqualifizierte geschaffen, und alle Arbeitnehmer erhalten unabhängig vom Qualifikationsniveau den gleichen Lohn.

Anzumerken ist noch, daß bei einer Endogenisierung der Ausstattung einer Stelle zusätzliche externe Effekte auftreten können. Die Investition wird nämlich typischerweise vor der Bildung des Matches getätigt, so daß ihr Ertrag in den Verhandlungen über die Aufteilung des Gewinnes aus der besetzten Stelle teilweise auch dem Arbeitnehmer zufällt, ohne daß dieser gezwungen werden kann, sich im nachhinein an den Investitionskkosten zu beteiligen. Im Ergebnis kann es daher zu gesamtwirtschaftlich ineffizient niedrigen Investitionen in die Produktivität neuer Stellen kommen, vergleiche das Einperiodenmodell von Davis (2001) und, mit möglichen gegenläufigen Effekten, das Modell von Gautier (1999, 2002). Ein entsprechendes Problem ergibt sich hinsichtlich der Anreizes für den Arbeitnehmer, in das eigene Humankapital zu investieren.

3.2 Modellaufbau und das langfristige Gleichgewicht

Das im folgenden entwickelte Modell betrachtet die Auswirkungen von Qualifikationsunterschieden und Entlassungskosten auf das Niveau und auch auf die Dynamik von Beschäftigung und Arbeitslosigkeit. Hinsichtlich seines Aufbaus ist das Modell, wie bereits angedeutet, mit der Arbeit von Mortensen und Pissarides (1999c) verwandt, die jedoch den Schwerpunkt mehr auf die Bedeutung der Arbeitsmarktpolitik als auf die Auswirkungen des Qualifikationsunterschiedes an sich legt. Der folgende Unterabschnitt 3.2.1 erläutert die Grundstruktur des Modells. Im Anschluß werden jeweils für den Fall ohne Entlassungskosten die Teilarbeitsmärkte für Qualifizierte und Geringqualifizierte analysiert. Der Arbeitsmarkt für Qualifizierte in seiner Form ohne Entlassungskosten deckt sich im Wesentlichen mit dem Modell von Mortensen und Pissarides (1994) deckt, während die Einführung von Geringqualifizierten und Entlassungskosten darüber hinausgeht.

3.2.1 Grundstruktur des Modells

Betrachtet wird eine Ökonomie in stetiger Zeit. Unternehmen stellen ein homogenes Gut her und beschäftigen zwei Formen von Arbeitnehmern, die sich hinsichtlich ihres Qualifikationsniveaus unterscheiden. Da die absolute Größe der beiden Populationen für die Analyse unerheblich ist, werden beide jeweils auf 1 normiert. Es wird angenommen, daß ein höheres Qualifikationsniveau eine höhere Produktivität zur Folge hat. Qualifikationsspezifische Variablen oder Funktionen werden mit dem Superskript q für Qualifizierte und g für Geringqualifizierte gekennzeichnet.
Um Arbeitnehmer neu einzustellen, schreiben die Unternehmen offene Stellen aus. Es wird angenommen, daß die Teilarbeitsmärkte segmentiert sind und daher Ausschreibung und Besetzung qualifikationsspezifisch erfolgen, so daß es beispielsweise nicht möglich ist, eine für Qualifizierte ausgeschriebene Stelle mit einem Geringqualifizierten zu besetzen.[28] Offene Stellen verursachen Kosten in Höhe

[28]Sofern Beschäftigte sich nicht für mehrere Stellen gleichzeitig bewerben können, benötigt man lediglich die Annahme, daß Geringqualifizierte nicht für die Stellen Qualifizierter geeignet sind, vergleiche die Bemerkungen auf Seite 58.

von c pro Zeiteinheit, wobei im folgenden alle Preise und Wertgrößen in Outputeinheiten ausgedrückt werden. Der Parameter c erfaßt neben den variablen Kosten der eigentlichen Ausschreibung, etwa für die wiederholte Schaltung von Stellenanzeigen, gegebenenfalls auch Mietkosten für während der Nichtbesetzung nicht genutztes Kapital. Im Gegensatz zu Mortensen und Pissarides (1999c) sei c unabhängig vom Qualifikationsniveau.
Nur Arbeitslose suchen nach offenen Stellen, d.h. Bewerbungen von noch beschäftigten Erwerbspersonen („on the job search") sind zur Vereinfachung der Analyse nicht zugelassen, und Bewerbungen auf mehr als eine Stelle sind ebenfalls ausgeschlossen.[29] Seien v^ν und u^ν, $\nu = q, g$ die Zahl der offenen Stellen beziehungsweise der Arbeitslosen im Arbeitsmarktsegment ν. Der Quotient v^ν/u^ν wird mit θ^ν bezeichnet. Als Kehrwert der potentiellen Bewerberzahl pro offene Stelle ist er ein Maß für die Knappheit am Arbeitsmarkt aus der Sicht des Unternehmens.

Das Aufeinandertreffen von offenen Stellen und Arbeitssuchenden wird durch die Stellenbesetzungsfunktion $m(v^\nu, u^\nu)$ beschrieben, wobei im folgenden der gebräuchlichere Begriff „Matchingfunktion" verwendet wird. Sie hat auf beiden Teilarbeitsmärkten die gleiche Gestalt,[30] ist steigend in beiden Argumenten und wird, wie in der Literatur allgemein üblich, als linearhomogen angenommen. Dividiert man die Matchingfunktion durch die Zahl der offenen Stellen, so erhält man unter Ausnutzung der Linearhomogenität die Funktion $\phi(\theta^\nu) := \frac{m(v^\nu, u^\nu)}{v^\nu} = m(1, \frac{u^\nu}{v^\nu}) = m\left(1, (\theta^\nu)^{-1}\right)$, die angibt, mit welcher Rate offene Stellen besetzt werden. Aus den Eigenschaften der Matchingfunktion folgt dann $\phi'(\theta^\nu) < 0$ und $0 < \eta < 1$, wobei η die Elastizität von $\phi(\theta^\nu)$ bezüglich θ^ν bezeichnet. Wie in der weiteren Analyse noch deutlich wird, sind dies zwei wichtige Eigenschaften der Stellenbesetzungsrate $\phi(\cdot)$. Die negative Ableitung bedeutet, daß es mit zunehmender Knappheit am Arbeitsmarkt zunehmend schwieriger wird und länger dauert, eine offene Stelle zu besetzen.[31] Die unelastische Reaktion von $\phi(\cdot)$ ist eine unmittelbare Folge der Annahme konstanter Skalenerträge. Man beachte, daß η typischerweise nicht konstant ist, sondern von θ^ν abhängt.[32]

---

[29] Zur Bedeutung der ersten Annahme vergleiche Fußnote 10 auf Seite 31.
Albrecht et al. (2001) zeigen, daß es bei der Zulässigkeit von simultanen Bewerbungen eines Arbeitslosen auf mehrere Stellen zu einer Ineffizienz infolge von nicht wahrgenommenen Stellenzusagen kommt.

[30] Empirische Evidenz zu Unterschieden in der Matchingfunktion je nach betrachteter Berufsgruppe findet sich für Deutschland in Fahr und Sunde (2001).

[31] Die absolute Zahl an offenen Stellen mag dabei trotz höherer Knappheit durchaus niedriger sein als im alten Gleichgewicht.

[32] Eine konstante Elastizität folgt beispielsweise aus einer Cobb-Douglas Spezifikation der Matchingfunktion. Diese Wahl ist gerade in der empirischen Implementierung nicht unüblich, und Belege für die Zulässigkeit der Cobb-Douglas Annahme gegenüber der allgemeineren CES Spezifikation finden sich etwa in der empirischen Untersuchung von Burda und Wyplosz (1994). Die Hypothese konstanter Skalenerträge hingegen wird in dieser Studie mit spanischen, französischen, britischen und deutschen Daten für Frankreich und Spanien verworfen. Einen umfangreichen Überblick zu Matchingfunktionen in der Empirie geben Petrongolo und Pissarides (2001) in ihrem bereits erwähnten Übersichtsartikel.

Bei den Qualifizierten kann die Produktivität einer Stelle additiv in eine globale oder aggregative und eine stellenspezifische Komponente zerlegt werden. Die aggregative Produktivität wird mit p bezeichnet, während der stellenspezifische Teil das Produkt aus einem Skalar σ und einer Zufallsvariablen ε mit Mittelwert 0 ist. Die Varianz von ε ist auf 1 normiert, so daß σ die Standardabweichung der stellenspezifischen Produktivität ist. Balakrishnan und Michelacci (2001) weisen darauf hin, daß eine Zunahme von σ auch als reallokativer Schock im Sinne eines verstärkten Strukturwandels interpretiert werden kann.[33] Ferner sei an dieser Stelle angemerkt, daß es deutliche empirische Belege zur Bedeutung stellenspezifischer Schocks für die Beschäftigungsdynamik gibt, vergleiche diesbezüglich insbesondere die umfangreiche Studie von Davis et al. (1996) zum verarbeitenden Gewerbe in den USA.
Die Wahrscheinlichkeitsverteilung von ε lasse sich durch eine in jedem Punkt differenzierbare Verteilungsfunktion $F(\varepsilon)$ beschreiben. Der Maximalwert für die stellenspezifische Produktivität ist ε_u, d.h. $F(\varepsilon_u) = 1$. Es wird angenommen, daß alle neu besetzten Stellen anfangs diese Produktivität aufweisen, d.h. neue Stellen sind immer mit der neuesten und produktivsten Technologie ausgestattet. Die stellenspezifische Produktivität $\sigma\varepsilon$ unterliegt zufälligen Schwankungen, wobei das Auftreten einer Produktivitätsänderung durch einen Poissonprozeß mit dem Parameter λ beschrieben wird.[34] Kommt es zu einer Produktivitätsänderung, so wird der neue Wert für ε gemäß der Verteilungsfunktion $F(\varepsilon)$ bestimmt. Fällt die stellenspezifische Produktivität unter den endogenen Schwellenwert ε_d^q, so wird die Stelle ohne Kosten abgebaut, und der zuvor dort beschäftigte Arbeitnehmer wird arbeitslos. Das Superskript q weist darauf hin, daß der Schwellenwert teilarbeitsmarktspezifisch ist.

Aus dem bisher Gesagten folgt, daß ein Qualifizierter eine Gesamtproduktivität von $p + \sigma\varepsilon$ hat. Die im Mittel niedrigere Produktivität Geringqualifizierter wird über einen Abschlag ρ auf die stellenspezifische Produktivität modelliert, so daß die Gesamtproduktivität eines Geringqualifizierten $p + \sigma(\varepsilon - \rho)$ beträgt. Es kann demnach durchaus vorkommen, daß ein Geringqualifizierter auf einer sehr produktiven Stelle produktiver ist als ein Qualifizierter auf einer Stelle mit niedriger stellenspezifischer Produktivität. Die Wahrscheinlichkeitsverteilung der

[33]Eine Änderung von σ, d.h. eine Zunahme der Streuung der Produktivität, kann insofern als reallokativer Schock oder Strukturwandel verstanden werden, als bei Strukturwandel in alten oder „reifen" Branchen die Produktivität zurückgeht, während gleichzeitig neue Wirtschaftszweige mit höherer Produktivität entstehen. Folglich nimmt in der Ökonomie die Produktivitätsstreuung über die Firmen und Arbeitsplätze zu. Das Auseinanderklaffen der Produktivität zwischen den Sektoren führt zu einer Abwanderung von Arbeitskräften in die neuen Branchen, und in diesem Sinn ist der σ-Schock reallokativ.

[34]Im Rahmen der vorliegenden zeitstetigen Formulierung sind zwei Eigenschaften von Poissonprozessen besonders hilfreich. Erstens beträgt die Wahrscheinlichkeit, daß das betrachtete Ereignis in einem kleinen Intervall dt eintritt, λdt, und ist somit ebenso wie das gesamte, als dynamisches Programmierungsproblem formulierte Modell linear in dt. Zweitens ist das Auftreten von Ereignissen in nicht überlappenden Zeitintervallen unabhängig voneinander, so daß die Geschichte der Produktivitätsänderungen außer acht gelassen werden kann.

stellenspezifischen Schocks ε und des das Auftreten von Produktivitätsänderungen beschreibenden Poissonprozesses sind hingegen identisch.[35] Die Erweiterung auf mehr als zwei Teilarbeitsmärkte schließlich ist relativ einfach, indem mehrere Produktivitätsabschläge $\rho_1 < \rho_2 < \cdots < \rho_n$ eingeführt werden, doch wird bei der damit einhergehenden Verringerung der Produktivitätsunterschiede die Annahme segmentierter Märkte zunehmend restriktiv, vergleiche die oben skizzierten Arbeiten von Acemoglu (1999) sowie Albrecht und Vroman (2000).

Der Lohn eines als risikoneutral angenommenen Arbeitnehmers beträgt $w^{\nu}(\varepsilon)$ und ist flexibel in dem Sinn, daß er von der momentanen Produktivität der Stelle abhängt und insofern fortlaufend neu verhandelt werden kann. Arbeitslose Erwerbspersonen erhalten eine pro Zeiteinheit einheitliche Unterstützungsleistung b. Qualifikationsabhängige Unterstützungsleistungen wurden zur Vereinfachung nicht betrachtet. Führte man sie ein, so wäre zu beachten, daß die Bedingung $b^q < b^g + \sigma\rho$ erfüllt wäre, denn andernfalls wären Geringqualifizierte aus Sicht der Firma wertvoller als Qualifizierte, wie man aus den nachfolgenden Gleichungen ersehen kann. Eine mögliche Rechtfertigung für die Annahme einer qualifikationsunabhängigen Arbeitslosenversicherung ist, daß bei Geringqualifizierten aufgrund des typischerweise niedrigeren Lohnes die Opportunitätskosten der Freizeit niedriger sind. Bei einer vollkommen proportionalen Unterstützungsleistung verschwände außerdem die Abhängigkeit der Schwellenwertproduktivität von der globalen Produktivität p, vergleiche Pissarides (2000, S. 45).
Weitere Kostenkomponenten wie Zinszahlungen für das eingesetzte Kapital werden nicht explizit modelliert. Sofern sie für eine Stelle aber konstant sind, werden sie durch den Parameter p mit erfaßt.

Außer über gemeinsame Parameter wie die globale Produktivität p oder die Arbeitslosenunterstützung b sind die beiden Teilmärkte über die Bedingung verknüpft, daß im Gleichgewicht der Wert einer offenen Stelle für Qualifizierte dem einer Stelle für Geringqualifizierte entsprechen muß, da es sonst zu einer Verlagerung offener Stellen zwischen den Marktsegmenten käme.

[35] Alternativ könnte die niedrigere Produktivität Geringqualifizierter auch als ein Abschlag auf die aggregative Komponente p modelliert werden, so daß die Gesamtproduktivität eines Geringqualifizierten $p - \rho + \sigma\varepsilon$ betrüge. Die Analyse würde dadurch vereinfacht, da der Teilarbeitsmarkt der Geringqualifizierten wie ein „normaler" Arbeitsmarkt mit einer geringeren globalen Produktivität betrachtet werden könnte, doch würde durch eine solche Modellierung zugleich auch die Unterscheidung zwischen der stellenspezifischen und der globalen Produktivitätskomponente verwischt.
Die Verwendung der gleichen Verteilungsfunktion $F(\varepsilon)$ für beide Typen von Arbeitnehmern statt einer um ρ nach links verschobenen Verteilung erleichtert die Rechnungen beim Vergleich der beiden Teilarbeitsmärkte.
Der Vorteil eines additiven gegenüber einem multiplikativen Produktivitätsabschlag wie in Mortensen und Pissarides (1999c) ist, daß die Varianz der stellenspezifischen Produktivität nicht automatisch mit dem Qualifikationsniveau abnimmt.

3.2.2 Der Arbeitsmarkt für Qualifizierte

Bezeichne V^q den Wert, den eine für Qualifizierte ausgeschriebene offene Stelle für das Unternehmen hat. Ferner sei $J^q(\varepsilon)$ der Wert einer Stelle für das Unternehmen, wenn diese mit einem Qualifizierten besetzt ist und die stellenspezifische Produktivität ε beträgt. Der Realzins r sei konstant. Dann gilt im Gleichgewicht

$$rV^q = \phi(\theta^q)[J^q(\varepsilon_u) - V^q] - c \,, \tag{3.1}$$

d.h. der Periodenertrag der offenen Stelle entspricht dem Gewinn im Falle einer Besetzung abzüglich der laufenden Kosten der Stellenausschreibung in Höhe von c. Da wegen der Friktionen am Arbeitsmarkt die Besetzung unsicher ist, wird der entsprechende Wertzuwachs mit der Stellenbesetzungsrate gewichtet. Der Wertzuwachs selbst ist die Differenz aus dem Wert der neu besetzten Stelle, die annahmegemäß die höchste spezifische Produktivität aufweist, abzüglich des Wertes der durch die Besetzung verloren gehenden offenen Stelle. Da es keine Marktzutrittsschranken für Unternehmen gibt, muß im Gleichgewicht der Wert einer offenen Stelle 0 betragen. Damit folgt für $J^q(\varepsilon_u)$ die Beziehung

$$J^q(\varepsilon_u) = \frac{c}{\phi(\theta^q)} \,. \tag{3.2}$$

Der Wert einer frisch besetzten Stelle entspricht den erwarteten Suchkosten bis zur Stellenbesetzung.[36] Der Wert einer offenen Stelle steigt folglich mit der durch θ^q gemessenen Knappheit am Arbeitsmarkt.

Das Innehaben einer Stelle mit spezifischer Produktivität ε stellt auch für den Arbeitnehmer einen Wert dar, der im folgenden mit $W^q(\varepsilon)$ bezeichnet wird. Ist ferner U^q der Wert der Arbeitslosigkeit für einen Qualifizierten, so gilt für den Gesamtwert einer besetzten Stelle („match surplus")

$$S^q(\varepsilon) = J^q(\varepsilon) + W^q(\varepsilon) - U^q \,. \tag{3.3}$$

Schließlich wird noch angenommen, daß $S^q(\varepsilon)$ als Folge eines nicht genauer modellierten Verhandlungsprozesses zwischen Arbeitnehmer und Unternehmen im Verhältnis β zu $1-\beta$ aufgeteilt wird:

$$J^q(\varepsilon) = (1-\beta)S^q(\varepsilon) \,, \tag{3.4}$$
$$W^q(\varepsilon) - U^q = \beta S^q(\varepsilon) \,. \tag{3.5}$$

Der Parameter β liege echt zwischen 0 und 1 und ist ein Maß für die Verhandlungsstärke der Arbeitnehmer. Im hier betrachteten Fall ohne Entlassungskosten kann $S^q(\varepsilon)$ offensichtlich nicht negativ werden, denn andernfalls könnten sich das

[36] Mit $\phi(\theta^q)$ als der Wahrscheinlichkeit, daß eine offene Stelle in einer Zeiteinheit besetzt wird, ist der Kehrwert $\frac{1}{\phi(\theta^q)}$ die durchschnittliche Dauer bis zum Eintritt dieses Ereignisses.

Unternehmen und der Arbeitnehmer immer durch die Abschaffung der Stelle beziehungsweise durch eine Kündigung besser stellen. Aus (3.4) und (3.5) folgt als Beziehung zwischen $J^q(\varepsilon)$ und $W^q(\varepsilon) - U^q$

$$\beta J^q(\varepsilon) = (1-\beta)\left[W^q(\varepsilon) - U^q\right] . \tag{3.6}$$

Ähnlich wie in (3.1) können Bestimmungsgleichungen für $J^q(\varepsilon)$, $W^q(\varepsilon)$ und U^q wie folgt implizit definiert werden:

$$rJ^q(\varepsilon) = p + \sigma\varepsilon - w^q(\varepsilon) + \lambda(1-\beta)\int\{\max[S^q(x),0] - S^q(\varepsilon)\}dF(x) , \tag{3.7}$$

$$rW^q(\varepsilon) = w^q(\varepsilon) + \lambda\beta\int\{\max[S^q(x),0] - S^q(\varepsilon)\}dF(x) , \tag{3.8}$$

$$rU^q = b + \phi(\theta^q)\theta^q[W^q(\varepsilon_u) - U^q] . \tag{3.9}$$

Die Terme $p + \sigma\varepsilon - w^q(\varepsilon)$ und $w^q(\varepsilon)$ in den Gleichungen (3.7) und (3.8) sind die Periodenerträge der Firma beziehungsweise des Arbeitnehmers. Die Integralterme berücksichtigen den erwarteten Ertrag aus einer mit der Rate λ erfolgenden Produktivitätsänderung unter Berücksichtigung der Bedingungen, daß der Wert einer Stelle zwischen Unternehmen und Arbeitnehmer aufgeteilt wird und nicht unter 0 fallen darf.

Der in Gleichung (3.9) definierte Periodenertrag der Arbeitslosigkeit umfaßt neben der Unterstützungsleistung b auch den erwarteten Ertrag der Arbeitsplatzsuche. Dieser setzt sich zusammen aus $W^q(\varepsilon_u) - U^q$, dem Nettowert einer neuen Stelle, sowie $\phi(\theta^q)\theta^q = \frac{m(v^q,u^q)}{u^q} = m(\theta^q,1)$, der Rate, mit der ein arbeitsloser Qualifizierter eine offene Stelle findet. Im Gegensatz zu $\phi(\cdot)$ selbst ist $\theta^q\phi(\theta^q)$ steigend in θ^q, da ein höherer Knappheitsgrad am Arbeitsmarkt die Wahrscheinlichkeit, eine offene Stelle zu finden, erhöht.
Unter Verwendung von $V^q = 0$ und den Gleichungen (3.2), (3.4) und (3.5) läßt sich zeigen, daß im Gleichgewicht der Ertrag der Arbeitsplatzsuche $\frac{\beta c}{1-\beta}\theta^q$ beträgt.

Für den Lohn $w^q(\varepsilon)$ folgt aus den Gleichungen (3.5)–(3.9) die Beziehung[37]

$$\begin{aligned} w^q(\varepsilon) &= \beta(p+\sigma\varepsilon) + (1-\beta)b + (1-\beta)\phi(\theta^q)\theta^q\left[W^q(\varepsilon_u) - U^q\right] \\ &= rU^q + \beta(p + \sigma\varepsilon - rU^q) \qquad (3.10) \\ &= (1-\beta)\left[b + \frac{\beta c}{1-\beta}\theta^q\right] + \beta(p+\sigma\varepsilon) . \qquad (3.11) \end{aligned}$$

Gemäß (3.10) erhält der Arbeitnehmer demnach neben seinem Reservationslohn rU^q noch einen Anteil des von ihm erwirtschafteten Nettooutputs der Periode. Die alternative Darstellung (3.11) zeigt, daß der Lohn eine Linearkombination aus Reservationslohn und Periodenoutput ist.

[37] Vergleiche auch Pissarides (1998).

Aus den obigen Gleichungen kann nach dem Gesamtwert der Stellenbesetzung aufgelöst werden,[38] und man erhält

$$(r+\lambda)S^q(\varepsilon) = p + \sigma\varepsilon - b + \lambda \int_{\varepsilon_d^s}^{\varepsilon_u} S^{q\prime}(x)[1 - F(x)]dx - \beta\theta^q \phi\left(\theta^q\right) S^q(\varepsilon_u) \quad (3.12)$$

$$= p + \sigma\varepsilon - b + \frac{\sigma\lambda}{r+\lambda} \int_{\varepsilon_d^q}^{\varepsilon_u} [1 - F(x)]dx - \frac{\beta c}{1-\beta}\theta^q \; . \quad (3.13)$$

Wie bereits ausgeführt, werden Stellen vom Unternehmen aufgelöst, wenn $S^q(\varepsilon)$ infolge eines Produktivitätsschocks negativ wird. Für den Grenzfall $S^q(\varepsilon) = 0$, in dem das Unternehmen indifferent zwischen der Beibehaltung der Stelle und ihrer Auflösung ist, ergibt sich aus (3.13) eine implizite Bestimmungsgleichung für die Schwellenwertproduktivität ε_d^q, bei deren Unterschreiten es zur Auflösung der Stelle kommt:[39]

$$p + \sigma\varepsilon_d^q = b + \frac{\beta c}{1-\beta}\theta^q - \frac{\sigma\lambda}{r+\lambda} \int_{\varepsilon_d^q}^{\varepsilon_u} [1 - F(x)]dx \; . \quad (3.14)$$

Die linke Seite stellt den Schwellenwert der Gesamtproduktivität dar. Die beiden ersten Terme auf der rechten Seite entsprechen dem Reservationslohn und sind damit ein Maß für die Opportunitätskosten der Beschäftigung. Der Integralausdruck mißt den Ertrag des Wartens auf Verbesserungen der stellenspezifischen Produktivität und wird im folgenden auch als Optionswert der Stellenbeibehaltung bezeichnet. Da er beim Abbau der Stelle verlorenginge, geht er mit einem Minuszeichen ein und senkt die Schwellenwertproduktivität. Man kann daher zeigen, daß das Unternehmen im Fall $\varepsilon = \varepsilon_d^q$ einen Lohn zahlt, der höher als die Produktivität des Arbeitnehmers ist.[40] So lange die Verluste nicht zu groß sind, lohnt es sich, die Stelle gleichsam zu subventionieren und den Arbeitnehmer weiter zu beschäftigen und auf eine Produktivitätsverbesserung zu warten, da die mögliche Alternative, d.h. die Zerstörung der Stelle und das Ausschreiben einer neuen Stelle, wegen der nicht sofortigen Neubesetzung ebenfalls mit Kosten verbunden ist. Aus dem gleichen Grund, d.h. einer möglicherweise eintretenden Produktivitätsverbesserung, arbeiten umgekehrt aber auch die Arbeitnehmer bei der Schwellenwertproduktivität zu einem niedrigeren Lohn als dem Reservationslohn für eine neue Stelle, wie man sofort durch Einsetzen von (3.14) in (3.11) sieht.

[38] Die Summe aus (3.7) und (3.8) minus (3.9) führt unter Berücksichtigung von (3.3) zu einer Gleichung der Form $rS^q(\varepsilon) = \ldots$. Unter Ausnutzung von (3.5) erhält man Gleichung (3.12), die sich durch partielle Integration in Verbindung mit (3.2) und (3.4) zu (3.13) umformen läßt.

[39] Streng genommen ist ε_d^q der Schwellenwert für den stochastischen Teil der stellenspezifischen Produktivität, während die eigentliche Schwellenwertproduktivität $p + \sigma\varepsilon_d^q$ beträgt, aber zur Vereinfachung wird im folgenden ε_d^q als Schwellenwertproduktivität und $p + \sigma\varepsilon_d^q$ als Schwellenwert der Gesamtproduktivität bezeichnet.

[40] Durch Einsetzen von ε_d^s in (3.7) folgt, da $J^q(\varepsilon_d^s) = S^q(\varepsilon_d^s) = 0$ und $\int \max\{S^q(x), 0\}\, dF(x) > 0$ gelten, daß $p + \sigma\varepsilon_d^s < w^q\left(\varepsilon_d^s\right)$ ist.

Um die Abhängigkeit der Schwellenwertproduktivität ε_d^q von den Modellparametern zu ermitteln, muß Gleichung (3.14) nach diesen abgeleitet werden. Parameteränderungen wirken sich auch auf die zweite zentrale Modellvariable, den Knappheitsgrad θ^q, aus, doch wird dieser vorerst konstant gehalten ($d\theta^q = 0$). Zum einen kann so der isolierte Effekt auf die Stellenzerstörung ermittelt werden, während indirekte Effekte, die sich aus einer Änderung der Arbeitslosenquote und damit des Knappheitsgrades θ^q sowie des Reservationslohnes ergeben, implizit gleich 0 gesetzt werden. Zum anderen wird für die Bestimmung der Reaktion von θ^q noch eine zweite, bisher nicht hergeleitete Modellgleichung benötigt.
Ein *Rückgang* von ε_d^q entspricht hierbei einer *Zunahme* an Arbeitsplatzsicherheit, da nun für ein größeres Intervall der stellenspezifischen Produktivität eine Stelle beibehalten wird und somit die mittlere Lebensdauer einer Stelle zunimmt. Im einzelnen ergeben sich folgende Abhängigkeiten:

- Eine Zunahme von $p-b$ senkt ε_d^q, denn ein Anstieg der globalen Produktivität macht auch Stellen mit einer niedrigen spezifischen Produktivität profitabler, während eine Reduzierung der Arbeitslosenversicherung die Opportunitätskosten der Beschäftigung und damit den Lohn senkt, was ebenfalls die Profitabilität von Arbeitsplätzen mit einem niedrigen Wert ε steigert.

- Eine Zunahme der Verhandlungsmacht erhöht ε_d^q,[41] da der Anteil des Unternehmens am Ertrag der Stelle zurückgeht.[42] Zum einen sinkt der Unternehmeranteil am Gegenwartswert zukünftiger Produktivitätsänderungen, zum anderen müssen den Arbeitnehmern wegen des gestiegenen Ertrages der Arbeitsplatzsuche nun höhere Löhne gezahlt werden.
  Aus ähnlichen Überlegungen folgt, daß auch ein Anstieg von c die Schwellenwertproduktivität anhebt.[43] Gemäß Gleichung (3.2) steigt für festes θ^q der Wert einer frisch besetzten Stelle, so daß das Erhalten einer Stelle mit niedriger Produktivität weniger attraktiv wird. Für dieses Resultat ist die Annahme eines festen Knappheitsgrades offensichtlich besonders restriktiv, da höhere Kosten einer offenen Stelle deren Zahl und damit auch die Knappheit am Arbeitsmarkt reduzieren dürften.

- Eine Zunahme des Parameters λ erhöht den Optionswert der Stellenbeibehaltung, da Verbesserungen der Produktivität wahrscheinlicher werden, oder, wie Garibaldi (1997) ausführt, Schocks weniger persistent sind.[44] Folglich sinkt ε_d^q.

[41] Vergleiche den Anhang auf Seite 147.

[42] Im Gegensatz zu den anderen hier betrachteten Effekten werden Änderungen der Parameter β und c in Mortensen und Pissarides (1994) nicht explizit betrachtet, diese untersuchen vielmehr nur den zusammengesetzten Ausdruck $\frac{\beta c}{1-\beta}$. Daher werden die behaupteten Beziehungen im Anhang nachgewiesen.

[43] Vergleiche den Anhang auf Seite 148.

[44] Kommt es zu einer weiteren Produktivitätsabnahme, so kann die Stelle immer noch abgebaut werden. Sofern die durch die geringe Produktivität anfallenden Verluste nicht zu groß sind, überwiegen die Erträge des Wartens auf eine Produktivitätsverbesserung.

- Eine Zunahme des Zinssatzes senkt den Optionswert der Stellenbeibehaltung, da zukünftige Erträge stärker abdiskontiert werden. Dies führt zu einem Anstieg der Schwellenwertproduktivität.

- Leitet man (3.14) nach σ ab, so erhält man

$$\sigma \frac{\partial \varepsilon_d^q}{\partial \sigma} = \frac{r + \lambda}{\sigma(r + \lambda F(\varepsilon_d^q))} \left(p - b - \frac{\beta c}{1 - \beta} \theta^q \right) . \tag{3.15}$$

  Aus der Gleichung wird deutlich, daß der Effekt des Streuungsparameters σ von der Höhe der globalen Produktivität relativ zu den Opportunitätskosten der Beschäftigung abhängt. Die Ableitung ist positiv, sofern $p \geq b + \frac{\beta c}{1-\beta}\theta^q$ gilt.[45]

Wie bereits ausgeführt, wurden in der bisherigen Analyse Änderungen im Knappheitsgrad θ^q vernachlässigt. Aus (3.2), (3.4) und (3.13) erhält man die folgende Beziehung

$$\phi\left(\theta^q\right) = \frac{c}{1 - \beta} \frac{r + \lambda}{\sigma(\varepsilon_u - \varepsilon_d^q)} , \tag{3.16}$$

die implizit die Schaffung offener Stellen v^q (relativ zur Zahl der Arbeitslosen) beschreibt. Die beiden Gleichungen (3.14) und (3.16) bestimmen gemeinsam ε_d^q und θ^q. In (3.14) besteht ein positiver Zusammenhang zwischen diesen beiden Variablen, da eine Zunahme des Knappheitsgrades die Opportunitätskosten der Beschäftigung und damit die Schwellenwertproduktivität erhöht. Hingegen liegt in (3.16) ein inverser Zusammenhang vor, d.h. eine höhere Schwellenwertproduktivität und damit eine geringere erwartete Lebensdauer einer Stelle reduziert das Angebot an offenen Stellen (man beachte, daß $\phi'(\theta^q) < 0$ gilt).

Leitet man (3.14) und (3.16) nach den exogenen Parametern ab, so ergeben sich aus den Vorzeichen der Ableitungen die folgenden Effekte, nun jedoch unter Berücksichtigung der simultanen Reaktion von ε_d^q und θ^q:

- Eine Zunahme von $p - b$ senkt ε_d^q und erhöht θ^q. Der unmittelbare Effekt auf die Schwellenwertproduktivität ist der bereits oben beschriebene. Darüber hinaus schaffen die Unternehmen nun wegen der gestiegenen Produktivität mehr neue Stellen, was die Knappheit am Arbeitsmarkt vergrößert. Dies erhöht die Opportunitätskosten der Beschäftigung und damit die Löhne, was dem unmittelbaren Effekt auf ε_d^q entgegenwirkt. Der Nettoeffekt auf ε_d^q ist aber nach wie vor negativ.

- Das Verhalten von ε_d^q auf einen Anstieg der Verhandlungsmacht der Arbeitnehmer β ist unbestimmt, während θ^q sinkt.[46] Dieser Rückgang ist auch der Grund, warum das Vorzeichen von $\partial\varepsilon_d^q/\partial\beta$ nicht mehr eindeutig bestimmt werden kann. Der geringere Knappheitsgrad am Arbeitsmarkt mindert den

[45] In diesem Fall folgt aus (3.14) daß $\varepsilon_d^s < 0 = E(\varepsilon)$ gelten muß.

[46] Siehe im Anhang auf Seite 147.

Wert der Arbeitslosigkeit, so daß $S(\varepsilon)$, der zwischen Unternehmen und Arbeitnehmer aufzuteilende Gesamtwert der Stelle, zunimmt. Ist dieser Effekt stark genug, so kann ε_d^q sogar zurückgehen. Im Anhang (siehe Gleichung (B.6) auf Seite 148) wird gezeigt, daß $\partial\varepsilon_d^q/\partial\beta \lesseqgtr 0$ genau dann wenn $\beta \lesseqgtr \eta$ (man beachte, daß η im allgemeinen wieder von θ^q abhängt).
Hosios (1990) zeigt in einem etwas anderen Modellrahmen und ohne die Annahme heterogener Arbeitskräfte, daß das Gleichgewicht sozial effizient ist,[47] sofern die Gleichung

$$\beta = \frac{um_u(v,u)}{m(v,u)} \tag{3.17}$$

erfüllt ist. Mortensen und Pissarides (1999b) wiederum weisen nach, daß diese Bedingung auch für Modelle wie das hier vorliegende gilt. Insbesondere entspricht (3.17) der Bedingung

$$\beta = \eta \ , \tag{3.18}$$

denn aus der Definition von η als der mit -1 multiplizierten Elastizität von $\phi(\theta^\nu)$ bezüglich θ^ν folgt mit $\phi'(\theta^\nu) = -m_{u^\nu}(1,(\theta^\nu)^{-1})\frac{1}{(\theta^\nu)^2}$

$$\begin{aligned} \eta &= \frac{m_{u^\nu}(\cdot)}{(\theta^\nu)^2}\frac{\theta^\nu}{m(1,(\theta^\nu)^{-1})} \\ &= \frac{m_{u^\nu}(\cdot)}{m(\theta^\nu,1)} \\ &= \frac{u^\nu m_{u^\nu}(\cdot)}{m(v^\nu,u^\nu)} \ . \end{aligned} \tag{3.19}$$

Demnach ändert sich die Schwellenwertproduktivität nicht, wenn β auf dem sozial effizienten Niveau marginal variiert wird.

Ein Anstieg von c senkt sowohl ε_d^q als auch θ^q.[48] Bei diesem Parameter ist der durch die Verteuerung offener Stellen bedingte Rückgang von θ^q und die dadurch bewirkte Verringerung der Opportunitätskosten der Beschäftigung stark genug, um das Vorzeichen der Ableitung $\partial\varepsilon_d^q/\partial c$ verglichen mit der Analyse für $d\theta^q = 0$ umzukehren.

- Ein Anstieg von λ verringert sowohl ε_d^q als auch θ^q. Eine denkbare Erklärung für den letztgenannten Effekt ist, daß neue Stellen für die Unternehmen weniger attraktiv werden, da auch sie ihre hohe Produktivität schneller wieder verlieren.

- Ebenso wie bei einer Zunahme von β ist der Effekt eines Anstieges von r auf ε_d^q unbestimmt, während θ^q eindeutig abnimmt.

[47] Zum Konzept der sozialen Effizienz in Matchingmodellen vergleiche Mortensen und Pissarides (1999b, S. 2587 ff.).
[48] Vergleiche den Anhang auf Seite 148.

- Die Knappheit am Arbeitsmarkt nimmt mit σ zu. Die Schwellenwertproduktivität steigt ebenfalls, sofern die Bedingung $p \geq b$ gilt. Die Berücksichtigung des Effektes auf θ^q verstärkt demnach den auf ε_d^q, da nun eine schwächere Bedingung hinreichend für $\partial\varepsilon_d^s/\partial\sigma > 0$ ist. Mit der Interpretation von σ als reallokativem Schock bedeutet dies, daß Strukturwandel die Lebensdauer von Stellen zwar verkürzt, zugleich aber den Abfluß aus der Arbeitslosigkeit erhöht.

Bisher wurde lediglich der Quotient θ^q betrachtet und noch keine Aussage über das Verhalten der Arbeitslosigkeit selbst und die Zahl der offenen Stellen gemacht. Um die Werte von u^q und v^q im langfristigen Gleichgewicht zu ermitteln, wird eine weitere Bestimmungsgleichung für den Steady-State benötigt. Damit der Arbeitsmarkt im Gleichgewicht ist, müssen die Zuflüsse in die Arbeitslosigkeit den Abflüssen auf neue Stellen entsprechen. Die letztgenannte Zahl wird durch die Matchingfunktion angegeben. Die Zuflüsse bestehen aus den Beschäftigten, deren stellenspezifische Produktivität unter den Schwellenwert ε_d^q fällt, was mit der Rate λ geschieht. Da die Zahl der qualifizierten Erwerbspersonen auf 1 normiert ist, muß demnach

$$m(v^q,u^q) = (1-u^q)\,\lambda F\,(\varepsilon_d^s) \tag{3.20}$$

gelten. Auflösen nach der Zahl der Arbeitslosen, die wegen der genannten Normierung auch der Arbeitslosenquote entspricht, führt zu

$$u^q = \frac{\lambda F(\varepsilon_d^q)}{\lambda F(\varepsilon_d^q) + m(v^q/u^q,1)} = \frac{\lambda F(\varepsilon_d^q)}{\lambda F(\varepsilon_d^q) + \theta^q\phi(\theta^q)}\,. \tag{3.21}$$

Gleichung (3.21) ist die Beveridgekurve (BV) mit der üblichen negativen Steigung.[49] Der durch (3.14) und (3.16) bestimmte Gleichgewichtswert für den Knappheitsgrad θ^q entspricht in der $u^q - v^q$-Ebene einer im folgenden mit KG bezeichneten Geraden durch den Ursprung mit der Steigung θ^q. Der Schnittpunkt dieser beiden Kurven legt die Steady-State Werte von u^q und v^q fest, wie in Abbildung 3.2 auf der nächsten Seite ersichtlich. Die Auswirkungen von Parameteränderungen auf u^q und v^q können nun mit Hilfe der zuvor ermittelten Ableitungen von ε_d^q und θ^q in Abbildung 3.2 graphisch bestimmt werden. Ein Anstieg von ε_d^q verlagert die BV-Kurve nach außen, während ein Anstieg von θ^q die KG-Kurve im Ursprung gegen den Uhrzeigersinn dreht.

Eine Erhöhung der globalen Produktivität p oder ein Rückgang der Arbeitslosenunterstützung b (θ^q steigt, ε_d^q fällt) dreht die KG-Kurve nach links und verlagert die BV-Kurve nach innen. Demnach geht die Arbeitslosigkeit zurück, während

[49] Die mit einem Anstieg von v^q verbundenen stärkeren Abflüsse aus der Arbeitslosigkeit führen für sich genommen zwar zu einem Rückgang der Arbeitslosigkeit, doch steigt mit v^q für festes u^q gleichzeitig die Knappheit am Arbeitsmarkt θ^q und damit auch die Schwellenwertproduktivität ε_q^d, so daß die Zuflüsse in die Arbeitslosigkeit ebenfalls zunehmen. Es wird jedoch wie beispielsweise in Pissarides (2000) angenommen, daß der erstgenannte Effekt überwiegt, so daß für ein neues Stromgleichgewicht u^q abnehmen muß.

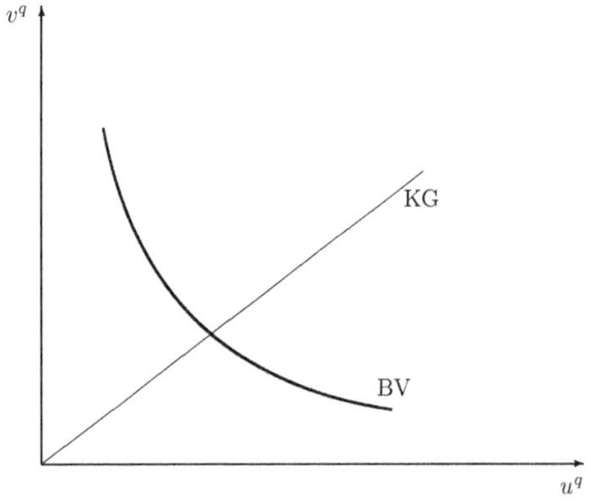

Abbildung 3.2: Beveridge- und KG-Kurve; nach Mortensen und Pissarides (1994)

die Reaktion der Zahl der offenen Stellen unbestimmt ist. Ein Anstieg von λ (θ^q und ε_d^q fallen) dreht die KG-Kurve nach rechts. Hinsichtlich der Verlagerung der BV-Kurve müssen zwei Kanäle unterschieden werden, da λ sowohl direkt als auch indirekt über ε_d^q in (3.20) eingeht. Der direkte Effekt verlagert die BV-Kurve nach außen, während der indirekte Effekt in der entgegengesetzten Richtung wirkt. Die Arbeitslosigkeit nimmt folglich zu (bei einer unbestimmten Reaktion von v^q), wenn der direkte Effekt überwiegt. Ist hingegen der indirekte Effekt stärker, so geht die Zahl der offenen Stellen zurück, während die Veränderung der Arbeitslosigkeit unbestimmt ist.[50] Eine Zunahme der Verhandlungsmacht der Arbeitnehmer (θ^q fällt, ε_d^q steigt oder fällt) dreht die KG-Kurve nach rechts, während die Verlagerung der BV-Kurve unklar ist. Je nachdem, ob die Schwellenwertproduktivität zu- oder abnimmt, kommt es entweder zu einem Anstieg der Arbeitslosigkeit bei unbestimmter Reaktion von v^q oder einem Rückgang der Zahl an offenen Stellen bei unbestimmter Reaktion von u^q. Bei einer Zunahme der Kosten offener Stellen c (θ^q und ε_d^q fallen) dreht sich die KG-Kurve nach rechts und die BV-Kurve verlagert sich nach innen. Wie zu erwarten geht die Zahl der offenen Stellen zurück, während die Arbeitslosigkeit zu- oder abnehmen kann. Angenommen schließlich, daß σ steigt und die Bedingung $p \geq b$ erfüllt ist (θ^q und ε_d^q steigen), so dreht sich die KG-Kurve nach links und die BV-Kurve wandert nach außen mit der Folge, daß die Zahl der offenen Stellen zunimmt, während die Änderung von u^q unklar ist.

[50]Mortensen und Pissarides (1994) weisen darauf hin, daß der indirekte Effekt über den Optionswert der Stellenbeibehaltung wirkt. Dieser Optionswert verschwindet für $\sigma \to 0$ und wird für $r \to 0$ unabhängig von λ, so daß in beiden Fällen der indirekte Effekt entfällt.

3.2.3 Der Arbeitsmarkt für Geringqualifizierte

Beide Teilarbeitsmärkte werden mit ähnlicher Struktur modelliert, so daß im folgenden häufig auf die Resultate des vorangehenden Unterabschnittes zurückgegriffen werden kann und nur die Besonderheiten bei Geringqualifizierten näher ausgeführt werden müssen.

Die Gleichungen (3.1) – (3.5), (3.8) und (3.9) gelten entsprechend, d.h. mit dem Superskript g statt q, für den Arbeitsmarkt der Geringqualifizierten. Infolge der geringeren Produktivität muß Gleichung (3.7) jedoch leicht zu

$$rJ^g(\varepsilon) = p + \sigma(\varepsilon - \rho) - w^g(\varepsilon) + \lambda(1-\beta)\int\{\max[S^g(x), 0] - S^g(\varepsilon)\}dF(x) \quad (3.22)$$

modifiziert werden. Analog zu (3.10) und (3.11) erhält man als Ausdruck für die Löhne

$$w^g(\varepsilon) = rU^g + \beta(p + \sigma[\varepsilon - \rho] - rU^g) \quad (3.23)$$

$$= (1-\beta)\left[b + \frac{\beta c}{1-\beta}\theta^g\right] + \beta\left[p + \sigma(\varepsilon - \rho)\right] \ . \quad (3.24)$$

Mit den gleichen Umformungen wie zuvor gelangt man zu zwei Gleichungen, die den Gesamtwert einer Stellenbesetzung und die Schwellenwertproduktivität ε_d^g in diesem Arbeitsmarktsegment beschreiben:

$$(r+\lambda)S^g(\varepsilon) = p + \sigma(\varepsilon - \rho) - b + \frac{\sigma\lambda}{r+\lambda}\int_{\varepsilon_d^g}^{\varepsilon_u}[1 - F(x)]dx - \frac{\beta c}{1-\beta}\theta^g \ , \quad (3.25)$$

$$p + \sigma(\varepsilon_d^g - \rho) = b + \frac{\beta c}{1-\beta}\theta^g - \frac{\sigma\lambda}{r+\lambda}\int_{\varepsilon_d^g}^{\varepsilon_u}[1 - F(x)]dx \ . \quad (3.26)$$

Definiert man eine neue Variable $\tilde{p} := p - \sigma\rho$, so ist offensichtlich, daß die Ergebnisse der Analyse des vorangehenden Abschnittes bei festem Knappheitsgrad fortgelten. Ein Anstieg von $p - b$ oder λ senkt ε_d^g, während eine Zunahme von r, β oder c die Schwellenwertproduktivität ansteigen läßt. Darüber hinaus haben die Stellen Geringqualifizierter eine kürzere Lebensdauer, denn wegen $\tilde{p} < p$ gilt $\varepsilon_d^g > \varepsilon_d^q$. Im Anhang wird außerdem nachgewiesen daß ε_d^g für festes θ^g überproportional auf einen Anstieg des Produktivitätsunterschiedes reagiert, d.h. $\partial\varepsilon_d^g/\partial\rho > 1$.

Weitere Unterschiede der Geringqualifizierten werden erkennbar, wenn man die Kreuzableitungen von ε_d^g nach ρ und den übrigen Parametern betrachtet.[51] So nimmt etwa die Wirkung des Produktivitätsunterschiedes mit steigender globaler Produktivität zu, $\partial^2\varepsilon_d^g/\partial\rho\partial(p-b) > 0$. Anders ausgedrückt, d.h. wenn man die Kreuzableitung als $\partial\left(\frac{\partial\varepsilon_d^g}{\partial(p-b)}\right)/\partial\rho$ liest, bedeutet dies, daß je größer der Produktivitätsunterschied ist, desto weniger profitieren Geringqualifizierte von einer

[51] Vergleiche im Anhang auf Seite 150.

Zunahme der globalen Produktivität.[52] Die Kreuzableitung $\partial^2 \varepsilon_d^l / \partial\rho\partial\lambda$ ist ebenfalls positiv, was sich in ähnlicher Weise interpretieren läßt, wenn man λ etwa als ein Maß für die Geschwindigkeit von technischem Wandel auffaßt. Hingegen haben die Kreuzableitungen nach β, c und r ein negatives Vorzeichen, so daß die nachteiligen Wirkungen eines Anstieges dieser Parameter mit höherem ρ weniger stark ausgeprägt sind. Bei Änderungen von σ muß zusätzlich der Term $-\sigma\rho$ berücksichtigt werden, aber nach einigen Umformungen gelangt man für die Ableitung $\frac{\partial \varepsilon_d^g}{\partial\sigma}$ zu dem Ausdruck

$$\sigma\frac{\partial \varepsilon_d^g}{\partial\sigma} = \frac{r+\lambda}{\sigma(r+\lambda F(\varepsilon_d^g))}\left(p-b-\frac{\beta c}{1-\beta}\theta^g\right), \tag{3.27}$$

der strukturell vollkommen analog zu (3.15) ist. Eine stärkere Streuung der stellenspezifischen Schocks erhöht demnach für festes θ^g die Schwellenwertproduktivität genau dann, wenn $p \geq b + \frac{\beta c}{1-\beta}\theta^l$ gilt. Die Kreuzableitung $\partial^2 \varepsilon_d^g / \partial\rho\partial\sigma$ schließlich ist negativ, d.h. der Rückgang der Lebensdauer einer Stelle infolge verstärkten Strukturwandels fällt bei den Geringqualifizierten weniger stark aus.

Eine erste vorläufige Schlußfolgerung aus der bisherigen Analyse ist, daß Geringqualifizierte weniger von günstigen Arbeitmarktentwicklungen profitieren als Qualifizierte, daß zugleich aber auch nachteilige Änderungen nicht so stark durchschlagen.

Um die Endogenität von θ^g zu berücksichtigen, wird wie bei den Qualifizierten eine Gleichung, die die Schaffung neuer Stellen beschreibt, benötigt. Führt man die Umformungen aus der Herleitung von Gleichung (3.16) entsprechend für die Geringqualifizierten durch, so fällt der Parameter ρ heraus und man erhält[53]

$$\phi\left(\theta^g\right) = \frac{c}{1-\beta}\,\frac{r+\lambda}{\sigma(\varepsilon_u - \varepsilon_d^g)}\,. \tag{3.28}$$

Die Gleichungen (3.26) und (3.28) bestimmen gemeinsam die Gleichgewichtswerte für ε_d^g und θ^g. Die Ergebnisse aus Unterabschnitt 3.2.2 zur Abhängigkeit der beiden Variablen von $p-b$, β, c, r und λ gelten entsprechend fort. Da ein Rückgang von $p-b$ die Schwellenwertproduktivität anhebt und den Knappheitsgrad senkt, folgt über die Argumentation mit $\tilde{p}$ sofort $\varepsilon_d^g > \varepsilon_d^q$ und $\theta^g < \theta^q$. Stellen für Geringqualifizierte bleiben somit im Mittel nicht so lange erhalten wie bei den Qualifizierten, und selbst bei flexiblen Löhnen haben sie im Mittel eine längere Arbeitslosigkeitsdauer beziehungsweise spiegelbildlich eine niedrigere Einstellungswahrscheinlichkeit als Qualifizierte. Da der Bereich der stellenspezifischen Produktivitäten kleiner ist als bei den Qualifizierten und in diesem Modell die Löhne eine lineare Funktion von ε sind, vergleiche (3.11) und (3.24), ist außerdem die Lohnverteilung der Geringqualifizierten verglichen mit der der Qualifizierten

[52] Man beachte, daß $\partial\varepsilon_d^l/\partial(p-b) < 0$ gilt und ein Rückgang des Schwellenwertes eine Zunahme an Arbeitsplatzsicherheit bedeutet.

[53] Vergleiche im Anhang auf Seite 149.

komprimiert.
Wie im vorigen Unterabschnitt ist die Ableitung $\partial\varepsilon_d^g/\partial\sigma$ positiv, sofern $p \geq b$ gilt, aber das Vorzeichen von $\partial\theta^g/\partial\sigma$ ist nun unbestimmt.[54] Im Anhang wird gezeigt, daß diese Ableitung nur dann positiv ist, wenn der Produktivitätsunterschied nicht zu groß wird. Eine hinreichende Bedingung für ein positives Vorzeichen ist beispielsweise $E(\varepsilon|\varepsilon \geq \varepsilon_d^g) > \rho$, d.h. die durchschnittliche stellenspezifische Produktivität unter den Geringqualifizierten muß positiv sein. Bei einer großen Produktivitätslücke kann verstärkter Strukturwandel demzufolge zu einer echten Verschlechterung der Stellensituation der Geringqualifizierten führen, da nicht nur die Lebensdauer existierender Stellen zurückgeht, sondern relativ zur Zahl der Arbeitslosen auch weniger neue Stellen angeboten werden und die mittlere Dauer der Arbeitslosigkeit somit nicht ab-, sondern zunimmt.

Ein Anstieg des Produktivitätsunterschiedes ρ, etwa infolge von qualifikationsbasiertem technischem Fortschritt, erhöht ε_d^g und senkt θ^g. Folglich gehen die durchschnittliche Lebensdauer einer Stelle und die Streuung der Löhne zurück, während die mittlere Arbeitslosigkeitsdauer zunimmt. Die Kreuzableitung nach ρ und $p-b$ kann nun im Gegensatz zum Fall $d\theta^g = 0$ negativ werden, aber sie bleibt positiv, sofern $\phi''(\theta^g)$ in absoluten Zahlen nicht zu groß wird, so daß $\phi(\cdot)$ stark konvex wäre.[55] Dies bedeutet, daß die Reaktion des Knappheitsgrades θ^g stark genug ausfallen muß, denn diese hängt über Gleichung (3.28) von der Konvexität der Funktion $\phi(\cdot)$ ab.[56]

Ein Stromgleichgewicht am Arbeitsmarkt für Geringqualifizierte impliziert wiederum eine Beveridgekurve, die durch die Gleichung

$$u^g = \frac{\lambda F(\varepsilon_d^g)}{\lambda F(\varepsilon_d^g) + m(v^g/u^g, 1)} = \frac{\lambda F(\varepsilon_d^g)}{\lambda F(\varepsilon_d^g) + \theta^g \phi(\theta^g)} \tag{3.29}$$

beschrieben wird. Sie läßt sich zusammen mit dem durch (3.26) und (3.28) bestimmten Gleichgewichtswert für θ^g graphisch wie in Abbildung 3.2 darstellen. Abgesehen von der etwas stärkeren Bedingung für ein eindeutiges Vorzeichen der Ableitung nach σ sind die Auswirkungen von Änderungen in $p-b$, β, c, λ, r und β auf die Kurven und damit v^g und u^g qualitativ die gleichen wie bei Qualifizierten. Ein Anstieg von ρ (ε_d^g steigt, θ^g fällt), etwa als Folge von qualifikationsbasiertem technischem Fortschritt, dreht die KG-Kurve nach rechts und verlagert die BV-Kurve nach außen. Folglich steigt die Arbeitslosigkeit unter den Geringqualifizierten, während die Zahl der offenen Stellen zu- oder abnehmen kann.

[54] Zur Herleitung siehe den Anhang auf Seite 152. Aus den Gleichungen (3.15) und (3.27), d.h. für festes θ^ν folgt, daß wegen $\theta^g < \theta^q$ die Bedingung für $\partial\varepsilon_d^g/\partial\sigma > 0$ automatisch erfüllt ist, sobald $\partial\varepsilon_d^q/\partial\sigma > 0$ gilt.

[55] Im Spezialfall einer Cobb-Douglas Matchingfunktion ist das Vorzeichen der Kreuzableitung allerdings immer noch unbestimmt.

[56] Vor dem Hintergrund, daß man für den Fall $d\theta^g = 0$ ein eindeutig positives Vorzeichen der Kreuzableitung erhält, ist die Bedingung, daß $\phi(\theta^g)$ nur schwach konvex sein und somit θ^g möglichst stark reagieren sollte, überraschend und unintuitiv, denn je schwächer die Reaktion von θ^g ausfällt, desto mehr nähert man sich dem unproblematischen Grenzfall $d\theta^g = 0$ an.

Eine der Annahmen in Unterabschnitt 3.2.1 war, daß Arbeitnehmer nur auf ihrem eigenen Markt nach Stellen suchen. Angenommen, man schwächt diese Annahme etwas ab, so daß auch Bewerbungen von Qualifizierten auf Stellen für Geringqualifizierte möglich seien, während der umgekehrte Fall wegen fehlender Fertigkeiten der Geringqualifizierten nach wie vor ausgeschlossen sei. Ferner mögen die Qualifizierten, die auf einer Stelle für Geringqualifizierte arbeiten, dort die gleiche Produktivität wie die Geringqualifizierten haben, so daß sie die gleiche Wahrscheinlichkeit haben, eine offene Stelle zu finden.[57] Schließlich seien gleichzeitige Bewerbungen auf beiden Märkten verboten. Unter diesen modifizierten Annahmen folgt, daß es sich für Qualifizierte nicht lohnt, sich auf eine Stelle für Geringqualifizierte zu bewerben. Da nämlich, wie zuvor gezeigt, auf dem Arbeitsmarkt für Qualifizierte eine größere Knappheit herrscht, $\theta^q > \theta^g$, ist die Wahrscheinlichkeit, daß ein arbeitsloser Qualifizierter eine Stelle auf dem Markt für Geringqualifizierte findet, niedriger. Wegen $\phi'(\cdot) < 0$, den Gleichungen (3.2), (3.4), (3.5) auf dem Arbeitsmarkt für Qualifizierte und ihren Gegenstücken bei den Geringqualifizierten ist dort ferner der Wert der Stellenbesetzung aus der Sicht des Arbeitnehmers niedriger. Folglich ist der Ertrag der Arbeitsplatzsuche auf dem Arbeitsmarkt für Qualifizierte höher, und ein Qualifizierter wird nie nach einer für Geringqualifizierte ausgeschriebenen Stelle suchen, selbst wenn er die Möglichkeit dazu hat. Anders ausgedrückt hält in diesem Modell die höhere relative Knappheit von Qualifizierten diese davon ab, mit den Geringqualifizierten um Stellen zu konkurrieren. Entscheidend für dieses Argument ist jedoch die Annahme, daß es keine Bewerbungen von noch Beschäftigten gibt, denn dann könnte es sich für Qualifizierte durchaus lohnen, vorübergehend eine weniger produktive, für Geringqualifizierte ausgeschriebene Stelle anzunehmen und von dort aus nach einer lukrativeren Stelle zu suchen, vergleiche das im Literaturüberblick erwähnte Modell von Gautier (2002).

3.3 Die Einführung von Entlassungskosten

Bisher wurde davon ausgegangen, daß unproduktive Stellen, d.h. solche, deren stellenspezifische Produktivität den Schwellenwert des jeweiligen Teilarbeitsmarktes unterschreitet, ohne Kosten abgebaut werden konnten. Praxisnäher ist die Annahme, daß die Entlassung von Arbeitern Kosten wie Abfindungszahlungen, Anwaltsgebühren, einzuhaltende Fristen, während derer der Arbeitnehmer weiterbeschäftigt werden muß, oder Unzufriedenheit unter den verbleibenden Kollegen verursacht.[58] Dieser Abschnitt untersucht, wie sich die Einführung von Entlassungskosten auf die Modellergebnisse auswirkt. Wie im vorangehenden Abschnitt wird zuerst der Teilarbeitsmarkt für Qualifizierte betrachtet, während bei den

[57]Der Lohn wäre hingegen höher, da wegen $U^q > U^g$ die Opportunitätskosten der Beschäftigung größer sind.

[58]Zur Klassifikation und Messung von Anpassungskosten siehe Abschnitt 2.1.

Geringqualifizierten nur die davon abweichenden Besonderheiten dargestellt werden.

Es wird angenommen, daß die Entlassung eines qualifizierten Arbeiters Kosten in Höhe von k verursacht, während bei einem Geringqualifizierten nur Entlassungskosten von ψk, $0 < \psi < 1$ anfallen. In der Terminologie der Anpassungskostenliteratur handelt es sich demnach um lineare Kosten. Der Wert von k sei niedrig genug, daß noch $S^g(\varepsilon_u) > 0$ und $S^q(\varepsilon_u) > 0$ gelten, da andernfalls überhaupt keine neuen Stellen mehr geschaffen und alle Unternehmen den Markt verlassen würden. Im Fall von mehr als zwei Qualifikationsgruppen bedeutet dies, daß die Einführung oder Erhöhung von Entlassungskosten unter Umständen zum Zusammenbrechen von Teilarbeitsmärkten mit Arbeitskräften sehr niedriger Qualifikation führen kann.[59]
Die anfallenden Entlassungskosten werden nicht an den Arbeitnehmer ausgezahlt, sondern sie fließen entweder an eine dritte Partei oder gehen gänzlich verloren. Denkbar sind Regelungen, denen zufolge das Unternehmen für die Entlassung eine Art Strafe an den Staat zahlt, der daraus allgemeine Ausgaben oder Arbeitsmarktprogramme finanziert, aus denen der entlassene Arbeitnehmer nur einen vernachlässigbar kleinen Nutzen ziehen würde. Eine weitere Möglichkeit ist eine Rückgabe der Einnahmen aus den Strafzahlungen an alle Erwerbspersonen über Pauschaltransfers wie in Ljungqvist (1999).[60] Die Entlassung ist kostenlos aus der Sicht des Arbeitnehmers, d.h. selbst eine nur teilweise Überwälzung der Kosten ist nicht möglich.

Unter diesen Annahmen wird eine Stelle abgebaut, wenn für das Unternehmen ihr Wert unter die Entlassungskosten fällt, d.h. wenn gilt

$$J^q(\varepsilon) < -k \ , \tag{3.30}$$

denn im Intervall $0 > J^q(\varepsilon) \geq -k$ zieht es das Unternehmen vor, die Stelle beizubehalten statt für den Abbau k zu zahlen.[61]

---

[59] Zur Betrachtung von mehr als zwei Qualifikationsniveaus vergleiche die Bemerkung auf Seite 46.

[60] In einem friktionslosen Markt sind Abfindungszahlungen unerheblich, da ihre Wirkungen über einen entsprechenden Vertrag neutralisiert werden können, siehe Lazear (1990). Ein Modell mit Abfindungszahlungen in einem Suchmodell stellt etwa Saint-Paul (1995) dar.
Inhaltlich verwandt, aber in eine andere Richtung zielend, ist das in den USA übliche sogenannte *Experience Rating* System, bei dem die Arbeitgeberbeiträge zur Arbeitslosenversicherung vom Umfang der Entlassungen abhängen, um so eine zumindest teilweise Internalisierung der durch eine Entlassung bedingten externen Effekte zu bewirken. Vergleiche hierzu etwa das Matchingmodell von Cahuc und Malherbet (2001).

[61] Eine alternative Möglichkeit der Modellierung wäre, Entlassungskosten $\tilde{k}$ relativ zum Gesamtwert der Stellenbesetzung $S^q(\varepsilon)$ statt, wie hier gewählt, relativ zum Anteil der Firma, $J^q(\varepsilon)$ zu definieren. In solch einem Rahmen würde eine Stelle abgebaut, wenn $S^s(\varepsilon) < -\tilde{k} \Leftrightarrow J^s(\varepsilon) < -(1-\beta)\tilde{k}$ gälte. So gesehen erfaßte $\tilde{k}$ eher „Quasi-Entlassungskosten", da nur der Anteil $1-\beta$ tatsächlich vom Unternehmen getragen würde. Dies wiederum implizierte, daß in einem gewissen Intervall von stellenspezifischen Produktivitäten der Wert der Stelle aus Sicht des Arbeitnehmers negativ wäre, $W^q(\varepsilon) - U < 0$. Möglich wäre dies nur, wenn Friktionen den

Die Gleichungen (3.1) und (3.2) gelten unverändert fort. Da nach Annahme die Entlassungskosten k nicht auf den Arbeitnehmer überwälzt werden können, müssen die Aufteilungsregeln (3.4) und (3.5) angepaßt werden. Sobald der Gesamtwert einer Stelle negativ wird, ist er ganz vom Unternehmen zu tragen. Entsprechend ist der Wert der Stelle für den Arbeitnehmer nach unten durch 0 beschränkt. Die neuen Aufteilungsregeln lauten demnach

$$\begin{aligned} J^q(\varepsilon) &= \begin{cases} (1-\beta)S^q(\varepsilon), & \text{falls } S^q(\varepsilon) \geq 0 \\ S^q(\varepsilon) & \text{falls } -k \leq S^q(\varepsilon) < 0 \\ -k & \text{falls } S^q(\varepsilon) < -k \end{cases} \\ &= \max\left\{\min\left\{(1-\beta)S^q(\varepsilon), S^q(\varepsilon)\right\}, -k\right\}, \end{aligned} \tag{3.31}$$

und

$$W^q(\varepsilon) - U^q = \max\left\{\beta S^q(\varepsilon), 0\right\}. \tag{3.32}$$

Aus den Gleichungen ist zu erkennen, daß sich $S^q(\varepsilon)$ weiterhin als einfache Summe aus $J^q(\varepsilon)$ und $W^q(\varepsilon) - U^q$ darstellen läßt. Somit gilt Gleichung (3.3) nach wie vor. Aufgrund des „Abschneidens“ der Verteilung von $W^g(\varepsilon)$ ist die Lohnverteilung stärker komprimiert als ohne Entlassungskosten.

Darüber hinaus müssen die Entlassungskosten auch in den Definitionsgleichungen von $J^q(\varepsilon)$ und $W^q(\varepsilon) - U^q$ berücksichtigt werden. Bei den Wertänderungen infolge von stellenspezifischen Schocks muß nun wegen (3.31) und (3.32) danach unterschieden werden, ob der Wert nach der Änderung noch positiv oder negativ ist. Sei $\mathcal{S}^q_+ := \{\varepsilon|\ S^q(\varepsilon) \geq 0\}$ die Menge der ε-Schocks, für die der Gesamtwert einer besetzten Stelle nicht negativ ist (so daß die alte Aufteilungsregel noch gilt), und sei $\mathcal{S}^q_- := \overline{\mathcal{S}^q_+} = \mathbb{R}\backslash\mathcal{S}^q_+$ das Komplement dieser Menge. Unter Verwendung dieser Notation und der Gleichung (3.31) ist der Wert zukünftiger Produktivitätsänderungen für das Unternehmen

- $\lambda \int_{\mathcal{S}^q_+} [(1-\beta)S^q(x) - (1-\beta)S^q(\varepsilon)]dF(x) + \lambda \int_{\mathcal{S}^q_-} [\max\{S^q(x), -k\} - (1-\beta)S^q(\varepsilon)]dF(x)$, falls $\varepsilon \in \mathcal{S}^q_+$, und
- $\lambda \int_{\mathcal{S}^q_+} [(1-\beta)S^q(x) - S^q(\varepsilon)]dF(x) + \lambda \int_{\mathcal{S}^q_-} [\max\{S^q(x), -k\} - S^q(\varepsilon)]dF(x)$, falls $\varepsilon \in \mathcal{S}^q_-$.

Da die Entlassungskosten nicht auf die Arbeitnehmer überwälzt werden können, beträgt aus ihrer Sicht der Wert einer Produktivitätsänderung

- $\lambda \int_{\mathcal{S}^q_+} [\beta S^q(x) - \beta S^q(x)]dF(x) + \lambda \int_{\mathcal{S}^q_-} -\beta S^q(\varepsilon)dF(x)$, falls $\varepsilon \in \mathcal{S}^q_+$, und

Arbeitnehmer davon abhielten, die Stelle freiwillig zu verlassen, mit anderen Worten Kündigungen nicht kostenlos wären.
Analytisch wäre dieser Weg der etwas einfachere, da die Gleichungen (3.4) und (3.5) weiter gälten, was bei der hier gewählten Spezifikation nicht der Fall ist.

- $\lambda \int_{\mathcal{S}_+^q} \beta S^q(x) dF(x)$, falls $\varepsilon \in \mathcal{S}_-^q$.

Der Wert der Arbeitslosigkeit, U^q, ist unabhängig von ε, so daß eine Fallunterscheidung nicht erforderlich ist.

Wie in Abschnitt 3.2 muß nun nach $S^q(\varepsilon)$ aufgelöst werden, um daraus dann eine Bestimmungsgleichung für ε_d^q zu ermitteln. Mittels der Indikatorfunktion $1_{\{A\}}$ für das Ereignis A können die zwei Ereignisse $\varepsilon \in \mathcal{S}_+^q$ und $\varepsilon \in \mathcal{S}_-^q$ in einer einzigen Gleichung ausgedrückt werden, so daß $S^q(\varepsilon) = J^q(\varepsilon) + W^q(\varepsilon) - U^q$ geschrieben werden kann als

$$rS^q(\varepsilon) = p + \sigma\varepsilon - b - \beta\theta^q \phi(\theta^q) S^q(\varepsilon_u) + 1_{\{\varepsilon \in \mathcal{S}_+^q\}} T_+^q + 1_{\{\varepsilon \in \mathcal{S}_-^q\}} T_-^q \tag{3.33}$$

mit

$$\begin{aligned} T_+^q &= \lambda \int_{\mathcal{S}_+^q} [S^q(x) - S^q(\varepsilon)]\, dF(x) + \lambda \int_{\mathcal{S}_-^q} [\max\{S^q(x), -k\} - S^q(\varepsilon)]\, dF(x) \\ &= -\lambda S^q(\varepsilon) + \lambda \int_{\mathcal{S}_+^q} S^q(\varepsilon) dF(x) + \lambda \int_{\mathcal{S}_-^q} \max\{S^q(x), -k\}\, dF(x) \\ &= -\lambda S^q(\varepsilon) + \lambda \int_{\varepsilon_d^q}^{\varepsilon_u} S^q(x) dF(x) - \lambda k F(\varepsilon_d^q) \end{aligned} \tag{3.34}$$

und entsprechend

$$\begin{aligned} T_-^q &= \lambda \int_{\mathcal{S}_+^q} [S^q(x) - S^q(\varepsilon)]\, dF(x) + \lambda \int_{\mathcal{S}_-^q} [\max\{S^q(x), -k\} - S^q(\varepsilon)]\, dF(x) \\ &= -\lambda S^q(\varepsilon) + \lambda \int_{\varepsilon_d^q}^{\varepsilon_u} S^q(x) dF(x) - \lambda k F(\varepsilon_d^q)\ . \end{aligned} \tag{3.35}$$

Da die Summanden in (3.34) und (3.35) identisch sind, kann die Fallunterscheidung entfallen, und (3.33) läßt sich schreiben als

$$\begin{aligned} (r+\lambda) S^q(\varepsilon) = p + \sigma\varepsilon - b - \beta\theta^q \phi(\theta^q) S^q(\varepsilon_u) \\ + \lambda \left[\int_{\varepsilon_d^q}^{\varepsilon_u} S^q(x) dF(x) - kF(\varepsilon_d^q) \right] . \end{aligned} \tag{3.36}$$

Offensichtlich ist (3.12) ein Spezialfall von (3.36) für $k = 0$.
Partielle Integration ergibt einen in seiner Struktur bereits aus Abschnitt 3.2 bekannten Ausdruck für den Gesamtwert einer besetzten Stelle bei von 0 verschiedenen Entlassungskosten,[62]

$$(r+\lambda) S^q(\varepsilon) = p + \sigma\varepsilon - b - \frac{\beta c}{1-\beta}\theta^q + \frac{\sigma\lambda}{r+\lambda} \int_{\varepsilon_d^q}^{\varepsilon_u} [1 - F(x)] dx - \lambda k\ . \tag{3.37}$$

[62] Zu Einzelheiten dieser und der folgenden Herleitungen im Zusammenhang mit Entlassungskosten vergleiche im Anhang den Unterabschnitt B.1.3 auf Seite 153.

Der einzige erkennbare Unterschied zwischen den Gleichungen (3.37) und (3.13) ist der Ausdruck $-\lambda k$, der so etwas wie die erwarteten Entlassungskosten erfaßt, denn je wahrscheinlicher Änderungen der stellenspezifischen Produktivität sind, desto eher müssen Entlassungskosten gezahlt werden, so daß letztlich der Gesamtwert der Stelle niedriger ist. Bei der Herleitung der Gleichung für die Schwellenwertproduktivität ε_d^q ist zu beachten, daß bei dieser stellenspezifischen Produktivität der Gesamtwert der Stelle gerade den Entlassungskosten entspricht, $S^s(\varepsilon_d^s) = -k$. Man erhält daher aus (3.37) die Beziehung

$$p + \sigma\varepsilon_d^q = b + \frac{\beta c}{1-\beta}\theta^q - \frac{\sigma\lambda}{r+\lambda}\int_{\varepsilon_d^q}^{\varepsilon_u}[1-F(x)]dx - rk\ . \tag{3.38}$$

Man sieht, daß Entlassungskosten tendenziell den Optionswert der Stellenbeibehaltung erhöhen. Dies liegt darin begründet, daß Firmen in ihrem Bemühen, die Entlassungskosten zu vermeiden, auch niedrigere Realisationen von ε in der Hoffnung hinnehmen, daß zukünftige Produktivitätsschocks die Produktivität wieder erhöhen. Dementsprechend ist die Ableitung von ε_d^q nach k negativ, wobei die Reaktion von θ^q vorerst unberücksichtigt bleibt. Arbeitnehmer halten dadurch im Mittel eine Stelle länger inne, und insofern sind Entlassungskosten ein wirksames Instrument, um die Arbeitsplatzsicherheit zu erhöhen.

Das Vorzeichen der Ableitung $\partial\varepsilon_d^q/\partial r$ ist nun unbestimmt. Einerseits werden zukünftige Produktivitätszuwächse stärker abdiskontiert und fallen weniger stark ins Gewicht, so daß der Optionswert der Stellenbeibehaltung abnimmt und ε_d^q steigt. Andererseits fallen die Entlassungskosten stärker ins Gewicht, was den Optionswert der Stellenbeibehaltung wieder erhöht und damit ε_d^q senkt.
Die Bedingung, unter der eine Zunahme von σ, der Standardabweichung der stellenspezifischen Schocks, den Schwellenwert ε_d^q erhöht, ändert sich nun zu $p + rk > b + \frac{\beta c}{1-\beta}\theta^q$, was für gegebenes θ^q schwächer ist als zuvor. Ferner ist die Kreuzableitung von ε_d^q nach σ und k positiv. Liest man die Kreuzableitung als $\partial\left(\frac{\partial\varepsilon_d^q}{\partial k}\right)/\partial\sigma$, so bedeutet das positive Vorzeichen, daß der arbeitsplatzsichernde Effekt einer Erhöhung von k niedriger ist, wenn die stellenspezifische Produktivität volatiler ist. Im Sinne der Interpretation des Parameters σ von Balakrishnan und Michelacci (2001) sind Entlassungskosten demnach bei stärkerem Strukturwandel weniger wirksam.
Die Vorzeichen der Ableitungen nach $p - b$, β, c und λ ändern sich nicht, da der Term mit den Entlassungskosten linear in (3.38) eingeht und somit beim Ableiten herausfällt.

Um die Reaktion von θ^q mit zu berücksichtigen, wird wieder eine die Schaffung neuer Stellen beschreibende Gleichung benötigt. Wie in Unterabschnitt 3.2.2 erhält man aus (3.1)–(3.3) und (3.31) die Beziehung

$$\phi(\theta^q) = \frac{c}{(1-\beta)S^q(\varepsilon_u)}\ . \tag{3.39}$$

Ferner folgt aus Gleichung (3.37)

$$S^q(\varepsilon) - S^q(\varepsilon_d^q) = \frac{\sigma(\varepsilon - \varepsilon_d^q)}{r + \lambda} \tag{3.40}$$

$$\Leftrightarrow \quad S^q(\varepsilon) = \frac{\sigma(\varepsilon - \varepsilon_d^q)}{r + \lambda} - k\,. \tag{3.41}$$

Stellt man (3.41) für $\varepsilon = \varepsilon_u$ auf und setzt sie in (3.39) ein, so ergibt sich schließlich die gesuchte Bestimmungsgleichung für θ^q,

$$\phi(\theta^q) = \frac{c(r + \lambda)}{(1 - \beta)\left[\sigma(\varepsilon_u - \varepsilon_d^q) - (r + \lambda)k\right]}\,. \tag{3.42}$$

Für ein festes ε_d^q erhöhen Entlassungskosten die rechte Seite,[63] so daß der Knappheitsgrad am Arbeitsmarkt abnimmt, da, wie auch aus (3.41) zu ersehen, der Gesamtwert einer besetzten Stelle niedriger und somit die Schaffung neuer Stellen weniger attraktiv ist. Leitet man (3.38) und (3.42) nach k ab, so ist die Ableitung $\frac{\partial \varepsilon_d^q}{\partial k}$ wie im Fall $d\theta^q = 0$ negativ, d.h. auch unter Berücksichtigung der Reaktion der Unternehmen hinsichtlich der Schaffung neuer Stellen nimmt die Arbeitsplatzsicherheit zu. Wie zu erwarten nimmt die Zahl der offenen Stellen relativ zu der der Arbeitslosen ab, d.h. $\partial\theta^q/\partial k$ ist negativ.
Die veränderte Form von Gleichung (3.42) erschwert die Analyse von Änderungen der übrigen Parameter, aber es kann noch relativ einfach gezeigt werden, daß ein Anstieg von $p - b$ wie im Fall ohne Entlassungskosten θ^q erhöht und ε_d^q reduziert.

In Abbildung 3.2 auf Seite 54 bewirkt dementsprechend eine Zunahme der Entlassungskosten eine Drehung der KG-Kurve nach rechts und eine Verlagerung der BV-Kurve nach innen. Somit geht die Zahl der offenen Stellen zurück, während die Arbeitslosigkeit zu- oder abnehmen kann. Wie bereits in Unterabschnitt 3.1.2 ausgeführt, ist der theoretisch unbestimmte Effekt von Entlassungskosten auf die Arbeitslosigkeit bei Matchingmodellen nicht unüblich.

Der Teilarbeitsmarkt für die Geringqualifizierten: Was die Analyse für den Fall $d\theta^g = 0$ angeht, ergeben sich keine über den bisherigen Abschnitt und Unterabschnitt 3.2.3 hinausgehenden Besonderheiten. Insbesondere erhöht eine Zunahme des Produktivitätsunterschiedes ρ weiterhin die Schwellenwertproduktivität ε_d^g. Der Parameter ψ, der die Annahme qualifikationsspezifischer Entlassungskosten ausdrückt, ist nämlich bei der Herleitung der Bestimmungsgleichungen für ε_d^g und θ^g unerheblich, wie man leicht über die Setzung $\breve{k} := \psi k$ sieht. Relevant wird ψ erst bei der Ermittlung von Kreuzableitungen, d.h. beim Vergleich mit dem Arbeitsmarkt für Qualifizierte. Es kann gezeigt werden, daß die

[63] Werte für k, die die rechte Seite in (3.42) negativ werden ließen, wurden per Annahme ausgeschlossen, da dann wegen Gleichung (3.41) $S^q(\varepsilon_u) < 0$ gälte.

Kreuzableitung $\partial\left(\frac{\partial\varepsilon_d^g}{\partial\rho}\right)/\partial k$ positiv ist. Die negativen Effekte eines größeren Produktivitätsunterschiedes nehmen mit Entlassungskosten noch zu, oder anders ausgedrückt, d.h. indem man die Kreuzableitung in der Form $\partial\left(\frac{\partial\varepsilon_d^g}{\partial k}\right)/\partial\rho$ schreibt, Entlassungskosten schützen die Qualifizierten stärker als die Geringqualifizierten. Berücksichtigt man Änderungen von θ^g, so gilt wie im Fall $k = 0$, daß eine Zunahme von ρ zu einem Anstieg von ε_d^g und einem Rückgang von θ^g führt. Die Kreuzableitung $\partial\left(\frac{\partial\varepsilon_d^g}{\partial k}\right)/\partial\rho$ ist wie im Fall $d\theta^g = 0$ positiv, sofern $\phi(\theta^g)$ hinreichend konvex und demgemäß die Reaktion des Knappheitsgrades θ^g eher schwach ist. Diese Bedingung ist beispielsweise unter der Annahme einer Cobb-Douglas Matchingfunktion erfüllt.[64] Der entscheidende Punkt für eine Erklärung dieser Bedingung ist, daß Änderungen von k und ρ beide den Knappheitsgrad θ^g senken. Eine schwache Reaktion von θ^g schließt somit aus, daß der Reservationslohn aufgrund des kombinierten Effekts zu stark abnimmt und dadurch die Schwellenwertproduktivität bei einem größeren Produktivitätsunterschied ρ stärker auf eine Zunahme der Entlassungskosten k reagiert, so daß $\partial\left(\frac{\partial\varepsilon_d^g}{\partial k}\right)/\partial\rho < 0$ gelten würde.

Da ein Anstieg von k den Knappheitsgrad θ^ν an beiden Teilarbeitsmärkten verringert, nimmt die Wahrscheinlichkeit $\theta^\nu\phi(\theta^\nu) = m(v^\nu/u^\nu, 1) = m(\theta^\nu, 1)$, mit der ein Arbeitsloser eine offene Stelle findet, ebenfalls ab. Wenn die Gefahr besteht, daß Arbeitslose bei längerer Arbeitslosigkeit einen Teil ihres Humankapitals einbüßen oder es aufgeben, aktiv nach Arbeit zu suchen,[65] so fallen sie effektiv aus dem Arbeitsmarkt heraus, selbst wenn sie noch als arbeitslos erfaßt werden. Ist solch ein Effekt stark genug, so können Entlassungskosten die Arbeitslosigkeit eindeutig erhöhen. Ein ähnliches Resultat ergäbe sich, wenn Langzeitarbeitslosigkeit unter den Qualifizierten ihre Fähigkeiten so verschlechtern würde, daß sie fortan nur noch als Geringqualifizierte eingesetzt werden könnten. Da die Arbeitslosenquote unter den Geringqualifizierten höher und die aggregierte Arbeitslosenquote ein gewichtetes Mittel der beiden Einzelraten ist, würden Entlassungskosten in einem solchen Szenario über die Zunahme der Geringqualifizierten ebenfalls zu mehr aggregierter Arbeitslosigkeit führen. Zu beachten ist indes, daß damit gleichzeitig die Anreize steigen, in Humankapital zu investieren, so daß bei einer Endogenisierung der Qualifikationsstruktur die Auswirkungen eines Anstieges von k immer noch unbestimmt sein könnten.[66]

---

[64] Vergleiche im Anhang auf Seite 155.

[65] Modelle mit Humankapitalverlust infolge länger anhaltender Arbeitslosigkeit finden sich etwa in Pissarides (1992), Saint-Paul (1996, Kapitel 10) oder Ljungqvist und Sargent (1998).

[66] Vergleiche Saint-Paul (1996, Kapitel 10).

3.4 Konjunkturschwankungen

Die bisherige, an Steady-States ausgerichtete Analyse macht nur Aussagen über die Niveaus der Arbeitslosigkeit, nicht jedoch über ihre Dynamik im Konjunkturverlauf. Im Rahmen des vorliegenden Modells können Konjunkturschwankungen am einfachsten als Variationen des Parameters p aufgefaßt werden.[67] Die Auswirkungen von Änderungen des Parameters p wurden bereits in den vorangehenden Abschnitten ausführlich dargestellt, doch handelte es sich dabei jeweils um komparativ-statische Betrachtungen, d.h. den Vergleich von Steady-States. Insbesondere wurde die Änderung der globalen Produktivität weder von den Unternehmen noch von den Arbeitnehmern beachtet, und auch die Entwicklung der Variablen beim Übergang in das neue Gleichgewicht wurde nicht untersucht. Aus diesen Gründen ist eine gesonderte Betrachtung von Konjunkturschwankungen sinnvoll.[68]

Die Variablen ε_d^ν und θ^ν, $\nu = q, g$ sind „Sprungvariablen", d.h. sie können kostenlos angepaßt werden und springen bei einer Parameteränderung sofort auf das neue Gleichgewichtsniveau.[69] Die Zahl der offenen Stellen ist grundsätzlich ebenfalls frei durch die Unternehmen variierbar, doch unterliegt sie der Restriktion $v^\nu = \theta^\nu u^\nu$. Die Veränderung der Arbeitslosenzahl außerhalb des Steady-States entspricht der Differenz aus Zu- und Abflüssen an Arbeitslosen,

$$\dot{u} = (1 - u^\nu) \lambda F(\varepsilon_d^\nu) - m(v^\nu, u^\nu) . \tag{3.43}$$

Aus (3.43) ist zu ersehen, daß u^ν nur nach oben, d.h. durch einen Anstieg von ε_d^ν völlig flexibel ist, während aufgrund des Matchingprozesses ein Rückgang nicht augenblicklich erfolgen kann.

In einem von Konjunkturschwankungen geprägten Umfeld gibt es zu jedem Zeitpunkt eine positive Wahrscheinlichkeit, daß sich das wirtschaftliche Umfeld, gemessen durch die globale Produktivität, ändert. Die Situation ist insofern analog zu den ε-Schocks, und daher sollten Unternehmen und Arbeitnehmer die mögliche Änderung von p in entsprechender Weise bei der Bewertung von Stellen und Arbeitslosigkeit berücksichtigen. Zur Vereinfachung wird im folgenden angenommen, daß es nur zwei, mit $\check{p}$ und p bezeichnete Ausprägungen der globalen Produktivität gibt. Es gelte $\check{p} > p$, so daß $\check{p}$ Boomphasen und p Rezessionen bezeichnet. Zur Unterscheidung werden alle zu einer Boomphase gehörenden Variablen und Funktionen ebenfalls mit einem Häkchen „ˇ" versehen. Der Übergang zwischen

[67]Da die Nachfrage nach dem Output der Unternehmen nicht modelliert wird, läßt sich p nicht nur als globale Produktivität, sondern beobachtungsäquivalent auch als aggregiertes Nachfrageniveau auffassen.

[68]Die übrigen Modellparameter hingegen erfassen eher strukturelle Phänomene, die sich nur selten und über längere Zeiträume ändern, so daß dort eine kurzfristige Betrachtung weniger lohnend erscheint.

[69]Im Fall $k \neq 0$ ist die Änderung von ε_d^ν nicht kostenlos, doch wegen der linearen Kostenstruktur ist eine Verzögerung der Anpassung nicht optimal.

Boom- und Rezessionsphasen werde durch einen Poissonprozeß mit Parameter μ beschrieben,[70] der stochastisch unabhängig von dem λ-Prozeß für die Änderung von ε ist. Der Rest dieses Abschnittes geht von der Annahme von 0 verschiedener Entlassungskosten aus und stellt wie gewohnt zuerst den Markt für Qualifizierte und im Anschluß Besonderheiten bei den Geringqualifizierten vor.[71]

Um diese Änderungen in das Modell aufzunehmen, werden auf jedem Teilarbeitsmarkt für die beiden Konjunkturzustände separate Gleichungen benötigt, von denen zumindest einige aber in beiden Zuständen strukturell identisch sind. Dies gilt beispielsweise für die Gleichungen (3.1)–(3.3), (3.31) und (3.32). Die Bestimmungsgleichungen für $J^s(\cdot)$, $W^s(\cdot)$ und U^s im Abschnitt 3.3 hingegen definieren den Wert einer Stelle oder der Arbeitslosigkeit *explizit* in Abhängigkeit von aktuellen und *zukünftigen* Erträgen und müssen daher geeignet modifiziert werden, um nun zusätzlich die Möglichkeit einer Änderung der globalen Produktivität zu berücksichtigen.

Bei $\check{J}^q(\varepsilon)$, dem Wert, den eine Stelle mit stellenspezifischer Produktivität ε für ein Unternehmen in einer Boomphase hat, beläuft sich die Wertänderung auf $\mu\left[J^q(\varepsilon) - \check{J}^q(\varepsilon)\right]$, wenn die Stelle nach dem Konjunkturumschwung bestehen bleibt, und auf $\mu[-k - \check{J}^q(\varepsilon)]$, wenn die Stelle infolge der einsetzenden Rezession abgebaut wird.[72] Befindet sich die Ökonomie hingegen bereits in einer Rezession, so beträgt die erwartete Wertänderung $\mu\left[\check{J}^q(\varepsilon) - J^q(\varepsilon)\right]$. Eine Fallunterscheidung ist entbehrlich, da eine Stelle, die in einer Rezession für das Unternehmen noch profitabel ist, dies erst recht in einer Boomphase sein wird.[73] Ähnliche Überlegungen können für die Bestimmungsgleichungen von $\check{W}^q(\varepsilon)$, $W^q(\varepsilon)$, $\check{U}^q$ und U^q angestellt werden. Mit denselben Umformungen wie in Abschnitt 3.3 erhält man Gleichungen für $S^q(\varepsilon)$ und $\check{S}^q(\varepsilon)$:

$$\begin{aligned}(r+\lambda+\mu)S^q(\varepsilon) &= p+\sigma\varepsilon-b+\lambda\int_{\varepsilon_d^q}^{\varepsilon_u} S^q(x)dF(x) - \beta\theta^q\phi\left(\theta^q\right)S^q(\varepsilon_u) \\ &\quad -\lambda kF(\varepsilon_d^q)+\mu\check{S}^q(\varepsilon)\ , \qquad \varepsilon\geq\varepsilon_d^q\ , \end{aligned} \tag{3.44}$$

$$\begin{aligned}(r+\lambda+\mu)\check{S}^q(\varepsilon) &= \check{p}+\sigma\varepsilon-b+\lambda\int_{\check{\varepsilon}_d^q}^{\varepsilon_u} S^q(x)dF(x) - \beta\check{\theta}^q\phi\left(\check{\theta}^q\right)\check{S}^q(\varepsilon_u) \\ &\quad -\lambda kF(\check{\varepsilon}_d^q)+\mu S^q(\varepsilon)\ , \qquad \varepsilon\geq\varepsilon_d^q\ , \end{aligned} \tag{3.45}$$

[70] Auf unterschiedliche Übergangswahrscheinlichkeiten für die beiden Konjunkturzustände, so daß, wie empirisch zu beobachten, Rezessionen weniger lang anhalten, wird zur Vereinfachung verzichtet.

[71] Der Spezialfall $k = 0$ wurde für einen einzelnen Arbeitsmarkt bereits in Mortensen und Pissarides (1994) untersucht.

[72] Der Fall, daß ein Konjunkturumschwung und eine Änderung der stellenspezifischen Produktivität gleichzeitig eintreten, muß nicht betrachtet werden, da er unter den hier getroffenen Annahmen an die μ- und λ-Prozesse die Wahrscheinlichkeit 0 hat.

[73] Die Steady-State Analyse zeigt, daß ein Anstieg von p die Schwellenwertproduktivität verringert, so daß aus $\varepsilon \geq \varepsilon_d^q$ auch $\varepsilon \geq \check{\varepsilon}_d^q$ folgt.

$$
\begin{aligned}
(r+\lambda+\mu)\check{S}^q(\varepsilon) &= \check{p}+\sigma\varepsilon-b+\lambda\int_{\check{\varepsilon}_d^q}^{\varepsilon_u}\check{S}^q(x)dF(x)-\beta\check{\theta}^q\phi\left(\check{\theta}^q\right)\check{S}^q(\varepsilon_u) \\
&\quad -\lambda kF(\check{\varepsilon}_d^q)-\mu k\,, \qquad \varepsilon_d^q>\varepsilon\geq\check{\varepsilon}_d^q\,. \qquad (3.46)
\end{aligned}
$$

Boom- und Rezessionsphasen müssen getrennt betrachtet werden. Zur Analyse der Boomphasen läßt sich Gleichung (3.46) in

$$
\begin{aligned}
(r+\lambda+\mu)\check{S}^q(\varepsilon) &= \check{p}+\sigma\varepsilon-b-\frac{\beta c}{1-\beta}\check{\theta}^q+\frac{\lambda\sigma}{r+\lambda+\mu}\int_{\check{\varepsilon}_d^q}^{\varepsilon_d^q}[1-F(x)]dx \\
&\quad +\frac{\lambda\sigma}{r+\lambda}\int_{\varepsilon_d^q}^{\varepsilon_u}[1-F(x)]dx-(\mu+\lambda)k, \quad \varepsilon_d^q>\varepsilon\geq\check{\varepsilon}_d^q\,. \qquad (3.47)
\end{aligned}
$$

umformen.[74] Wie bereits mehrfach zuvor erhält man hieraus über die Setzung $\varepsilon=\check{\varepsilon}_d^q$ und die Beziehung $\check{S}^q\left(\check{\varepsilon}_d^q\right)=-k$ eine Bestimmungsgleichung für den Schwellenwert in Boomphasen, $\check{\varepsilon}_d^q$:

$$
\begin{aligned}
\check{p}+\sigma\check{\varepsilon}_d^q &= b+\frac{\beta c}{1-\beta}\check{\theta}^q-\frac{\lambda\sigma}{r+\lambda+\mu}\int_{\check{\varepsilon}_d^q}^{\varepsilon_d^q}[1-F(x)]dx \\
&\quad -\frac{\lambda\sigma}{r+\lambda}\int_{\varepsilon_d^q}^{\varepsilon_u}[1-F(x)]dx-rk\,. \qquad (3.48)
\end{aligned}
$$

Verglichen mit dem Resultat der Steady-State Betrachtung finden sich strukturelle Unterschiede nur beim Optionswert der Stellenbeibehaltung. Wenn ein Schock die stellenspezifische Produktivität ε in das Intervall $[\check{\varepsilon}_d^q;\varepsilon_d^q)$ verlagert, ergibt sich das zusätzliche Risiko, daß beim Auftreten einer Rezession die Stelle zerstört wird. Daher wird für dieses Intervall der Wert zukünftiger Änderungen der stellenspezifischen Produktivität stärker abdiskontiert. Die Berücksichtigung von Schwankungen der aggregierten Produktivität führt demnach (für festes θ^q) in Boomphasen zu einem niedrigeren Schwellenwert ε_d^q als in der Steady-State Analyse, so daß Stellen auch eine niedrigere Lebensdauer haben, selbst wenn keine Rezession eintritt.

Betrachtet man hingegen ein Unternehmen in einer Rezessionsphase, so ergeben sich die Gleichungen

$$
\begin{aligned}
(r+\lambda+\mu)S^q(\varepsilon) &= p+\sigma\varepsilon-b-\frac{\beta c}{1-\beta}\theta^q \\
&\quad +\frac{\lambda\sigma}{r+\lambda}\int_{\varepsilon_d^q}^{\varepsilon_u}[1-F(x)]dx+\mu\check{S}^q-(\mu+\lambda)k \qquad (3.49)
\end{aligned}
$$

und

$$
p+\sigma\varepsilon_d^q=b+\frac{\beta c}{1-\beta}\theta^q-\frac{\lambda\sigma}{r+\lambda}\int_{\varepsilon_d^q}^{\varepsilon_u}[1-F(x)]dx-rk-\frac{\mu\sigma}{r+\lambda+\mu}(\varepsilon_d^q-\check{\varepsilon}_d^q)\,. \qquad (3.50)
$$

[74] Zu Einzelheiten vergleiche die Herleitung von (3.37).

In diesem Fall ist entsprechend der Optionswert der Stellenbeibehaltung für festes θ^q höher als in der Steady-State Analyse. Der letzte Term in (3.50) erfaßt den Wertzuwachs, wenn eine Boomphase eintritt.
Da tendenziell ε_d^q kleiner und $\check{\varepsilon}_d^q$ größer als in der Steady-State Betrachtung sind, werden im Falle einer Rezession weniger Stellen abgebaut als bei einem dauerhaften Rückgang von $\check{p}$ zu p.[75]

Eine Zunahme von $\check{p}$ oder p verringert beide Schwellenwerte für einen gegebenen Knappheitsgrad.[76] Es mag überraschend erscheinen, daß der Schwellenwert des jeweils anderen Regimes ebenfalls fällt. Aber angenommen, die aggregierte Produktivität in Boomphasen nähme zu und die Ökonomie befände sich gerade in einer Rezession, so lohnte es sich, auch niedrigere Realisationen der schwellenwertspezifischen Produktivität hinzunehmen, da die betreffenden Stellen ebenfalls an der höheren Gesamtproduktivität teilhätten, sobald wieder eine Boomphase einsetzt. Ein ähnliches Argument gilt für den Effekt von p auf $\check{\varepsilon}_d^q$.
Es kann analog zu den Rechenschritten in der Steady-State Analyse auch gezeigt werden, daß für festes θ^q eine Zunahme der Entlassungskosten wie bisher zu einem Rückgang der Schwellenwerte führt.

Hinsichtlich des Arbeitsmarktes für Geringqualifizierte gilt das bisher Gesagte entsprechend. Man gelangt zu Gleichungen ähnlich wie (3.48) und (3.50), die $\check{\varepsilon}_d^g$ und ε_d^g definieren. Beide Schwellenwerte fallen mit $\check{p}$, p und k und steigen wie gehabt mit ρ.

Die Gleichung (3.42) beschreibt die Schaffung neuer Stellen auf dem Teilarbeitsmarkt für Qualifizierte im Steady-State. Unter Berücksichtigung von Konjunkturschwankungen erhält man mit ähnlichen Umformungen wie bei der Herleitung von (3.42)

$$\phi\left(\theta^q\right) = \frac{c}{1-\beta}\,\frac{r+\lambda}{\sigma(\varepsilon_u - \varepsilon_d^q) - (r+\lambda)k} \tag{3.51}$$

für das Umfeld einer Rezession und

$$\phi\left(\check{\theta}^q\right) = \frac{c}{1-\beta}\,\frac{r+\lambda}{\sigma(\varepsilon_u - \check{\varepsilon}_d^q) - \mu\frac{\sigma(\varepsilon_d^q - \check{\varepsilon}_d^q)}{r+\lambda+\mu} - (r+\lambda)k} \tag{3.52}$$

---

[75]Ein formaler Nachweis dieser Aussage erforderte die Bestimmung der Ableitung von $\varepsilon_d^q - \check{\varepsilon}_d^q$ nach μ, die in dieser Arbeit jedoch nicht berechnet wird, und auch dann wäre noch zu zeigen, daß das Intervall $(\check{\varepsilon}_d^s; \varepsilon_d^s)$ ein Subintervall des Intervalls mit den beiden Steady-State Schwellenwerten ist, da sonst zusätzlich noch die Gestalt der Verteilungsfuntion $F(\varepsilon)$ berücksichtigt werden müßte (vergleiche Blanchard und Portugal (2001)). Eine heuristische Argumentation ist jedoch wie folgt: Die Gleichungen (3.48) und (3.50) zeigen, daß sich für $\mu = 0$ die Schwellenwerte wie in Steady-States mit einer aggregierten Produktivität von $\check{p}$ beziehungsweise p ergeben. Aus den Gleichungen folgt ferner, daß eine ceteris paribus Zunahme von μ $\check{\varepsilon}_d^q$ erhöht und ε_d^q verringert. Anschaulich ausgedrückt macht eine höhere Übergangswahrscheinlichkeit zwischen Boom- und Rezessionsphasen die beiden Regime ähnlicher, da beispielsweise ein Boom weniger attraktiv ist, wenn er mit großer Wahrscheinlichkeit bald wieder in eine Rezession umschlägt. Dies legt den Schluß nahe, daß $\varepsilon_d^s - \check{\varepsilon}_d^s$ fallend in μ ist.

[76]Vergleiche. den Anhang auf Seite 156.

für Boomphasen. Ein Vergleich der Nenner zeigt, daß wegen $\varepsilon_d^q > \breve{\varepsilon}_d^q$ die rechte Seite von (3.51) größer ist als die von (3.52), woraus $\breve{\theta}^q > \theta^q$ folgt, d.h. in einem Boom sind mehr offene Stellen relativ zur Zahl der Arbeitslosen vorhanden als in einer Rezession. Es ist hingegen nicht möglich, eine Aussage über das Verhältnis der absoluten Zahlen $\breve{v}^q$ und v^q zu machen, da in der Boomphase der Arbeitsmarkt so angespannt sein kann, daß $\breve{v}^q < v^q$ gilt. Zumindest in der Phase unmittelbar nach dem Ende der Rezession nimmt jedoch auch die Zahl der offenen Stellen zu, da, wie bereits zu Anfang dieses Abschnittes ausgeführt, die Arbeitslosenzahl nur langsam zurückgeht, während der Knappheitsgrad sofort auf sein neues Niveau $\breve{\theta}^q$ springt, so daß die Zahl der offenen Stellen zunehmen muß.

Ebenso wie die Differenz $\varepsilon_d^q - \breve{\varepsilon}_d^q$ dürfte auch $\breve{\theta}^q - \theta^q$ fallend in μ sein, d.h. je höher die Frequenz der Konjunkturzyklen, desto weniger ändern die Unternehmen ihre Einstellungspolitik zwischen den beiden Regimen. Aus den Gleichungen (3.51) und (3.52) ist nämlich zu ersehen, daß für feste ε_d^q und $\breve{\varepsilon}_d^q$ ein Anstieg von μ zwar $\breve{\theta}^q$ verringert, θ^q aber unverändert läßt.[77] Die Berücksichtigung der simultanen Reaktion der beiden Schwellenwerte sollte diesen Effekt nicht umkehren.[78]

Die stilisierte Entwicklung der Arbeitslosigkeit wird in Abbildung 3.3 wiedergegeben. Hierbei bezeichnet $u^q(t)$ die Arbeitslosenquote (oder -zahl) zum Zeitpunkt

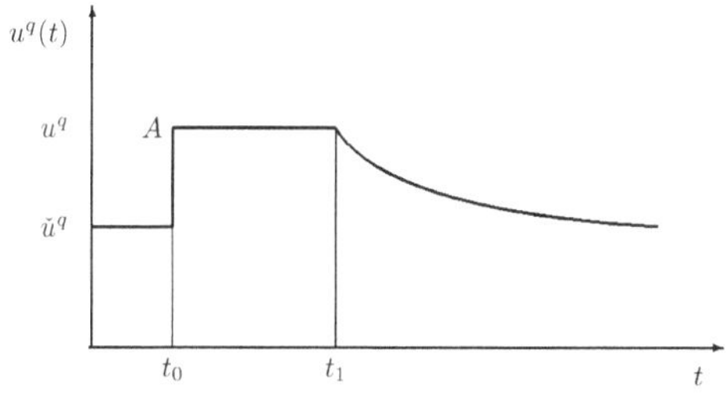

Abbildung 3.3: Stilisierte Dynamik der Arbeitslosigkeit bei Konjunkturschwankungen

t im Unterschied zu u^q, der Gleichgewichtsquote in einer Rezession, und $\breve{u}^q$, der Gleichgewichtsquote in einer Boomphase. Es wird angenommen, daß sich die Ökonomie anfänglich in einer Boomphase befindet, es jedoch zwischen t_0 und t_1 zu einer Rezession kommt. Der sprunghafte Anstieg der Arbeitslosenquote in t_0 rührt von der sofortigen Zerstörung aller Stellen mit einer stellenspezifischen Produktivität im Intervall $[\breve{\varepsilon}_d^q; \varepsilon_d^q)$ her. Ab t_1, dem Zeitpunkt des Wiedereintrittes in

[77] Auch wenn der Wechsel in eine Boomphase wahrscheinlicher geworden ist, lohnt es sich nicht, schon im Vorgriff neue Stellen zu schaffen.

[78] Da ein Anstieg von μ die Arbeitsplatzsicherheit in einer Rezession erhöht und damit ε_d^q senkt, würde θ^q gemäß (3.51) eher noch steigen, was die Differenz $\breve{\theta}^q - \theta^q$ noch weiter verkleinern würde.

eine Boomphase, steigen zwar die Abflüsse aus der Arbeitslosigkeit, doch wegen der durch den Matchingprozeß modellierten Friktionen bei der Stellenbesetzung kommt es nur zu einem allmählichen Rückgang der Arbeitslosenquote.

Pissarides (2000, Kapitel 2.5) weist darauf hin, daß die Arbeitslosenquote $u^q(t)$ in t_0 nicht zwingend sofort von $\breve{u}^q$ auf das Gleichgewichtsniveau für Rezessionsphasen u^q springt. Dividiert man Gleichung (3.43) durch $1-u$ und vergleicht die resultierenden Raten der Stellenzerstörung $SZ^q := \lambda F(\varepsilon_d^q)$ und der Stellenschaffung $SS^q := \frac{m(v^q,u^q)}{1-u^q} = \theta^q \phi(\theta^q)\frac{u^q}{1-u^q}$, so ist offensichtlich, daß SZ^q sofort auf den neuen, höheren Gleichgewichtswert springt, weil die Schwellenwertproduktivität eine Sprungvariable ist. Da im Gleichgewicht mit $\dot{u}^q = 0$ beide Raten gleich sind, muß SS^q ebenfalls ansteigen, doch für gegebene Arbeitslosigkeit geht wegen des Rückganges von θ^q die Stellenschaffungsrate eigentlich *zurück*. Da u^q gleichzeitig sprunghaft ansteigt, ist unklar, ob SS^q nur weniger stark fällt oder sogar direkt auf das neue Gleichgewicht ansteigt. Pissarides (2000) geht nur von einem weniger starken Rückgang aus, so daß u^q nach dem anfänglichen Sprung erst allmählich auf das neue Gleichgewichtsniveau ansteigen würde. Eine denkbare Erklärung hierfür ist, daß sich im Intervall $[\varepsilon_d^q; \varepsilon_u]$ unmittelbar nach dem Schock noch mehr Stellen befinden als im neuen Gleichgewicht, da bisher immer auch ein Zufluß aus dem Intervall $[\breve{\varepsilon}_d^q; \varepsilon_d^q)$ stattfand, der nun nach der Zerstörung dieser Stellen wegfällt. Folgt man dieser Argumentation, so ist der Verlauf der Arbeitslosigkeit in Abbildung 3.3 im Punkt A nicht spitz, sondern rund, und das Niveau u^q wird erst nach t_0 erreicht. Doch auch in diesem Fall erfolgt der Anstieg der Arbeitslosigkeit deutlich schneller als der Rückgang.

Im Teilarbeitsmarkt für Geringqualifizierte ergeben sich keine qualitativen Unterschiede, insbesondere weist die Dynamik der Arbeitslosigkeit das gleiche Muster auf wie in Abbildung 3.3. Aussagen über die Abhängigkeit der Dynamik der Arbeitslosigkeit vom Qualifikationsniveau der Arbeitnehmer sind indes nicht möglich. Sofern sich überhaupt Ergebnisse analytisch herleiten ließen, wären zusätzliche Annahmen insbesondere an die Verteilung der stellenspezifischen Schocks erforderlich, denn sie bestimmt maßgeblich die Produktivitätsverteilung besetzter Stellen und damit die Zahl der bei einem Abschwung entlassenen Arbeitnehmer.

3.5 Zusammenfassung

Die vergleichsweise junge Modellklasse der Such- und Matchingmodelle stellt eine Alternative zur neoklassischen Arbeitsmarkttheorie dar. Durch die explizite Berücksichtigung von Friktionen bei der Suche nach offenen Stellen und geeigneten Bewerbern ist es möglich, empirisch gehaltvolle Aussagen über die Dynamik des Arbeitsmarktes zu machen. Dies betrifft Variablen wie etwa die Schaffung und Zerstörung neuer Stellen, Zuflüsse in die und Abflüsse aus der Arbeitslosigkeit, die durchschnittliche Arbeitslosigkeit, Übergangswahrscheinlichkeiten etc..

Speziell zur Rolle von Entlassungskosten kommt die Literatur mit Matchingmodellen insofern zu uneinheitlichen Ergebnissen, als daß je nach Modellspezifikation die Arbeitslosigkeit steigen oder fallen kann. Hingegen ist die Abnahme der Stromgrößen am Arbeitsmarkt ein durchgängiges Resultat. Die Einführung von heterogenen Arbeitskräften wirft neben Fragen nach der Höhe der Löhne sowie der Dauer und Höhe der Arbeitslosigkeit bei den einzelnen Bevölkerungsgruppen auch Probleme der Substituierbarkeit zwischen den einzelnen Typen und der möglichen Endogenität der oftmals ad hoc postulierten Segmentierung in Teilarbeitsmärkte auf. Auf die beiden letztgenannten Fragestellungen konnte im Rahmen der hier vorgestellten Analyse allerdings nicht weiter eingegangen werden.

Das in den Abschnitten 3.2–3.4 entwickelte Modell mit heterogenen Arbeitnehmern und Entlassungskosten zeigt, daß auch bei flexiblen Löhnen unter Geringqualifizierten Höhe und mittlere Dauer der Arbeitslosigkeit größer sind als bei Qualifizierten, während die mittlere Verweilzeit auf einem Arbeitsplatz niedriger ist. Insgesamt findet auf dem Teilarbeitsmarkt eine größere Fluktuation in die und aus der Arbeitslosigkeit statt. Die Lohnverteilung unter den Geringqualifizierten ist stärker komprimiert. Darüber hinaus profitieren Geringqualifizierte weniger von technischem Fortschritt, und eine Zunahme des Produktivitätsunterschiedes etwa durch qualifikationsbasierten technischen Fortschritt erhöht ihre Arbeitslosigkeit zusätzlich.
Entlassungskosten reduzieren bei beiden Bevölkerungsgruppen die Ströme am Arbeitsmarkt und erhöhen die Dauer der Arbeitslosigkeit, doch ist der Effekt auf das Niveau unbestimmt. Die Wirksamkeit von Entlassungskosten ist bei Geringqualifizierten geringer. Darüber hinaus nimmt sie für beide Qualifikationsniveuas bei verstärktem strukturellem Wandel, gemessen als Zunahme in der Streuung der stellenspezifischen Schocks, ab.
Hinsichtlich des Verlaufes der Arbeitslosigkeit im Konjunkturzyklus ergibt sich die Implikation, daß die Arbeitslosigkeit in einer Rezession schnell ansteigt, im sich anschließenden Aufschwung aber wesentlich langsamer wieder zurückgeht. Der Verlauf ist für beide Bevölkerungsgruppen qualitativ gleich und ändert sich in seinem Muster auch nicht bei der Berücksichtigung von Entlassungskosten, da diese als linear angenommen werden.

Kapitel 4

Empirische Evidenz

Gegenstand dieses Kapitels ist die Überprüfung von Implikationen der in den vorangehenden Kapiteln vorgestellten Modelle. Ein besonderes Augenmerk liegt dabei auf den Implikationen des Matchingmodells und den Auswirkungen von Qualifikationsunterschieden. Abschnitt 4.1 gibt auf der Grundlage einer Reihe von Arbeiten anderer Autoren einen Überblick über den Zusammenhang zwischen Qualifikation und Arbeitslosigkeit. Der sich daran anschließende Abschnitt 4.2 überprüft anhand verschiedener Testverfahren die Modellimplikation, daß sich die Arbeitslosigkeit asymmetrisch über den Konjunkturverlauf entwickelt. Abschnitt 4.3 ergänzt unter Rückgriff auf die Verfahren aus Kapitel 2 die Asymmetrieanalyse durch die Schätzung asymmetrischer Fehlerkorrekturmodelle, die die simultane Untersuchung von Beschäftigten mit unterschiedlichen Qualifikationsniveaus erlauben.

4.1 Ergebnisse bisheriger Studien

Eine Implikation des Matchingmodells ist, daß die Arbeitslosigkeit mit dem Qualifikationsniveau der Erwerbspersonen abnimmt. Empirisch ist diese Vorhersage gut belegt und kann, wie in der Einleitung bereits erwähnt, als stilisiertes Faktum bezeichnet werden. Die Tabellen 4.1 auf der nächsten Seite und 4.2 auf Seite 75 geben beispielhaft die Arbeitslosen- und Erwerbsquoten ausgewählter OECD-Länder, grob aufgegliedert nach dem höchsten erreichten Schulabschluß, wieder.
Die Erwerbsneigung wurde im Matchingmodell nicht betrachtet, doch es liegt nahe anzunehmen, daß bei einer entsprechenden Modellerweiterung Erwerbs- und Arbeitslosenquote negativ korreliert sind, da der erwartete Gewinn aus dem Eintritt auf den Arbeitsmarkt um so größer ist, je höher die Wahrscheinlichkeit, eine Stelle zu finden, und damit der Knappheitsgrad am Arbeitsmarkt sind.
In allen betrachteten Ländern nehmen wie erwartet mit steigendem Bildungsstand die Arbeitslosenquote ab und die Erwerbsquote zu. Dieses Ergebnis ist unabhän-

	Arbeitslosenquote				ESI
	ohSchB	hSchB	Uni	gesamt	
Belgien	12,0	6,6	3,1	8,7	2,5
Dänemark	7,0	4,1	3,0	5,2	1,5
Deutschland	15,8	8,8	4,9	8,7	2,6
Finnland	13,1	9,5	4,7	10,3	2,1
Frankreich	15,3	9,2	6,2	11,8	2,8
Großbritannien	10,0	4,7	2,7	6,1	0,9
Irland[a]	11,6	4,5	3,0	7,9	1,1
Italien	10,6	8,0	6,9	11,8	3,4
Japan	5,6	4,4	3,3	4,9	2,3
Kanada	10,6	6,6	4,2	7,6	1,1
Niederlande	4,9	2,4	1,7	3,6	2,2
Österreich[a]	6,9	3,6	2,0	5,5	2,3
Portugal	4,2	5,1	2,5	4,9	3,7
Schweden	9,0	6,5	3,9	7,1	2,6
Schweiz	5,0	2,3	1,7	3,1	1,5
Spanien	14,7	12,9	11,1	15,9	3,1
USA	7,7	3,7	2,1	4,3	0,7
EU[b]	11,5	7,2	5,1	9,4	–
OECD[b]	6,3	4,7	2,9	6,7	–

Bemerkungen: Die nach der Qualifikation aufgegliederten Quoten beziehen sich auf Erwerbspersonen im Alter von 25–64 Jahren, die zum Vergleich angegebenen Gesamtquoten (Spalten „gesamt") hingegen auf solche von 15–64 Jahren, da andere Zahlen nicht verfügbar waren (Wegen der in den meisten OECD-Ländern vergleichsweise hohen Arbeitslosigkeit unter den 15- bis 24jährigen dürfte die Gesamtquote für die 25- bis 64jährigen niedriger sein.). Die Kürzel „ohSchB", „hSchB" und „Uni" in den Spalten 2–4 und 6–8 stehen für die Bildungsklassen „ohne höhere Schulbildung" (*less than upper secondary education*), „höhere Schulbildung" (*upper secondary education*) und „Universitätsabschluß oder vergleichbar" (*tertiary education*). Zum Klassifikationsschema der OECD für die nationalen Bildungsabschlüsse vergleiche etwa OECD (2001, Anhang 3, Tabelle 1). Die Datenquellen sind OECD (2001, Tabellen B, D) für die Arbeitslosenquoten sowie OECD (1999, Tabelle 2.5, letzte Spalte) für den Entlassungsschutzindex „ESI", der den Stand der zweiten Hälfte der neunziger Jahre wiedergibt.

[a] Daten für 1999 statt 2000.

[b] Gesamte OECD ohne Luxemburg.

Tabelle 4.1: Arbeitslosenquoten des Jahres 2000 nach Qualifikation im internationalen Vergleich

	Erwerbsquote				ESI
	ohSchB	hSchB	Uni	gesamt	
Belgien	55,8	79,8	88,1	64,6	2,5
Dänemark	66,3	84,2	90,6	80,6	1,5
Deutschland	58,0	76,6	87,4	71,2	2,6
Finnland	67,4	82,2	88,9	73,6	2,1
Frankreich	66,6	82,8	87,2	67,8	2,8
Großbritannien	58,4	82,9	90,1	76,3	0,9
Irland[a]	60,4	75,1	87,9	65,0	1,1
Italien	51,3	76,1	86,7	59,6	3,4
Japan	72,2	77,6	82,4	72,4	2,3
Kanada	61,0	80,7	86,1	75,9	1,1
Niederlande	59,7	80,2	88,7	73,6	2,2
Österreich[a]	56,6	78,1	88,1	71,3	2,3
Portugal	79,3	86,4	93,0	70,9	3,7
Schweden	73,1	85,1	89,0	78,5	2,6
Schweiz	73,1	83,1	92,5	82,2	1,5
Spanien	59,8	79,9	87,2	63,9	3,1
USA	62,7	79,2	86,4	77,2	0,7
EU[b]	61,0	79,7	86,4	68,8	–
OECD[b]	68,3	80,9	87,6	70,1	–

Bemerkungen: Die nach der Qualifikation aufgegliederten Quoten beziehen sich auf Erwerbspersonen im Alter von 25–64 Jahren, die zum Vergleich angegebenen Gesamtquoten (Spalten „gesamt") hingegen auf solche von 15–64 Jahren, da andere Zahlen nicht verfügbar waren. Die Kürzel „ohSchB", „hSchB" und „Uni" in den Spalten 2–4 und 6–8 stehen für die Bildungsklassen „ohne höhere Schulbildung" (*less than upper secondary education*), „höhere Schulbildung" (*upper secondary education*) und „Universitätsabschluß oder vergleichbar" (*tertiary education*). Zum Klassifikationsschema der OECD für die nationalen Bildungsabschlüsse vergleiche etwa OECD (2001, Anhang 3, Tabelle 1). Die Datenquellen sind OECD (2001, Tabellen B, D) für die Erwerbsquoten sowie OECD (1999, Tabelle 2.5, letzte Spalte) für den Entlassungsschutzindex „ESI", der den Stand der zweiten Hälfte der neunziger Jahre wiedergibt.

[a] Daten für 1999 statt 2000.

[b] Gesamte OECD ohne Luxemburg.

Tabelle 4.2: Erwerbsquoten des Jahres 2000 nach Qualifikation im internationalen Vergleich gig davon, ob die nationalen Arbeitsmärkte rigide wie beispielsweise in Spanien und Portugal oder flexibel wie in den USA und Großbritannien sind. Zu erkennen ist auch, daß ein hoher Entlassungsschutzstandard, gemessen durch einen Index aus OECD (1999), nicht zwingend mit einer hohen Arbeitslosenquote einhergeht.[1] Dieser erste Eindruck wird auch durch die Studie in OECD (1999, Kapitel 2) bestätigt. Im Rahmen dieser Untersuchung findet sich allenfalls ein sehr schwacher positiver Effekt derartiger Regelungen auf das Niveau der Arbeitslosigkeit. Auf die Langzeitarbeitslosigkeit hingegen findet sich, in Übereinstimmung mit dem Matchingmodell, ein positiver Effekt, der deutlicher ausgeprägt ist.[2]

Eine etwas detailliertere und um die zeitliche Dimension erweiterte Darstellung für Deutschland bietet Abbildung 4.1 auf der nächsten Seite, in der für das frühere Bundesgebiet von 1975 bis 1997 die jährlichen Arbeitslosenquoten nach dem höchsten jeweils erreichten Ausbildungsabschluß der Betroffenen aufgegliedert sind. Die Arbeitslosenquote für einen bestimmten Abschluß ist definiert als der in Prozent gemessene Anteil der Arbeitslosen an allen zivilen Erwerbspersonen (ohne Auszubildende) mit der gleichen Qualifikation, vergleiche Rauch und Reinberg (1998).[3] Die einzelnen Qualifikationskategorien sind GESAMT für die gesamte Arbeitslosenquote über alle Qualifikationsniveaus, OA für „ohne Ausbildung", L/BFS für „Lehre/Berufsfachschule", FS für „Fachschule", FHS für „Fachhochschule" und UNI für „Universität".
Tabelle 4.3 auf der nächsten Seite gibt zu den einzelnen Reihen jeweils den Mittelwert $\bar{x}$, die geschätzte Standardabweichung $\hat{\sigma}_x$ und den Variationskoeffizienten $\frac{\hat{\sigma}_x}{\bar{x}}$ an. Die Graphik und die Tabelle zeigen, daß insbesondere unter Erwerbspersonen ohne Berufsausbildung und in geringerem Umfang auch bei solchen, die nicht mehr als eine Lehre oder eine Berufsfachschule beendet haben, die Arbeitslosenquote neben einem höheren Niveau auch eine höhere Volatilität aufweist. Außerdem hat unter den Geringqualifizierten ohne Ausbildung die Arbeitslosigkeit nicht nur absolut, sondern auch relativ zu den Hochqualifizierten ,gemessen als Erwerbspersonen mit Fachhochschul- oder Universitätsabschluß, zugenommen.[4]

[1] Der Index ist ein gewichtetes Mittel aus Einzelindizes für die Entlassungsschutzbestimmungen bei unbefristeten Arbeitsverträgen, befristeten Arbeitsverträgen und Massenentlassungen. Zur Konstruktion vergleiche OECD (1999, Kapitel 2, Anhang 2). Die Studie gibt auch einen sehr guten Überblick zu den nationalen Kündigungsschutzbestimmungen in der OECD.

[2] Zum gleichen Ergebnis kommt auch die Studie von Di Tella und MacCulloch (1999), die ein aus der Befragung von Managern gewonnenes subjektives Maß für die Stärke des Entlassungschutzes verwendet.

[3] Datenquellen sind die Arbeitslosenstatistik und der Mikrozensus. Rauch und Reinberg (1998) geben von 1991 bis 1997 auch Zahlen für die neuen Bundesländer an. Wegen der Ausnahmesituation infolge der deutschen Wiedervereinigung und des geringen zur Verfügung stehenden Beobachtungszeitraumes werden diese jedoch nicht wiedergegeben.

[4] Dies steht in einem gewissen Widerspruch zu der Beobachtung von Bell und Nickell (1995), daß Anfang der 90er Jahre die relative Arbeitslosigkeit der Geringqualifizierten in einer Reihe von Ländern wieder etwas zurückgegangen ist. Bei den vorliegenden deutschen Daten ist jedoch der Quotient $\frac{u_{\mathrm{OA}}}{u_{\mathrm{FHS}}+u_{\mathrm{UNI}}}$ fast monoton von 2,3 im Jahr 1976 über 3,9 im Jahr 1986 auf 6,5 im Jahr 1996 angestiegen.

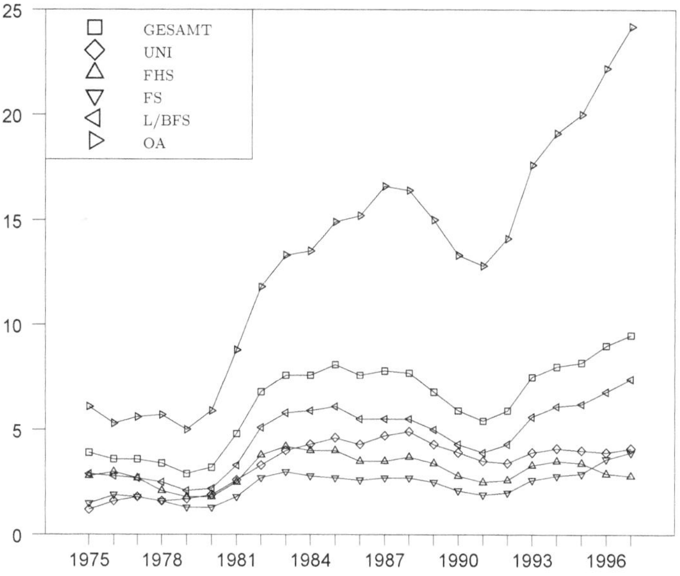

Abbildung 4.1: Deutsche Arbeitslosenquoten aufgegliedert nach höchstem Schulabschluß; *Datenquelle*: Rauch und Reinberg (1998)

Qualifikation	Mittelwert	Standardabweichung	Variationskoeffizient
GESAMT	6,3	2,0	0,32
OA	13,2	5,7	0,43
L/BFS	4,7	1,6	0,34
FS	2,4	0,7	0,29
FHS	3,1	0,7	0,22
UNI	3,4	1,2	0,35

Tabelle 4.3: Statistische Kennzahlen der qualifikationsspezifischen Arbeitslosenquoten (1975–1997); *Quelle*: Rauch und Reinberg (1998), eigene Berechnungen

Inwieweit die Dynamik asymmetrisch, wie etwa durch das Matchingmodell impliziert, ist, läßt sich aus der Graphik nicht schlüssig beurteilen. Zwar erfolgt das Ansteigen der Arbeitslosigkeit schneller als der Rückgang, doch insbesondere in der Kategorie OA ist die Zyklizität von einem positiven Trend überlagert, der den visuellen Eindruck möglicherweise verfälscht. Auf das Vorliegen von Asymmetrie wird eingehender im folgenden Abschnitt 4.2 eingegangen.

Schmidt (1999) untersucht die Arbeitslosenquoten sowie die Stromquoten in die und aus der Arbeitslosigkeit für westdeutsche Erwerbspersonen in Abhängigkeit von Geschlecht, Alter und Ausbildung. Die zugrunde liegenden Mikrodaten stammen aus dem Soziooekonomischen Panel von 1984–1994, wobei für die Erwerbsbiographie, d.h. die Entwicklung des Beschäftigungsstatus, sogar Monatsdaten vorliegen.[5] Wegen möglicherweise vorliegender Interdependenzen zwischen den drei genannten demographischen Faktoren werden entsprechend differenzierte demographische Zellen betrachtet.
Die Angaben zur Erwerbstätigkeit werden in eine der Kategorien *erwerbstätig*, *arbeitslos* und *nicht auf dem Arbeitsmarkt* aufgeteilt,[6] und die Altersklassen „jung", „mittelalt" und „alt" beziehen sich auf Alter von 16 – 24, 25 – 49 und 50 – 64 Jahren. Beim Ausbildungsniveau wird zwischen geringqualifizierten, qualifizierten und hochqualifizierten Arbeitnehmern unterschieden.[7] Nach der Aufteilung der Individuen in die einzelnen Zellen lassen sich grundsätzlich für jede Zelle Quoten für die genannten Erwerbszustände sowie Übergangswahrscheinlichkeiten zwischen den Zuständen ermitteln, entsprechende Übergänge vorausgesetzt.[8] Über Regressionen dieser zellenspezifischen Größen auf geeignete Dummyvariablen läßt sich der Einfluß demographischer, saisonaler und konjunktureller Faktoren abschätzen. Als Referenzgröße dient die Arbeitslosen- oder Stromquote männ-

[5]Die Datenerhebung zum SOEP erfolgt zwar nur jährlich, doch kann aus den Antworten zur Erwerbsbiographie grundsätzlich auch der Beschäftigungsstatus eines jeden Monats errechnet werden. Daß diese Angaben rückblickend gemacht werden, stellt folglich insofern eine Fehlerquelle dar, als beispielsweise nur kurz währende Arbeitslosigkeit nicht berichtet wird, insbesondere wenn sie schon länger zurück liegt.

[6]Als erwerbstätig gelten neben Voll- und Teilzeitbeschäftigten auch Personen, die sich einer Berufsausbildung unterziehen.

[7]In die erste Kategorie fallen Personen, die einen Haupt- oder Realschulabschluß *ohne* anschließende Weiterbildung haben, in die zweite Personen mit der allgemeinen Hochschulreife oder einer abgeschlossenen Berufsausbildung und in die dritte Personen mit einem Fachhochschul- oder Universitätsabschluß.

[8]Einschränkend anzumerken ist, daß die so ermittelten Arbeitslosenquoten verglichen mit den offiziellen Statistiken relativ niedrig sind. Mögliche Ursachen sind die Beschränkung auf einheimische Westdeutsche (gegenüber Ausländern oder Aussiedlern, die eine höhere Arbeitslosenquote haben), die Hinzunahme von Selbständigen, während die aggregierten Statistiken sich im allgemeinen auf abhängig Beschäftigte konzentrieren sowie Fehler bei der Erhebung, vergleiche Fußnote 5. Ferner kann ein gewisses Selbstselektionsproblem darin liegen, daß die beobachteten Personen über fast den gesamten Zeitraum im Panel enthalten sind, d.h. Personen, die aus dem Panel herausgefallen sind, weisen möglicherweise zugleich eine höhere Arbeitslosenquote auf. Dies wäre etwa dann der Fall, wenn die Bereitschaft, sich regelmäßig an der Panelstudie zu beteiligen und der Befragung zu unterziehen, mit einer generell höheren Leistungsbereitschaft verbunden wäre, die die Erwerbschancen verbessern würde.

licher mittelalter Qualifizierter im Monat Juni des Zeitraumes 1986–1988. Im folgenden werden die im vorliegenden Kontext wichtigen Resultate der Studie zusammenfassend wiedergegeben.

Hinsichtlich der Arbeitslosigkeit zeigt sich, daß bei den Männern die Arbeitslosigkeit unter den Geringqualifizierten generell sowie unter den jungen und den alten Qualifizierten höher ist als in der Referenzgruppe, während sie bei den Hochqualifizierten in etwa gleich (Junge) oder niedriger ist. Die Arbeitslosenquoten unter den Frauen hingegen sind insgesamt homogener, denn es findet sich verglichen mit der dortigen Referenzgruppe (die bis auf das Geschlecht die gleichen Merkmale wie die der Männer aufweist) höhere Arbeitslosigkeit bei den jungen Geringqualifizierten, nicht jedoch bei den mittelalten und alten Geringqualifizierten oder den jungen Qualifizierten. Unter den alten Qualifizierten ist die Arbeitslosigkeit hingegen höher als in der Basisgruppe und verglichen mit der gleichen Kategorie bei den Männern sogar besonders hoch. Bei den mittelalten Hochqualifizierten ist die Arbeitslosigkeit in etwa gleich hoch wie in der weiblichen Basisgruppe, bei den jungen und alten Hochqualifizierten ist sie niedriger als bei den Männern und niedriger als in der Basisgruppe. Die Arbeitslosigkeit nimmt in den ersten drei Teilperioden, d.h. 1983–1985, 1986–1988 und 1989–1991 ab, um dann infolge der Rezession im Zeitraum 1992–1994 wieder auf das Niveau der zweiten Teilperiode zu steigen. Die Arbeitslosigkeit bei Frauen und Jungen reagiert zyklisch stärker und die von Geringqualifizierten hingegen etwas schwächer, wobei der Zyklus auf die genannten 4 Teilperioden bezogen ist. Die Arbeitslosigkeit alter Arbeitnehmer ist sogar unabhängig vom Zyklus.
Zusammenfassend zeigt die Analyse der Quoten, daß sich der erwartete Trend einer mit dem Qualifikationsniveau abnehmenden Arbeitslosigkeit in den Daten wiederfindet, zugleich aber durch geschlechts- und altersspezifische Effekte überlagert wird, die auch einen starken Einfluß auf die – im Matchingmodell theoretisch unbestimmte – Stärke der Zyklizität zu haben scheinen.

Bei der Analyse der Stromquoten *in* die Arbeitslosigkeit zeigt sich, daß in einem durchschnittlichen Monat etwa 0,4% der erfaßten Arbeitnehmer von einer Beschäftigung in die Arbeitslosigkeit wechseln. Die nicht näher untersuchten Abflüsse aus dem Arbeitsmarkt, beispielsweise in die Stille Reserve, sind für beide Geschlechter quantitativ wesentlich bedeutsamer, ganz besonders jedoch für die Frauen.[9] Für die Männer gilt, daß unter den Geringqualifizierten jeden Alters sowie bei den Jungen jedes Qualifikationsniveaus die Stromquoten signifikant höher, bei den mittelalten und alten Hochqualifizierten hingegen signifikant niedriger und bei den alten Qualifizierten marginal signifikant niedriger sind als in der Basisgruppe. Dieser Rückgang der Stromquoten mit zunehmendem Qualifikationsniveau bestätigt die Voraussage des Matchingmodells.[10] Die Stromquoten bei

[9]Ohne daß dies näher untersucht wurde, handelt es sich dabei wohl insbesondere um Erwerbspausen zur Kindererziehung.

[10]Untersuchungen für die USA, die ebenfalls den Rückgang des Arbeitslosigkeitsrisikos mit dem erreichten Qualifikationsniveaus bestätigen, sind beispielsweise Farber (1997) (der zugleich

den Frauen sind hingegen wie die Arbeitslosenquoten wesentlich homogener. Die Quote in der Basisgruppe unterscheidet sich nicht von der bei den Männern, und die Quoten für mittelalte und alte Geringqualifizierte, junge Qualifizierte und mittelalte Hochqualifizierte entsprechen, anders als bei den Männern, etwa der der Basisgruppe.
Wie bei den Arbeitslosenquoten nehmen die Stromquoten in den ersten drei Teilperioden ab, um dann in etwa wieder auf das Niveau der zweiten Periode anzusteigen. Die zyklischen Schwankungen sind bei Frauen und Alten ähnlich wie in der Basisgruppe. Bei Geringqualifizierten hingegen ergeben sich so gut wie keine zyklischen Schwankungen, während sie bei den Jungen doppelt so stark ausgeprägt sind.

Für die Stromquoten *aus* der Arbeitslosigkeit gilt, daß im Schnitt pro Monat 9% der Arbeitslosen wieder in ein Beschäftigungsverhältnis wechseln. Unter den Männern sind die Stromquoten besonders niedrig bei mittelalten Geringqualifzierten und Alten jedes Qualifikationsniveaus, bei letzteren betragen die Quoten beinahe 0. Höher als in der Basisgruppe sind sie hingegen bei jungen Qualifizierten und Hochqualifizierten sowie bei mittelalten Hochqualifizierten. Bei jungen Geringqualifizierten sind sie nur insignifikant niedriger. Diese Ergebnisse bestätigen zumindest teilweise die Vorhersagen des Matchingmodells, wenn man berücksichtigt, daß der Entlassungsschutz häufig mit dem Alter des Arbeitnehmers und der Dauer der Unternehmenszugehörigkeit ansteigt. Die Stromquoten der Frauen sind wesentlich niedriger als die der Männer, was sowohl mit größeren Problemen bei der Arbeitsplatzsuche als auch mit höheren Reservationslöhnen vereinbar ist.[11] Beim Vergleich der drei Teilperioden ergibt sich ein spiegelbildliches Muster zu den Stromquoten in die Arbeitslosigkeit, allerdings sind die Unterschiede zwischen den Teilperioden nun nicht mehr oder nur marginal signifikant. Die Koeffizienten für das zyklische Verhalten einzelner Gruppen sind nicht signifikant, auch wenn sich numerisch ein ähnliches Muster wie bei den Stromquoten in die Arbeitslosigkeit ergibt.

Eine Bestätigung der Implikationen des Matchingmodells findet sich auch, wenn man statt der Übergangswahrscheinlichkeiten von Erwerbspersonen die entsprechenden Raten für Arbeitsplätze betrachtet. Auf der Basis von Paneldaten westdeutscher Betriebe von 1993 bis 1996 zeigt Kölling (1998, S. 161 ff.), daß die Rate, mit der Stellen zerstört werden, bei Angestellten mit einfachen Tätigkeiten und bei einfachen Arbeitern höher ist als bei Facharbeitern und qualifizierten Angestellten, insgesamt also bei steigendem Qualifikationsniveau zurückgeht. Umgekehrt ist die Rate, mit der neue Stellen geschaffen werden (im Matchingmodell

eine relative Verschlechterung bei den Qualifizierten Anfang der 90er Jahre feststellt, auch wenn die entsprechenden Quoten weiterhin niedriger sind als bei den Geringqualifizierten) oder Manski und Straub (1999).

[11]Höhere Reservationslöhne bei Frauen können etwa darauf zurückzuführen sein, daß ihr Einkommen für den Haushalt häufiger Sekundäreinkommen neben dem Primäreinkommen des Partners darstellt, was im Modell einem höheren Wert für b entspräche.

die Größe $\phi(\theta^q) = \frac{m(u^\nu, v^\nu)}{v^\nu}$) bei qualifizierten Angestellten am niedrigsten und bei den einfachen Angestellten am höchsten.[12]

Das Matchingmodell ebenso wie das neoklassische Modell implizieren, daß die Streuung der Löhne mit den Qualifikationsunterschieden zunimmt. Falls sich die Löhne wegen institutioneller Rigiditäten jedoch nicht an das Gleichgewichtsniveau anpassen können, so kommt es zu Lohnkompression in Verbindung mit zusätzlicher Arbeitslosigkeit insbesondere am unteren Ende der Lohnverteilung, d.h. unter den Geringqualifizierten.

Ein Vergleich der Qualifikationsstruktur in Deutschland und den USA findet sich in der Studie von Freeman und Schettkat (2000), die untersuchen, inwieweit Unterschiede in der Qualifikationsstruktur der Erwerbspersonen die beobachtete stärkere Streuung der Löhne in den USA erklären können. Ferner läßt sich mit dieser Arbeit die Hypothese überprüfen, daß Lohnkompression eine der wesentlichen Ursachen für die höhere Arbeitslosigkeit in Deutschland ist. Da das in der Literatur üblicherweise verwendete Maß für das Qualifikationsniveau, die Zahl der absolvierten Schuljahre, nicht die jeweiligen nationalen Besonderheiten der Ausbildungssysteme und deren tatsächliche Leistungsfähigkeit berücksichtigt, wird stattdessen auf die Ergebnisse einer OECD-Untersuchung (International Adult Literacy Survey, kurz IALS) zurückgegriffen, für die in den Ländern vergleichbare Tests zur Schreib-, Lese- und Rechenfähigkeit durchgeführt wurden.[13]

Die Untersuchung zeigt, daß das durchschnittliche effektive Qualifikationsniveau in Deutschland höher ist als in den USA und die Verteilung weniger stark streut.[14]

Das Ergebnis aus Tabelle 4.1, daß mit steigender Qualifikation die Erwerbsquoten zu- und die Arbeitslosenquoten abnehmen, wird bestätigt. Eine größere Streuung in der Entlohnung in den USA als in Deutschland findet sich bei den höheren Qualifikationsgruppen, nicht jedoch bei den Geringqualifizierten.

Nur ein relativ kleiner Teil der Lohnkompression in Deutschland läßt sich durch die geringere Streuung des Wissensstandes erklären. Ein möglicher Erklärungsansatz für die verbleibende Diskrepanz sind, wie bereits angesprochen, institutionelle Unterschiede (Flächentarifverträge, Allgemeinverbindlichkeitserklärungen von Tarifabschlüssen etc.). Gegen die Hypothese, die Arbeitslosigkeit unter den Geringqualifizierten werde durch zu hohe Löhne verursacht, spricht jedoch, daß die Unterschiede in der Qualifikationsstruktur zwischen Arbeitslosen und Beschäftigten in Deutschland *geringer* sind als in den USA, während bei zu hohen Löhnen

[12] Die Reihung ist allerdings nicht ganz spiegelbildlich zu der der Stellenzerstörung, da die Stellenbesetzungsrate bei Facharbeitern etwas höher ist als bei einfachen Arbeitern.

[13] Datenbasis ist der von den Autoren zusammengestellte Datensatz CGASD (Comparative German American Sectoral Database), der auf dem US Census of Population, dem CPS, dem deutschen Mikrozenzus und der IAB Beschäftigtenstatistik beruht. Statt Individualdaten werden wie bei Schmidt (1999) Zellen mit bestimmten demographischen Merkmalen betrachtet.

[14] Griffe man hingegen auf die Ausbildungsdauer als Maßzahl zurück, so gelangte man zu dem Ergebnis, daß die Qualifikationsstruktur in Deutschland stärker streut und einen niedrigeren Mittelwert hat. Dies rechtfertigt die Verwendung der IALS-Daten als Maß für das Qualifikationsniveau.

Geringqualifizierte unter den Arbeitslosen deutlich häufiger sein sollten als unter den Beschäftigten. Dieses Resultat steht im Widerspruch zu den Daten aus Abbildung 4.1, was aber auch darauf zurückzuführen sein mag, daß die Unterteilungen der Qualifikationsgruppen eine andere ist.[15]

Balakrishnan und Michelacci (2001) untersuchen mit Hilfe einer Vektorautoregression (VAR) für Quartalsdaten von 1973 bis 1989, welche der im Modell von Mortensen und Pissarides (1994) auftretenden Schocks für die Dynamik der Arbeitslosigkeit in Deutschland, Frankreich, Großbritannien, Spanien und den USA das größte Gewicht haben. Sie konzentrieren sich dabei auf sogenannte aggregierte, alle Wirtschaftszweige gleichermaßen betreffende, und reallokative Schocks, die zu einer Beschäftigungsverlagerung zwischen den Sektoren führen. Aggregierte Schocks entsprechen im Modell aus Kapitel 3 Änderungen von p, während reallokative Schocks durch Variationen in σ angenähert werden, vergleiche in Kapitel 3 Fußnote 33 auf Seite 45. Die VAR-Modelle der einzelnen Länder werden nicht mit der Arbeitslosenquote beziehungsweise deren erster Differenz, sondern mit Stromquoten aufgestellt.[16] Der Vorteil dieser Formulierung ist, daß sich darüber die beiden genannten Schocks (teilweise) identifizieren lassen. Wie im vorangehenden Kapitel ausgeführt, bewirkt ein Anstieg von p eine Zunahme des Knappheitsgrades θ^ν und einen Rückgang des Schwellenwertes ε_d^ν, während unter plausiblen Bedingungen eine Zunahme von σ sowohl θ^ν als auch ε_d^ν ansteigen läßt. Folglich entwickeln sich bei einem aggregierten Schock Zu- und Abflüsse in die beziehungsweise aus der Arbeitslosigkeit in entgegengesetzter Richtung, während sie bei reallokativen Schocks gleich verlaufen.[17] Sowohl die aus der Schätzung der VAR-Modelle ermittelten Langfristmultiplikatoren als auch die Varianzzerlegung zeigen, daß mit der Ausnahme von Spanien aggregierte Schocks einen stärkeren Effekt auf die Arbeitslosigkeit ausüben als reallokative. Vergleicht man die Anpassungsgeschwindigkeiten (jeweils gemessen über den Kehrwert des betragsmäßig größten Eigenwertes im VAR-Modell), so erfolgt die Anpassung am schnellsten in den USA, gefolgt von Deutschland, Spanien, Frankreich und Großbritannien beziehungsweise Großbritannien, Deutschland, Spanien und Frankreich bei einer etwas anderen Normierung der Stromquoten.[18] Die Unterschiede zwischen den USA und den übrigen Ländern sind bis auf Spanien bei aggregierten Schocks in

[15]In ihrem Übersichtsartikel kommen Blau und Kahn (1999, S. 1436) ebenfalls zu dem Ergebnis, daß bisher keine eindeutigen Belege für die Hypothese, eine komprimierte Lohnstruktur führe zu höherer Arbeitslosigkeit unter den Geringqualifizierten, vorliegen.

[16]Dies steht nicht im Widerspruch zur Intention des Aufsatzes, Aussagen über die Dynamik der Arbeitslosigkeit zu machen, da sich die Entwicklung der Arbeitslosigkeit durch die Stromquoten approximieren läßt, siehe dazu auch Gleichung (3.43) und die zugehörigen Erläuterungen.

[17]Dies reicht zur Identifikation der Schocks noch nicht aus, da so nur das Vorzeichen gewisser struktureller Parameter festgelegt wird. Es müssen daher zusätzlich noch bestimmte numerische Werte angenommen werden. Zu Details siehe Balakrishnan und Michelacci (2001, S. 146).

[18]Bei der Interpretation der Ergebnisse für Großbritannien ist zu berücksichtigen, daß die durch die Regierung Thatcher erfolgte Liberalisierung des Arbeitsmarktes erst im letzten Teil der Stichprobe wirksam wird.

der kurzen Frist signifikant, während sie bei reallokativen Schocks nur im Fall Spaniens kurzfristig signifikant sind. Die langfristigen Effekte unterscheiden sich bei keinem der beiden Schocks signifikant zwischen den USA und den übrigen Ländern, wobei allerdings auch die relativ geringe Güte der eingesetzten Tests berücksichtigt werden muß.
In einer Modellerweiterung mit heterogenen Arbeitskräften wird schließlich noch untersucht, wie sich die Zusammensetzung der Erwerbspersonen aus Qualifizierten und Gerinqualifzierten auf die Dynamik der Arbeitslosigkeit auswirken. Als Maß für die Qualifikationsstruktur der Erwerbsbevölkerung dient die Zahl der offenen Stellen, da gemäß dem Matchingmodell diese Zahl zunimmt, wenn der Anteil der Qualifizierten steigt. Das entsprechend erweiterte VAR-Modell läßt darauf schließen, daß Änderungen der Qualifikationsstruktur die Dynamik der Arbeitslosigkeit in Spanien und Frankreich sowie in geringem Umfang auch in Deutschland, nicht jedoch in Großbritannien und den USA beeinflussen.
Kritisch anzumerken ist bei diesem Ansatz, daß das für die Interpretation herangezogene Matchingmodell nicht getestet werden kann. Die einzelnen Arten von Schocks können nur unter sehr starken Hilfsannahmen identifiziert und interpretiert werden. Dies wird in der Modellerweiterung besonders augenfällig, da auch andere, von der Qualifikationsstruktur der Bevölkerung unabhängige Einflußfaktoren denkbar sind, die zu einem Anstieg der Zahl offener Stellen geführt haben können, beispielsweise ein Produktivitätszuwachs.[19]

4.2 Asymmetrie in aggregierten Arbeitslosendaten

Wie in der Einleitung bereits ausgeführt, haben nicht nur das Niveau der Arbeitslosigkeit, sondern auch die Dynamik und dabei im besonderen möglicherweise vorliegende Asymmetrien wichtige Implikationen für die Wohlfahrt einer Ökonomie und die Beurteilung von wirtschaftspolitischen Maßnahmen. Ein asymmetrischer Verlauf der Beschäftigung oder der Arbeitslosigkeit kann auf entsprechende Reaktionen der Arbeitsnachfrage, des Arbeitsangebotes oder des Zusammenwirkens der beiden wie etwa im Matchingmodell zurückzuführen sein. Das Vorliegen von Asymmetrie in der Arbeitsnachfrage beschäftigt einen eigenen Zweig der Arbeitsmarktökonomik, wie in Kapitel 2 näher ausgeführt. Alle diese Studien sind „strukturell“ in dem Sinn, daß bei der aus dem Gewinnmaximierungsproblem des Unternehmens hergeleiteten Schätzgleichung eine spezielle funktionale Form mit relativ wenigen, in der Regel ökonomisch interpretierbaren Parametern auferlegt wird. Soll eine derartige Spezifikation als möglicherweise zu eng vermieden werden,

[19]Im Matchingmodell entspräche dies einem Anstieg von p, der wie gezeigt zu einem höheren Knappheitsgrad θ und, je nach der Stärke der Reaktion von u, unter Umständen auch zu einer größeren Zahl an offenen Stellen v führt.

so kann zum einen versucht werden, die betrachtete Reihe, d.h. die Beschäftigung oder die Arbeitslosigkeit, durch ein nichtlineares Modell zu beschreiben, um dann üblicherweise zu testen, ob die gewählte nichtlineare Spezifikation einem linearen Ansatz in einem gewissen Sinn (Prognosegüte, Anpassungsgenauigkeit etc.) überlegen ist. Zur Beschreibung nichtlinearen Verhaltens in Zeitreihen werden typischerweise nichtlineare autoregressive Modelle verwendet. Hierzu zählen etwa Threshold, STAR, ESTAR oder Markov-Switching Modelle.[20]
Zum anderen können Tests angewendet werden, die auf das Vorliegen von Asymmetrien hinweisen, ohne jedoch eine spezielle funktionale Form für den datenerzeugenden Prozeß anzunehmen. Zu Arbeiten mit einem derartigen nichtstrukturellen Ansatz zählen etwa Neftçi (1984), Falk (1986), DeLong und Summers (1986), Rothman (1991), Sichel (1993) oder Ramsey und Rothman (1996).

Das Ziel dieses Abschnittes ist, die aggregierten Arbeitslosenquoten und -zahlen Deutschlands, Großbritanniens und der USA mit Hilfe dreier „nichtstruktureller" Tests auf das Vorliegen von Asymmetrie zu untersuchen. Der Vorteil dieser Verfahren besteht darin, daß der Alternativenraum nicht von vornherein auf eine bestimmte Modellklasse eingeschränkt wird und den Daten daher nur sehr wenig Struktur auferlegt wird. Dieser Zuwachs an Freiheit und Modellunabhängigkeit wird allerdings mit einer möglicherweise geringeren Präzision der Tests erkauft. Zudem erlauben diese Tests nur vergleichsweise grobe Aussagen über die Form der gegebenenfalls vorliegenden Asymmetrie. Sie können jedoch zumindest als guter Ausgangspunkt für eine eingehendere, strukturell enger spezifizierte Analyse verstanden werden.

Die Verwendung von drei verschiedenen Tests erlaubt nicht nur einen Vergleich der Verfahren, sondern erhöht gegebenenfalls auch die Robustheit einer Verwerfung der Symmetriehypothese, da jeder der Tests von einem etwas anderen Grundgedanken zur Überprüfung der Asymmetriehypothese ausgeht. Aus dem gleichen Grund werden mit Deutschland, Großbritannien und den USA drei Volkswirtschaften betrachtet, deren Arbeitsmärkte sehr unterschiedliche Strukturen aufweisen, wobei im Fall Großbritanniens noch ein Regimewechsel in den 80er Jahren hinzukommt. Sollte die Symmetriehypothese gleichwohl in allen Fällen verworfen werden, so spricht dies ebenfalls für ein robustes Muster, das dann als eine Art Strukturmerkmal von Arbeitsmärkten angesehen werden kann.

Der folgende Unterabschnitt 4.2.1 dient der Präzisierung des Begriffs „Asymmetrie" und stellt ein in der Literatur vorgeschlagenes Klassifizierungsschema für die

[20]Siehe etwa Tong (1990) zu Threshold Modellen, Granger und Teräsvirta (1993) zu STAR und ESTAR Modellen und Hamilton (1994) zu Markov-Switching Modellen. Speziell zur Asymmetrieanalyse der Arbeitslosigkeit in den USA verwendet Pfann (2001) ein nichtlineares AR-Modell, das eine bestimmte Klasse nichtlinearer Differentialgleichungen approximiert.
Solche Modelle sind allgemeiner als die aus einem wirtschaftstheoretischen Modell hergeleiteten Ansätze, weil keine strukturellen Parameter identifiziert werden müssen und daher meist mehr Parameter frei geschätzt werden können. Insofern handelt es sich gleichsam um unrestringierte reduzierte Formen struktureller Modelle.

in der Empirie auftretenden Asymmetrieformen vor. Im Anschluß an eine kurze Erläuterung der Daten in 4.2.2 werden dann in den Unterabschnitten 4.2.3–4.2.5 die Ergebnisse für die drei Asymmetrietests vorgestellt und in 4.2.6 kurz zusammengefaßt.

4.2.1 Ein Klassifizierungsschema für Asymmetrie

Sei im folgenden z_t eine stationäre Zeitreihe, die auf das Vorliegen von Asymmetrie zu testen ist.[21] Die bereits genannte Literatur zu nichtstrukturellen Tests verwendet zwar jeweils eigene Asymmetriekonzepte, doch Ramsey und Rothman (1996) argumentieren, daß diese sich nach zwei Dimensionen ordnen lassen. Bezeichnet werden die beiden Formen als quer- und längslaufende Asymmetrie (*transversal* und *longitudinal* asymmetry), wobei der Bezugspunkt für die Richtungsangaben „quer" und „längs" jeweils die Zeitachse ist. Die beiden Asymmetrieformen können auch kombiniert auftreten, schließen sich also nicht gegenseitig aus. Abbildung 4.2 zeigt ein Beispiel für eine Reihe mit querlaufender Asymmetrie. Der Verlauf der Zeitreihe ober- und unterhalb des Mittelwertes, d.h. in einer Richtung orthogonal zur Zeitachse, ist erkennbar verschieden, während die Reihe entlang der Zeitachse spiegelsymmetrisch mit Spiegelachsen parallel zur Ordinatenachse ist. Man erkennt ferner, daß bei querlaufender Asymmetrie Abweichungen vom

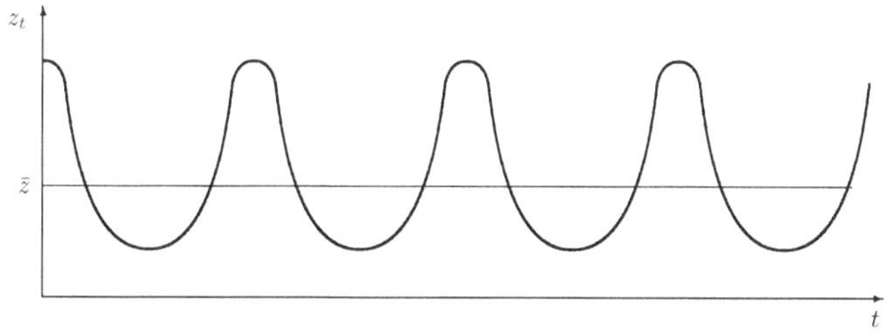

Abbildung 4.2: Beispiel einer querlaufend asymmetrischen Reihe z_t

Mittelwert nach oben kürzer andauern, in absoluten Zahlen aber größer sind als Abweichungen nach unten (oder umgekehrt), weshalb dieses Muster bisweilen auch als „Tiefe" (*deepness*, vergleiche Sichel (1993)) bezeichnet wird.
Im Gegensatz dazu zeigt Abbildung 4.3 auf der nächsten Seite den stilisierten Verlauf einer längslaufend asymmetrischen Reihe. Da Anstiege der Reihe steiler verlaufen als Rückgänge (oder umgekehrt), wird dieses Muster auch als Steile bezeichnet. Wie bereits angemerkt, kann es auch zu Überlagerungen dieser beiden Asymmetrieformen kommen.[22]

[21] Auf die zusätzlichen Probleme, die bei Vorliegen eines deterministischen oder stochastischen Trends auftreten, wird bei der Vorstellung der einzelnen Tests eingegangen.

[22] Beispiele finden sich in Sichel (1993), Abbildung 1.

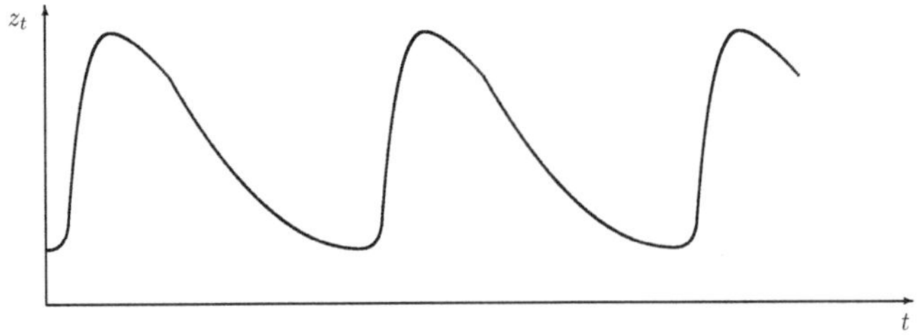

Abbildung 4.3: Beispiel einer längslaufend asymmetrischen Reihe z_t

Aufgrund des antizyklischen Verlaufes der Arbeitslosenquote würde querlaufende Asymmetrie wie in Abbildung 4.2 bedeuten, daß der Anstieg über die natürliche Arbeitslosenquote während einer Rezession stärker ausgeprägt ist als der Rückgang unter dieses Gleichgewichtsniveau während einer konjunkturellen Hochphase. Weist die Arbeitslosigkeit zusätzliche Steile wie in Abbildung 4.3 auf, so erfolgt der Anstieg schneller als der Abbau im Gefolge des nächsten Aufschwunges. Letzteres ist das Muster, welches das in Kapitel 3 vorgestellte Matchingmodell impliziert, vergleiche die dortige Abbildung 3.3 auf Seite 69. Das Modell der dynamischen Arbeitsnachfrage mit asymmetrischen konvexen Anpassungskosten sagt einen ähnlichen Verlauf voraus, wenn die Einstellungskosten die Entlassungskosten überwiegen, vergleiche Abbildung 2.3 auf Seite 16. Beim Vergleich der beiden Abbildungen ist zu beachten, daß in Abbildung 2.3 der Verlauf der *Beschäftigung* nach einem expansiven Schock abgetragen ist. Die Arbeitslosigkeit entwickelt sich entsprechend gegenläufig.[23]
Keine der Theorien macht eine explizite Aussage zum Vorliegen von Tiefe, so daß bei der empirischen Untersuchung ein besonderes Augenmerk auf dem Nachweis längslaufender Asymmetrie liegt.

Wenn in einer Zeitreihe durch geeignete Tests das Vorliegen von Asymmetrie nachgewiesen wird, so ist es für das Verständnis dieses Musters und eine Erklärung der Dynamik der Zeitreihe hilfreich, die Ursachen der beobachteten Asymmetrie zu bestimmen. Wie in Unterabschnitt 4.2.5 noch deutlich werden wird, ist diese Frage insbesondere für längslaufend asymmetrische Zeitreihen bedeutsam.

[23]Einen ähnlichen Beschäftigungsverlauf erhält man ferner aus dem Insider-Outsider Modell von Huizinga und Schiantarelli (1992). Der entscheidende Mechanismus sind dort nicht die Matchingtechnologie oder Anpassungskosten, sondern das Lohnkalkül der Gewerkschaft in Abhängigkeit vom Nutzen der Arbeitslosigkeit. Da bei einem Aufschwung die Zahl der offenen Stellen steigt, ist auch die Wahrscheinlichkeit höher, eine offene Stelle zu finden. Die Gewerkschaftsmitglieder haben damit einen besseren Drohpunkt und können höhere Löhne fordern, die den Beschäftigungsanstieg verlangsamen. In den Folgeperioden geht die Zahl der offenen Stellen wegen des (wenn auch gedämpften) Beschäftigungsanstieges zurück, so daß die Lohnforderungen ebenfalls zurückgehen und die Beschäftigung weiter ansteigt, bis schließlich das neue Gleichgewicht erreicht ist.

Angenommen der datenerzeugende Prozeß z_t ist eine Funktion von p eigenen verzögerten Werten, einer unabhängig identisch verteilten (i.i.d.) Innovation ε_t und q Lags von ε, d.h. $z_t = f(z_{t-1}, z_{t-2}, \ldots, z_{t-p}, \varepsilon_t, \varepsilon_{t-1}, \ldots, \varepsilon_{t-q})$. Sofern $f(\cdot)$ linear in allen Argumenten ist, ergibt sich ein ARMA(p,q)-Modell. Ist zudem ε_t noch normalverteilt, dann kann z_t nicht längslaufend asymmetrisch sein. Da der Prozeß als lineare Funktion von normalverteilten Zufallsvariablen ausgedrückt werden kann, ist er ebenfalls normalverteilt und somit symmetrisch.[24] Eine notwendige Bedingung für eine längslaufend asymmetrische Reihe ist daher, daß die Funktion $f(\cdot)$ nichtlinear ist oder die Innovationen nicht normalverteilt sind, sondern beispielsweise einer schiefen Verteilung folgen.[25] Man unterscheidet daher zwei Unterformen von längslaufender Asymmetrie. Eine steile Zeitreihe heißt asymmetrisch vom Typ I, wenn die Asymmetrie durch eine nichtlineare Funktion $f(\cdot)$ des datenerzeugenden Prozesses bedingt ist, und sie heißt asymmetrisch vom Typ II, wenn die Asymmetrie durch nicht normalverteilte Störterme hervorgerufen wird. Beide Formen können auch zugleich auftreten.

4.2.2 Datenbasis und -eigenschaften

Die folgenden empirischen Untersuchungen verwenden vierteljährliche Arbeitslosenquoten und -zahlen von 1962:1 bis 2000:4 für Deutschland (früheres Bundesgebiet), Großbritannien und die USA. Bis auf die deutschen Zahlen, die als Rohdaten vorliegen, sind die Reihen bereits saisonbereinigt.[26] Saisonmuster in den Daten würden bei unzureichender Berücksichtigung eine in den Daten ebenfalls vorhandene strukturelle Asymmetrie größtenteils oder völlig überlagern. Die Verwendung saisonbereinigter Daten muß somit in Kauf genommen werden, auch wenn die von den Statistischen Ämtern zur Saisonbereinigung verwendeten Filter den Nachteil haben, die in den Daten vorhandene Information zu verwischen. Die für die deutschen Daten erforderliche Saisonbereinigung mit Dummyvariablen vorzunehmen scheitert daran, daß die Saisonkomponente merkliche Schwankungen im Umfang der Saisonalität aufweist, so daß stattdessen das X12-Verfahren herangezogen wird.[27] Da dieses (oder die Vorgängerversion X11) häufig auch von den Statistischen Ämtern verwendet wird, ist zumindest in dieser Hinsicht eine

[24] Wegen der Stationaritätsannahme an z_t kann im ARMA-Modell $a(L)z_t = b(L)\varepsilon_t$ das Lagpolynom $a(L)$ invertiert werden.

[25] Keine dieser Bedingungen ist indes hinreichend für längslaufende Asymmetrie, vergleiche die Beispiele in Ramsey und Rothman (1996).

[26] Die jeweiligen Datenquellen sind in Anhang A.2 angegeben. Eine Ausdehnung des Beobachtungszeitraumes weiter zurück in die Vergangenheit wird zum einen durch die Verfügbarkeit geeigneter Daten für Deutschland und Großbritannien beschränkt und liefert auch wegen der strukturellen Besonderheiten der Arbeitslosigkeit in der unmittelbaren Nachkriegszeit nur bedingt taugliche Information.

[27] Hierzu wird das in die Ökonometriesoftware EViews 4.0 integrierte Programm `X12` des Bureau of the Census verwendet. Gegenüber der bekannteren Vorgängerversion X11 erlaubt X12 zusätzliche Einstellungsoptionen für die Bereinigung und einen größeren Beobachtungshorizont.

gewisse Einheitlichkeit in den Daten gewährleistet, auch wenn die Verwendung von Daten aus einer gemeinsamen Quelle noch wünschenswerter wäre.[28]

In den Abbildungen 4.4 auf der nächsten Seite für die Quoten und 4.5 auf Seite 90 für die absoluten Zahlen sind alle untersuchten und gegebenenfalls saisonbereinigten Reihen dargestellt. Die deutschen und die britischen Daten weisen jeweils einen positiven Trend auf, der bei der Durchführung der Tests geeignet zu berücksichtigen ist.
Im folgenden bezeichnet das Kürzel ALTll die Arbeitslosenquoten (T = Q) oder die absoluten Zahlen (T = Z) von Land ll mit ll = DE für Deutschland, ll = GB für Großbritannien und ll = US für die USA.

Jeder Asymmetrietest wird sowohl auf die Arbeitslosenzahlen als auch auf die Quoten angewendet. Beide Maßgrößen liefern offenkundig identische Ergebnisse, wenn, wie in den Modellen der Kapitel 2 und 3, die Zahl der Erwerbspersonen konstant ist, doch ist diese Annahme in der Regel nicht erfüllt.[29] So können etwa Bewegungen in die und aus der Erwerbsbevölkerung vom Konjunkturzyklus abhängen, weil Angehörige der Stillen Reserve vermehrt in Aufschwüngen in den Arbeitsmarkt eintreten.[30] Außerdem können sich Umfang und Zusammensetzung der Erwerbsbevölkerung durch Bevölkerungswachstum oder -rückgang, eine vermehrte Erwerbstätigkeit von Frauen oder, insbesondere in den USA, durch Einwanderung ändern.[31] Aus diesen Gründen werden für jedes Land beide Größen verwendet. Zwar könnte alternativ auch eine von der Entwicklung der Erwerbsbevölkerung unabhängige Größe wie etwa die Zahl der Arbeitslosen bezogen auf die Personen im erwerbsfähigen Alter verwendet werden, doch ein Vorteil der Verwendung beider Größen ist, daß unterschiedliche Ergebnisse in den Asymmetrietests oder das Fehlen solcher Unterschiede auf die Ursache der Asymmetrie hinweisen. Sind nämlich Art und Umfang der Asymmetrie für beiden Reihen ähnlich, so kommt die Dynamik des Arbeitsangebotes eher nicht als Ursache in Frage, da Bewegungen in der Erwerbsbevölkerung Angebotsreaktionen sind. Eine eingehendere Untersuchung der Asymmetrie könnte sich in diesem Fall mit größerer Berechtigung auf die Arbeitsnachfrage konzentrieren.

Hinsichtlich der Datenfrequenz ist zu beachten, daß bei deren Erhöhung sowohl

[28]Die Verwendung von OECD-Daten für alle drei Länder scheitert daran, daß für Deutschland in den 90er Jahren nur gesamtdeutsche Zahlen verfügbar sind. Die für die USA verwendeten saisonbereinigten Daten des Bureau of Labor Statistics sind jedoch mit denen der OECD identisch. Insbesondere stimmen die Arbeitslosenquoten mit den standardisierten Werten der OECD überein.

[29]Zu beachten ist auch, daß sich die nationalen Definitionen der Quoten in der Bezugsgröße für die Erwerbsbevölkerung, d.h. bei der Hereinnahme von Soldaten sowie bei der Berücksichtigung von Selbständigen, unterscheiden, vergleiche Anhang A.2.

[30]Zur Bedeutung der Stillen Reserve für das Arbeitsangebot in Deutschland siehe DIW (2000).

[31]Trägt man zur Überprüfung Indizes für Arbeitslosenquoten und -zahlen gegeneinander ab, so liegt der Index für die absoluten Zahlen im allgemeinen über dem der Quoten, und dies nicht nur in den USA, sondern auch in Deutschland und Großbritannien, in denen die Bevölkerung wesentlich weniger stark gewachsen ist.

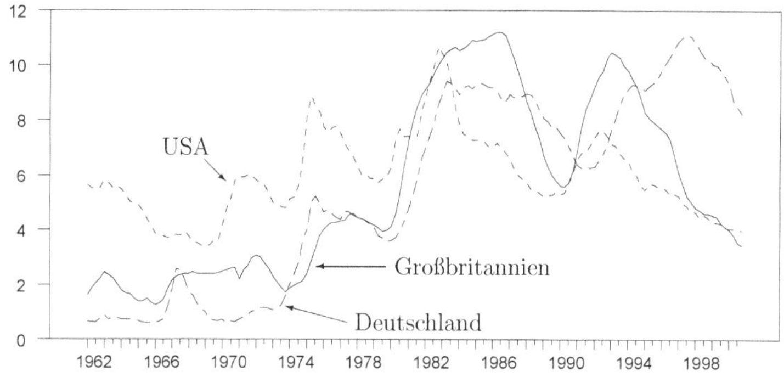

Abbildung 4.4: Arbeitslosenquoten in Deutschland, Großbritannien und den USA

die darin enthaltene Information als auch die Störeinflüsse, etwa wegen Sondereffekten oder Meßfehlern, zunehmen. Da nicht in allen Ländern genug Daten für eine Analyse mit Jahresdaten zur Verfügung stehen, die eingesetzten Tests teilweise aber sehr empfindlich auf Störeinflüsse reagieren, die naturgemäß mit der Frequenz der Daten zunehmen, werden in der nachfolgenden Analyse Quartalsdaten verwendet.

Die Überlegungen des vorangehenden Unterabschnittes und die im folgenden verwendeten Asymmetrietests setzen jeweils eine stationäre Reihe voraus. Überprüft man diese Voraussetzung über Augmented-Dickey-Fuller(ADF)-Tests der Arbeitslosendaten, so zeigt sich jedoch, daß bis auf unter Umständen die USA nicht nur die Arbeitslosenzahlen, sondern auch die Quoten $I(1)$-Prozesse sind, vergleiche die Ergebnisse in Tabelle 4.4 auf Seite 91.[32]

Zur Transformation einer möglicherweise nichtstationären Reihe x_t in eine trendbereinigte stationäre Reihe x_t^T stehen verschiedene Filter zur Verfügung, von denen die am häufigsten verwendeten die Bildung erster Differenzen, die Bereinigung um einen linearen Trend und der Hodrick-Prescott (HP) Filter sind.[33] Da die meisten der hier untersuchten Reihen einen stochastischen Trend aufweisen, der durch die Bereinigung um einen linearen Trend nicht aus den Daten entfernt

[32] Ein Random-Walk für die auf das Intervall $[0; 1]$ beschränkten Arbeitslosenquoten ist ökonomisch unsinnig, findet sich aber auch bei anderen Reihen, die aus wirtschaftstheoretischen Überlegungen eigentlich stationär sein sollten, z.B. Zinssätze. Die Nichtverwerfung der Nichtstationarität kann als Beleg gegen die Güte der Tests oder für eine lokale Nichtstationarität (oder beinahe Nichtstationarität, wobei bekannt ist, daß die Tests eine geringe Trennschärfe gegenüber stationären Reihen mit großer Persistenz haben) verstanden werden.

[33] Der HP-Filter zerlegt eine Reihe x_t additiv in eine sogenannte Trend- oder Wachstumskomponente g_t und einen zyklischen Teil c_t. Hierzu wird die Verlustfunktion $\mathcal{L} := \sum_{t=1}^{T} \left[(x_t - g_t)^2 + \lambda(\Delta^2 g_t)^2\right]$ über g_t minimiert. Der Parameter λ bestimmt den Glättungsgrad für die Trendkomponente, wobei der für Quartalsdaten übliche Wert 1.600 beträgt. Grenzfälle sind $\lambda = 0$ mit $g_t = x_t$ und $\lambda = \infty$ mit $g_t = \alpha + \beta t$, d.h. einem linearen Trend. Vergleiche Hodrick und Prescott (1997).

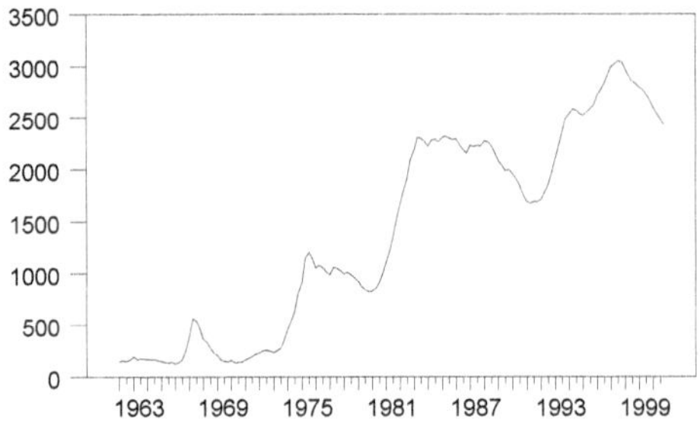

(a) Deutschland

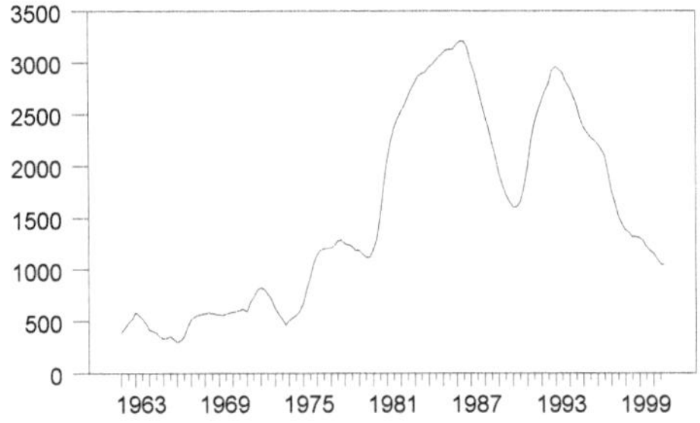

(b) Großbritannien

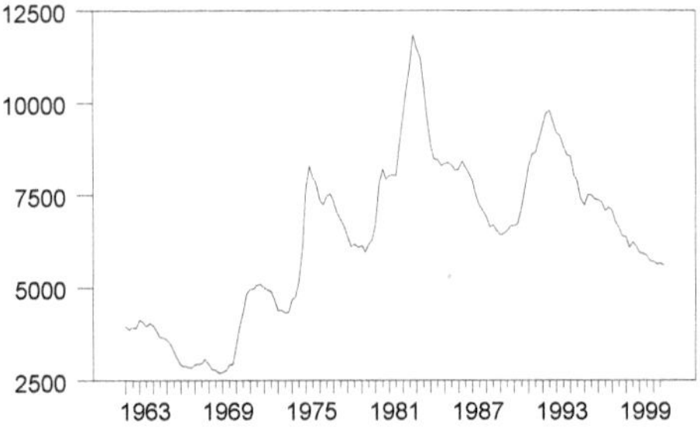

(c) USA

Abbildung 4.5: Arbeitslosenzahlen in Deutschland, Großbritannien und den USA (in Tausend)

Reihe	Spezifikation	ADF-Stat.	Kritische Werte 1%	5%	10%	Δx_t
ALQDE	Konst.+Tr.	−2,537	−4,020	−3,440	−3,144	***
	Konst.	−1,544	−3,474	−2,880	−2,577	***
ALZDE	Konst.+Tr.	−2,943	−4,022	−3,441	−3,145	***
	Konst.	−1,221	−3,475	−2,881	−2,577	***
ALQUS	Konst.+Tr.	−2,601	−4,020	−3,440	−3,144	***
	Konst.	−2,668	−3,474	−2,880	−2,577	***
ALZUS	Konst.+Tr.	−2,203	−4,020	−3,440	−3,144	***
	Konst.	−2,159	−3,474	−2,880	−2,577	***
ALQGB	Konst.+Tr.	−1,586	−4,021	−3,440	−3,144	***
	Konst.	−1,741	−3,474	−2,881	−2,577	***
ALZGB	Konst.+Tr.	−1,527	−4,021	−3,440	−3,144	***
	Konst.	−1,690	−3,474	−2,881	−2,577	***

Bemerkungen: Die Laglänge für jede Spezifikation (Konstante oder Konstante mit Trend) wurde gemäß dem Akaike-Informationskriterium (AIC) gewählt. Die in den Spalten 4–6 angegebenen kritischen Werte wurden gemäß MacKinnon (1991) berechnet. Auf die vollständige Wiedergabe der Ergebnisse für die ersten Differenzen wird verzichtet und stattdessen nur die Signifikanz angegeben. Hierbei stehen * für das 10%-, ** für das 5%- und *** für das 1%-Niveau.

Tabelle 4.4: ADF-Test der Arbeitslosendaten

wird, werden im folgenden erste Differenzen oder der HP-Filter eingesetzt. Auf die Eignung der beiden Verfahren für die einzelnen Tests wird an den jeweiligen Stellen eingegangen.

4.2.3 Neftçis Test mit Markovprozessen

Neftçi (1984) schlägt einen Test für längslaufende Asymmetrie vor, indem er diese auf die Übergangswahrscheinlichkeiten eines Markovprozesses zurückführt. Die Grundidee des Tests ist, die Länge von Zu- und Abnahmen in der Reihe zu vergleichen. Signifikante Unterschiede deuten auf das Vorliegen von Steile hin, da beispielsweise im Fall der steilen Reihe aus Abbildung 4.3 Abschwünge wesentlich länger anhalten als Aufschwünge.
Um diese Idee zu formalisieren, wird aus x_t^T, dem stationären Teil von x_t, eine Indexreihe I_t berechnet mit

$$I_t = \begin{cases} 1 & \text{falls } \Delta x_t^T \geq 0 \\ 0 & \text{sonst} \end{cases}, \tag{4.1}$$

d.h. eine Reihe, die angibt, ob x_t^T zum Zeitpunkt t ansteigt oder fällt.[34] Es wird

[34]Das Verfahren könnte auch in einen Test für querlaufende Asymmetrie abgewandelt werden,

angenommen, daß die Realisationen von I_t durch einen homogenen Markovprozeß $n$ter Ordnung beschrieben werden können, wobei n im folgenden 1 oder 2 beträgt.[35] Der Hauptgrund für die Beschränkung auf Prozesse einer Ordnung kleiner oder gleich 2 ist das Auftreten schwerwiegender Identifizierbarkeitsprobleme bei größeren Werten von n, weil die wachsende Zahl an Zuständen es immer wahrscheinlicher macht, daß für manche Zustände keine Beobachtungen existieren und daher ohne die Auferlegung zusätzlicher Restriktionen einige Modellparameter nicht geschätzt werden können.

Im folgenden wird der Test für $n = 1$ dargestellt, während sich die ganz analoge, allerdings etwas umfangreichere Herleitung für $n = 2$ im Anhang auf Seite 158 befindet. Man definiert Übergangswahrscheinlichkeiten λ_i, absolute Häufigkeiten der Zustandswechsel n_i und $\bar{n}_i$, Zustandswahrscheinlichkeiten $\pi_{i,t}$ und Steady-State Zustandswahrscheinlichkeiten π_i, $i = 0, 1$ wie folgt:[36]

$$\lambda_i := P(I_t = i | I_{t-1} = i) \tag{4.2}$$

$$n_i := \sum_{t=2}^{T} 1_{\{(I_t = i) \wedge (I_{t-1} = i)\}} \tag{4.3}$$

$$\bar{n}_i := \sum_{t=2}^{T} 1_{\{\neg (I_t = i) \wedge I_{t-1} = i\}} \tag{4.4}$$

$$\pi_{i,s} := P(I_t = i) \tag{4.5}$$

$$\pi_i := P(I_1 = i), . \tag{4.6}$$

Unter Verwendung dieser Definitionen lautet die Loglikelihoodfunktion für den Parametervektor $\boldsymbol{\lambda}^{(1)} := (\lambda_1, \lambda_0)$ gegeben die Stichprobe $I^T := (I_1, \ldots, I_T)$

$$L(\boldsymbol{\lambda}^{(1)}; I^T) = \log \pi_i(\boldsymbol{\lambda}^{(1)}) + n_1 \log \lambda_1 + \bar{n_1} \log(1 - \lambda_1) \\ + n_0 \log \lambda_0 + \bar{n_1} \log(1 - \lambda_0) \; , \tag{4.7}$$

wobei $\pi_i(\boldsymbol{\lambda}^{(1)})$ die für I^T relevante Zustandswahrscheinlichkeit ist, beispielsweise $\pi_1(\boldsymbol{\lambda}^{(1)})$ falls $I_1 = 1$. Um die Wahrscheinlichkeiten π_i, $i = 0, 1$ ebenfalls auf

---

indem stattdessen die Indexreihe

$$J_t = \begin{cases} 1 & \text{falls } x_t^T \geq \bar{x}^T \\ 0 & \text{sonst} \end{cases}$$

verwendet wird, doch wird dieser Ansatz hier nicht weiter verfolgt.

[35]Die Markoveigenschaft bedeutet, daß die Wahrscheinlichkeit, mit der I_t einen bestimmten Wert (d.h. 1 oder 0) annimmt, nur von den vergangenen n Realisationen, nicht jedoch von der weiteren Vergangenheit abhängt. Ein Markovprozeß heißt homogen, wenn diese Wahrscheinlichkeit zeitinvariant ist, vergleiche etwa Fisz (1980, S. 322–324).

[36]Der Unterschied zwischen $\pi_{i,t}$ und π_i ist, daß letztere Größe sich auf den Steady-State bezieht. Die π_i sind demnach die Wahrscheinlichkeiten der Zustände, zu denen die Ökonomie konvergiert, wenn sie ausgehend von einem beliebigen Anfangszustand keine weiteren Schocks erfährt. Mangels näherer Information nimmt man an, daß sich die Ökonomie am Beginn des Beobachtungszeitraumes im Steady State befand.

$\boldsymbol{\lambda}^{(1)} := (\lambda_1, \lambda_0)$ zurückzuführen, nutzt man die Beziehungen

$$\begin{aligned}\pi_{1,t} &= P(I_t = 1|I_{t-1} = 1)P(I_{t-1} = 1) + P(I_t = 1|I_{t-1} = 0)P(I_{t-1} = 0) \\ &= \lambda_1 \pi_{1,t-1} + (1 - \lambda_0)\pi_{0,t-1} \end{aligned} \tag{4.8}$$

und entsprechend

$$\pi_{0,t} = (1 - \lambda_1)\pi_{1,t-1} + \lambda_0 \pi_{0,t-1} \tag{4.9}$$

mit $i = 0, 1$. Im Steady-State gilt $\pi_{i,t} = \pi_i$, $i = 0, 1$, so daß (4.8) und (4.9) zu der Gleichung

$$(1 - \lambda_1)\pi_1 = (1 - \lambda_0)\pi_0 \tag{4.10}$$

zusammenfallen. Darüber hinaus muß $\pi_1 + \pi_0 = 1$ gelten, was zusammen mit (4.10) die Lösungen

$$\pi_0 = \frac{1 - \lambda_1}{2 - \lambda_0 - \lambda_1} \tag{4.11}$$

$$\pi_1 = \frac{1 - \lambda_0}{2 - \lambda_0 - \lambda_1} \tag{4.12}$$

ergibt.[37] Setzt man (4.11) und (4.12) in (4.7) ein, so kann die Loglikelihoodfunktion nach $\boldsymbol{\lambda}^{(1)}$ maximiert werden. Dies liefert geschätzte Übergangswahrscheinlichkeiten $\hat{\lambda}_1$ and $\hat{\lambda}_0$ mit den zugehörigen Standardfehlern.[38]

Auf der Basis dieser Schätzwerte (beziehungsweise $\hat{\lambda}_{11}, \hat{\lambda}_{00}, \hat{\lambda}_{10}$ und $\hat{\lambda}_{01}$ im Fall $n = 2$) wird die Ausgangsreihe x_t als längslaufend asymmetrisch bezeichnet, wenn $\hat{\lambda}_1$ und $\hat{\lambda}_0$ signifikant voneinander verschieden sind, denn dann unterscheidet sich auch die durchschnittliche Dauer eines Aufschwunges von der eines Abschwunges. Ist beispielsweise $\hat{\lambda}_1$ signifikant kleiner als $\hat{\lambda}_0$ (oder $\hat{\lambda}_{11}$ signifikant kleiner als $\hat{\lambda}_{00}$ für $n = 2$), so erfolgen Anstiege der Reihe im Mittel schneller als Rückgänge. Man beachte, daß die stilisierte Entwicklung des Matchingmodells in Abbildung 3.3 sogar $\hat{\lambda}_1 = \hat{\lambda}_{11} = 0$ oder zumindest nahe bei 0 implizieren würde. Der in diesem Modellrahmen geeignete Test für die Gleichheit von Koeffizienten ist der Likelihood-Ratio (LR) Test, und für die Hypothese $H_0 : \lambda_1 = \lambda_0$ (beziehungsweise $\lambda_{11} = \lambda_{00}$) ist die Teststatistik χ^2-verteilt mit einem Freiheitsgrad.
Mit Hilfe eines LR Tests kann auch die Ordnung des Markovprozesses getestet werden. In diesem Fall muß allerdings angenommen werden, daß die Anfangszustände, d.h. die Realisation I_1 für $n = 1$ und (I_1, I_2) für $n = 2$, deterministisch sind. Der π_i-Term fällt somit wieder aus der Loglikelihoodfunktion (4.7) und der entsprechenden Gleichung für den Prozeß zweiter Ordnung heraus, vergleiche Anderson und Goodman (1957).[39] Die Teststatistik für den Vergleich zwischen $n = 1$ und $n = 2$ ist χ^2-verteilt mit zwei Freiheitsgraden.

---

[37] Wie zu erwarten gilt $\partial\pi_1/\partial\lambda_1 > 0$ und $\partial\pi_1/\partial\lambda_0 < 0$ (entsprechend für π_0).

[38] Ohne Berücksichtigung der Anfangsbedingungen sind die Maximum-Likelihood-Schätzer einfach die jeweiligen relativen Häufigkeiten der Übergänge $\frac{n_i}{n_i + \bar{n}_i}$, $i = 0, 1$.

[39] Die Schätzwerte für die Modellparameter ändern sich durch diese Abwandlung zwar, haben aber eine vergleichbare Größenordnung wie bei Hinzunahme des π_i-Terms.

Der in einigen Reihen beobachtbare positive Trend bereitet bei der Durchführung des Tests offensichtlich Probleme. Da in einem solchen Umfeld Anstiege häufiger auftreten als Rückgänge, sind die geschätzten Werte für λ_1 und λ_{11} nach oben verzerrt. Selbst wenn demnach die wahre Beziehung in den Daten $\lambda_1 < \lambda_0$ lautete, würde die Nullhypothese der Gleichheit beider Koeffizienten zu oft angenommen. Aus diesem Grund werden alle Reihen mit dem HP Filter trendbereinigt.[40] Die Ergebnisse sowohl für $n = 1$ als auch für $n = 2$ finden sich in Tabelle 4.5 auf der nächsten Seite.
Abgesehen von drei Spezifikationen – mit einem Prozeß zweiter Ordnung bei den deutschen Arbeitslosenzahlen und Prozessen erster Ordnung bei den britischen Quoten und absoluten Zahlen – sind die Schätzwerte für λ_1 und λ_{11} immer numerisch kleiner als die für λ_0 und λ_{00}, und in allen diesen Spezifikationen ist die Differenz auch signifikant. Hingegen ist aus den drei Fällen mit umgekehrter Größenordnung nur der mit den deutschen Arbeitslosenzahlen signifikant. Dieses Resultat stimmt mit den Implikationen des Matchingmodells überein, doch sind entgegen den Modellvoraussagen $\hat{\lambda}_1$ und $\hat{\lambda}_{11}$ auch hochsignifikant von 0 verschieden.
Für alle untersuchten Zeitreihen wird die Spezifikation mit einem Prozeß erster Ordnung deutlich zugunsten eines Prozesses zweiter Ordnung verworfen, während Rothman (1991), wenn auch mit anderen Daten, zum umgekehrten Ergebnis kommt. Die Übergangswahrscheinlichkeiten in den USA sind deutlich niedriger als in Deutschland oder Großbritannien, was auf eine geringere Persistenz der jeweiligen Zustände schließen läßt. Schließlich ist noch zu beobachten, daß bis auf den anormalen Fall der deutschen Daten die Verbleibewahrscheinlichkeiten, mit anderen Worten die Wahrscheinlichkeiten, daß es bei einem Anstieg oder Rückgang bleibt, für die Zahl der Arbeitslosen höher sind als für die Quoten, d.h. die Arbeitslosenzahl reagiert etwas persistenter.

4.2.4 Schiefetest

DeLong und Summers (1986) verwenden einen etwas anderen Ansatz, um – neben weiteren Reihen wie der des Sozialprodukts – Arbeitslosendaten auf Steile zu testen. Statt die Länge von Zu- und Abnahmen einer Reihe zu vergleichen, betrachten sie die Größe der Änderungen. Der Grundgedanke des von ihnen vorgeschlagenen Tests ist, daß bei einer steilen Reihe, die beispielsweise wie die in

[40] Die Verwendung erster Differenzen zur Trendbereinigung beseitigt die angesprochene Verzerrung nicht, da bei dem in den meisten Reihen vorliegenden Aufwärtstrend die ersten Differenzen einen positiven Mittelwert haben und somit im allgemeinen weiterhin zu viele Anstiege gemessen werden.
Auch für die US-Daten, in denen ein Trend weniger stark ausgeprägt ist, erfolgt eine entsprechende Bereinigung. Eine Analyse mit den nicht trendbereinigten Daten führt indes zu qualitativ ähnlichen Ergebnissen. Auf eine Wiedergabe wird jedoch verzichtet, da bei einigen der folgenden Tests wegen der Nichtstationarität der Reihen ohnehin eine Trendbereinigung erforderlich ist.

Reihe	$n=1$			$n=2$			Modell[b]
	$\hat{\lambda}_1$	$\hat{\lambda}_0$	p-Wert[a]	$\hat{\lambda}_{11}$	$\hat{\lambda}_{00}$	p-Wert[a]	
ALQDE	0,673 (0,000)	0,768 (0,000)	***	0,768 (0,000)	0,798 (0,000)	***	***
ALZDE	0,694 (0,000)	0,784 (0,000)	***	0,813 (0,000)	0,781 (0,000)	***	***
ALQUS	0,578 (0,000)	0,670 (0,000)	***	0,549 (0,000)	0,719 (0,000)	***	***
ALZUS	0,608 (0,000)	0,693 (0,000)	***	0,571 (0,000)	0,745 (0,000)	***	***
ALQGB	0,768 (0,000)	0,764 (0,000)		0,767 (0,000)	0,795 (0,000)	***	***
ALZGB	0,808 (0,000)	0,803 (0,000)		0,791 (0,000)	0,820 (0,000)	***	***

Bemerkungen: In Klammern unter den Schätzwerten sind die jeweiligen p-Werte angegeben. Bei den folgenden beiden Tests wird Signifikanz auf dem 10%-, 5%- oder 1%-Niveau durch die üblichen Symbole *, ** und *** angegeben:

[a] Ergebnis eines LR Tests auf Symmetrie. Unter der Nullhypothese ist die Teststatistik χ^2-verteilt mit einem Freiheitsgrad.

[b] Ergebnis eines LR Tests eines Prozesses erster Ordnung gegen einen Prozeß zweiter Ordnung. Der p-Wert basiert auf Schätzungen unter Vernachlässigung der Anfangsbedingungen, vergleiche die Erläuterungen im Text. Unter der Nullhypothese ist die Teststatistik χ^2-verteilt mit zwei Freiheitsgraden.

Tabelle 4.5: Neftçis Asymmetrietest mit Markovprozessen erster und zweiter Ordnung für die Arbeitslosendaten

Abbildung 4.3 rasche Anstiege und langsamere Rückgänge aufweist, die Zuwächse pro Zeiteinheit im Mittel größer sind als die Abnahmen, dafür aber seltener auftreten. Dies bedeutet, daß die Verteilung der *Änderungen* von x_t^T rechtsschief (oder linkssteil) wie in Abbildung 4.6 ist.

Entsprechende Überlegungen für eine querlaufend asymmetrische Reihe mit hohen, aber selten auftretenden Gipfeln (vergleiche Abbildung 4.2) zeigen, daß in diesem Fall positive Abweichungen vom Mittelwert betragsmäßig größer als negative, zugleich aber seltener sind. Die Verteilung der *Niveaus* von x_t^T ist dann folglich ebenfalls rechtsschief.

Eine naheliegende Wahl für eine Teststatistik, die als Maß für die Asymmetrie der Verteilung einer Zufallsvariablen z dienen kann, ist der Schiefekoeffizient $sk(z)$. Er ist definiert als das normalisierte zentrierte dritte Moment, d.h. $sk(z) := \frac{m_3(z)}{(\sigma(z))^3}$, wobei $m_3(z)$ und $\sigma(z)$ jeweils das zentrierte dritte Moment $E\left[(z - E(z))^3\right]$ und die Standardabweichung von z bezeichnen. Offensichtlich gilt $sk(z) = 0$, wenn die Verteilung von z symmetrisch ist.
Zum Testen der Hypothesen $sk(x_t^T) = 0$ und $sk(\Delta x_t^T) = 0$ werden die jeweiligen Standardabweichungen der zuvor geschätzten Schiefekoeffizienten $\widehat{sk}(\cdot)$ benötigt. Liegt eine Stichprobe der Größe T eines stationären i.i.d.-Prozesses vor, so be-

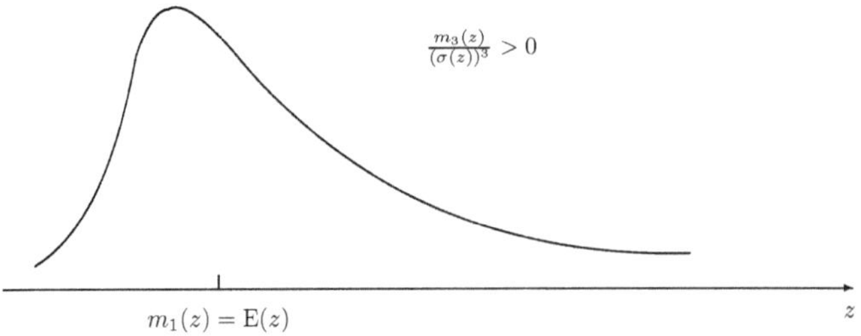

Abbildung 4.6: Dichtefunktion einer Zufallsvariablen z mit einer rechtsschiefen Verteilung

trägt die Varianz der Schiefe $\frac{6}{T}$, siehe etwa Kendall und Stuart (1969, S. 243). Aufgrund der merklichen seriellen Korrelation der hier betrachteten Reihen sind die Voraussetzungen zur Anwendung dieser Formel jedoch nicht erfüllt, so daß die Standardabweichung auf anderem Wege ermittelt werden muß. Im folgenden werden drei unterschiedliche, mit *ARMA*, *ARMABT* und *BT* bezeichnete Methoden eingesetzt, um eine höhere Robustheit der Ergebnisse zu gewährleisten und zugleich Hinweise auf die Form der Asymmetrie (Typ I, d.h. Asymmetrie durch einen nichtlinearen datenerzeugenden Prozeß oder Typ II, d.h. Asymmetrie durch nicht normalverteilte Störterme) zu erhalten.

Für die ersten beiden Verfahren wird für jede trendbereinigte Reihe ein ARMA-Modell ermittelt.[41] Im Anschluß wird dieses Modell simuliert, wobei sich die Verfahren *ARMA* und *ARMABT* in der Wahl der Innovationen unterscheiden. Während bei der Variante *ARMA* über einen Zufallsgenerator generierte normalverteilte Störterme mit der geschätzten Varianz der Residuen verwendet werden, kommen beim Verfahren *ARMABT* die gebootstrapten Residuen des ARMA-Modells der Ausgangsreihe zum Einsatz. Aus den geschätzten Schiefekoeffizienten der simulierten Reihen kann dann jeweils ein Schätzwert für die Standardabweichung des Schiefekoeffizienten der Ausgangsreihe ermittelt werden. Die unterschiedliche Wahl der Innovationen erlaubt einen Rückschluß auf die Asymmetrieform, denn wenn Asymmetrie vom Typ II vorliegt, sollten Reihen, die mit den in diesem Fall nicht normalverteilten Residuen generierten werden, ähnliche Schiefekoeffizienten wie die Ausgangsreihe aufweisen. Der Schiefekoeffizient wäre dann nur auf der Grundlage der *ARMA*-, nicht jedoch der *ARMABT*-Standardabweichung signifikant von 0 verschieden. Liegt hingegen Asymmetrie vom Typ I vor, so sollten beide Verfahren einen ähnlichen Schätzwert für den Schiefekoeffizienten liefern und dieser signifikant von 0 verschieden sein.

[41] Von den möglichen Spezifikationen findet in Anlehnung an das Box-Jenkins Verfahren diejenige Verwendung, bei der, gegeben daß die Residuen noch frei von serieller Korrelation sind, das AIC minimal ist. Die gewählten Spezifikationen sind im Anhang in Tabelle C.1 aufgeführt.

BT schließlich ist ein Bootstrapverfahren, d.h. man erzeugt durch Ziehen mit Zurücklegen aus der Ausgangsreihe neue, künstliche Reihen, deren Schiefekoeffizient wiederum die Berechnung eines Schätzwertes $\hat{\sigma}\left(\widehat{sk}(\cdot)\right)$ für $\sigma\left(\widehat{sk}(\cdot)\right)$ ermöglichen. Die Anzahl der Simulationsschritte beziehungsweise Ziehungen beträgt bei allen drei Verfahren 1000.

Das Matchingmodell impliziert $sk(\Delta x_t^T) > 0$. Da der Schiefekoeffizient aus *zentrierten* Momenten berechnet wird, sollte eine in den Daten enthaltene Driftkomponente keinen signifikanten Einfluß auf das Testergebnis haben. Folglich sind sowohl die gewöhnlichen ersten Differenzen Δx_t als auch Δx_t^T, die ersten Differenzen der trendbereinigten Reihe, eine zulässige Ausgangsbasis für den Test. Die geschätzten Schiefekoeffizienten nebst p-Werten für die beiden Varianten der ersten Differenzen sind in den Tabellen 4.6 (für Δx_t) und 4.7 (für Δx_t^T) wiedergegeben. Alle Schätzwerte haben das erwartete positive Vorzeichen und sind auf der Basis der simulationsbasierten p-Werte meist und mit den auf Bootstrap basierenden p-Werten sogar stets signifikant von 0 verschieden. Im Vergleich der beiden auf der Simulation von ARMA-Modellen basierenden Verfahren sind die p_{ARMABT}-Werte stets etwas größer. Doch um dies als Indiz für das Vorliegen von Asymmetrie des Typs 2 deuten zu können, ist der Unterschied zu schwach. Die Wahl von Δx_t gegenüber Δx_t^T hat keinen systematischen Einfluß auf die Schätzwerte, doch ergeben sich für Δx_t durchweg etwas niedrigere p-Werte.
Insgesamt bestätigt daher der Schiefetest die Ergebnisse des vorangehenden Unterabschnittes. Betrachtet man die Größe der Koeffizienten und ihre Signifikanz, so ist die Steile in den USA stärker ausgeprägt als in den beiden anderen Ländern. Dies weist, ebenso wie die kleineren Übergangswahrscheinlichkeiten im vorangehenden Unterabschnitt, auf eine schnellere Reaktion der Arbeitslosigkeit hin. Zwischen absoluten Zahlen und Quoten sind keine systematischen Unterschiede zu erkennen.

Tabelle 4.8 auf der nächsten Seite gibt den geschätzten Schiefekoeffizienten für x_t^T, die saison- und trendbereinigten Niveaus, an. Eine plausible Hypothese über das Vorliegen querlaufender Asymmetrie in Arbeitslosendaten ist, daß die Arbeitslosigkeit in Rezessionen besonders stark ansteigt und daher die geschätzte Schiefe ebenfalls signifikant positiv sein sollte, aber dieses Ergebnis findet sich nur in den USA. Die Schätzwerte für Deutschland sind nicht signifikant von 0 verschieden, und die britischen Daten lassen sogar auf das umgekehrte Ergebnis, daß die Arbeitslosigkeit während eines Aufschwunges besonders stark zurückgeht, schließen.[42]

Zusammenfassend bleibt festzuhalten, daß sich mit dem Schiefetest deutliche Belege für längslaufende Asymmetrie finden und somit die Resultate aus dem vor-

[42] Betrachtet man die Graphen der britischen Arbeitslosendaten in den Abbildungen 4.4 und 4.5, so kommt als mögliche Erklärung für dieses Resultat der deutliche Rückgang der Arbeitslosigkeit in der zweiten Hälfte der 80er Jahre in Frage. Es ist anzunehmen, daß diese starke, negative Abweichung vom geschätzten Trend die Verteilung von x_t^T dominiert.

Reihe	Δx_t			
	$\widehat{sk}(\cdot)$	p_{ARMA}	p_{ARMABT}	p_{BT}
ALQDE	0,767	0,005	0,016	0,000
ALZDE	0,880	0,001	0,034	0,000
ALQUS	1,594	0,000	0,000	0,002
ALZUS	1,303	0,000	0,000	0,002
ALQGB	0,596	0,050	0,175	0,006
ALZGB	0,559	0,098	0,120	0,006

Bemerkungen: Die unterschiedlichen p-Werte zu H_0 : $sk(\cdot) = 0$ in den Spalten 3–5 beziehen sich auf die im Text genannten Verfahren zur Bestimmung von $\hat{\sigma}\left(\widehat{sk}(\cdot)\right)$.

Tabelle 4.6: Schiefetest für die ersten Differenzen der Arbeitslosendaten (ohne vorherige Trendbereinigung)

Reihe	Δx_t^T			
	$\widehat{sk}(\cdot)$	p_{ARMA}	p_{ARMABT}	p_{BT}
ALQDE	0,814	0,001	0,007	0,004
ALZDE	0,887	0,000	0,007	0,001
ALQUS	1,397	0,000	0,000	0,021
ALZUS	1,087	0,000	0,000	0,026
ALQGB	0,676	0,014	0,119	0,002
ALZGB	0,741	0,006	0,015	0,001

Bemerkungen: Die unterschiedlichen p-Werte zu H_0 : $sk(\cdot) = 0$ in den Spalten 3–5 beziehen sich auf die im Text genannten Verfahren zur Bestimmung von $\hat{\sigma}\left(\widehat{sk}(\cdot)\right)$.

Tabelle 4.7: Schiefetest für die ersten Differenzen der Arbeitslosendaten (mit vorheriger Trendbereinigung)

Reihe	x_t^T			
	$\widehat{sk}(\cdot)$	p_{ARMA}	p_{ARMABT}	p_{BT}
ALQDE	0,061	0,861	0,874	0,714
ALZDE	0,015	0,958	0,962	0,925
ALQUS	0,816	0,005	0,000	0,000
ALZUS	0,904	0,004	0,012	0,000
ALQGB	−0,816	0,025	0,061	0,000
ALZGB	−0,834	0,013	0,015	0,000

Bemerkungen: Die unterschiedlichen p-Werte zu H_0 : $sk(\cdot) = 0$ in den Spalten 3–5 beziehen sich auf die im Text genannten Verfahren zur Bestimmung von $\hat{\sigma}\left(\widehat{sk}(\cdot)\right)$.

Tabelle 4.8: Schiefetest für die Niveaus der Arbeitslosendaten angehenden Unterabschnitt bestätigt werden. Die Ergebnisse zu querlaufender Asymmetrie sind hingegen von Land zu Land verschieden und insgesamt eher uneinheitlich.

4.2.5 Zeitumkehrtest

Der Zeitumkehrtest wurde von Ramsey und Rothman (1996) vorgeschlagen. Wie der Begriff „Zeitumkehr" bereits suggeriert, dient dieses Verfahren zur Überprüfung eines Asymmetriemusters entlang der Zeitachse. Zur Illustration wird noch einmal auf die Abbildungen 4.2 und 4.3 mit Beispielen von quer- und längslaufend asymmetrischen Zeitreihen zurückgegriffen. Wie in Unterabschnitt 4.2.1 bereits ausgeführt, ist die erste Reihe achsensymmetrisch bezüglich einer Spiegelachse, die orthogonal zur Zeitachse steht (und entweder einen Gipfelpunkt oder eine Talsohle schneidet). Eine Umkehr der Zeitachse würde demnach die dynamischen Eigenschaften der Reihe nicht verändern, d.h. die Reihe sieht vorwärts und rückwärts betrachtet gleich aus. Diese Eigenschaft weist die steile Reihe der zweiten Abbildung nicht auf, denn eine Umkehrung der Zeitachse würde zu einer Reihe mit langsamen Anstiegen und raschen Rückgängen (statt rascher Anstiege und langsamer Rückgänge in der Ausgangsreihe) führen. In diesem Sinn ist die querlaufend asymmetrische Reihe zeitumkehrbar, die längslaufend asymmetrische hingegen nicht. Das im folgenden vorgestellte, von Ramsey und Rothman (1996) vorgeschlagene Verfahren überprüft die Nullhypothese der Zeitumkehrbarkeit und ist daher ein Test für längslaufende Asymmetrie. Es läßt sich indes zeigen, daß der Zeitumkehrtest auch zur Überprüfung querlaufender Asymmetrie herangezogen werden kann, indem man ihn auf die ersten Differenzen der Reihe anwendet.

Die folgende Definition nach Ramsey und Rothman (1996, Definition 1) präzisiert das bisher nur heuristisch vorgestellte Konzept der Zeitumkehrbarkeit:

Definition 1. *Ein stochastischer Prozeß z_t heißt zeitumkehrbar, wenn für jede natürliche Zahl n, jedes $t_1, t_2, \ldots, t_n \in \mathbb{R}$ und alle $m \in \mathbb{N}$ die Vektoren $(z_{t_1}, z_{t_2}, \ldots, z_{t_n})$ und $(z_{-t_1+m}, z_{-t_2+m}, \ldots, z_{-t_n+m})$ dieselbe gemeinsame Verteilung besitzen.*

Ein i.i.d.-Prozeß ist gemäß dieser Definition offensichtlich zeitumkehrbar. Man kann darüber hinaus zeigen, daß Zeitumkehrbarkeit Stationarität impliziert, während die Umkehrung nicht gilt. Um eine gehaltvolle Aussage treffen zu könne, muß die betrachtete Reihe demnach stationär sein.
Zur Durchführung des Tests wird ein leichter handhab- und überprüfbares Kriterium für Zeitumkehrbarkeit benötigt. Der folgende Satz gibt eine entsprechende notwendige Bedingung an.

Satz. *Sei z_t ein stationärer Prozeß mit Erwartungswert 0 und sei die gemeinsame Verteilung von (z_t, z_{t-k}) und (z_{t-k}, z_t) eindeutig durch die Momente und Kreuzmomente von z_t und z_{t-k} bestimmt. Unter diesen Annahmen ist z_t dann* *zeitumkehrbar, wenn*

$$E(z_t^i z_{t-k}^j) = E(z_t^j z_{t-k}^i) \qquad (4.13)$$

$$\Leftrightarrow \quad \gamma_{i,j} := E(z_t^i z_{t-k}^j) - E(z_t^j z_{t-k}^i) = 0 \qquad (4.14)$$

$\forall\ i,j,k \in \mathbb{N}$ *gilt.*

Bei der empirischen Umsetzung ist es unmöglich, alle möglichen Kombinationen von i, j und k zu betrachten. Daher wird eine noch engere Definition von Zeitumkehrbarkeit benötigt, und zwar wie folgt:

Definition 2. *Ein stationärer Prozeß mit Erwartungswert 0 heißt zeitumkehrbar der Ordnung m und vom Grade K, wenn Bedingung (4.13) für alle $i, j, k \in \mathbb{N}$ mit $i + j \leq m$ und $k \leq K$ gilt.*

Ramsey und Rothman (1996) merken an, daß ein Wert von $m = 3$ im allgemeinen ausreicht, um Zeitnichtumkehrbarkeit nachzuweisen.[43] Ein geeigneter Schätzer für γ_{ij} aus (4.14) im Falle $i = 2$ und $j = 1$ ist

$$\begin{aligned}\hat{\gamma}_{21}(k) &:= \frac{1}{T-k} \sum_{t=k+1}^{T} (z_t^2 z_{t-k} - z_t z_{t-k}^2) \\ &= \frac{1}{T-k} \sum_{t=k+1}^{T} z_t z_{t-k}(z_t - z_{t-k}) , \qquad (4.15)\end{aligned}$$

d.h. die entsprechende Funktion für endliche Stichproben. Da (4.13) notwendig für die Zeitumkehrbarkeit einer Reihe ist, sollte $\hat{\gamma}_{21}(k)\ \forall\ k \leq K$ nicht signifikant von 0 verschieden sein, d.h. ist die Bedingung für ein k nicht erfüllt, so ist dies hinreichend für Zeitnichtumkehrbarkeit. Darüber hinaus enthält das Vorzeichen von $\hat{\gamma}_{21}(k)$ auch Informationen über das Aussehen der betrachteten Reihe. Durch Simulationen kann gezeigt werden, daß ein Muster mit langsamen Anstiegen und schnellen Rückgängen zu positiven Schätzwerten $\hat{\gamma}_{21}(k)$ für kleine Werte von k führt, während ein Verlauf wie in Abbildung 4.3 negative Schätzwerte $\hat{\gamma}_{21}(k)$ für kleine Werte von k nach sich zieht.

Wie oben bereits kurz angesprochen, ist eine querlaufend asymmetrische Reihe zeitumkehrbar, so daß die Schätzwerte $\hat{\gamma}_{21}(k)$ nicht signifikant von 0 verschieden sein sollten. Die Ableitung einer solchen Reihe nach der Zeit weist indes Steile auf. Insbesondere hat eine Reihe mit hohen Gipfeln wie in Abbildung 4.2 eine Ableitung mit langsamen Anstiegen und schnellen Rückgängen, so daß die Schätzwerte $\hat{\gamma}_{21}(k)$ der ersten Differenzen (als Näherung für die Ableitung nach der Zeit) gemäß dem eben Gesagten positiv sein sollten. Umgekehrtes gilt für eine Reihe mit tiefen Tälern, d.h. in diesem Fall sind die $\hat{\gamma}_{21}(k)$ der ersten Differenzen für kleine k

[43] Auf geeignete Werte für K wird weiter unten eingegangen. Der Wert $m = 3$ ist der kleinstmögliche, denn für $m = 2$ entspricht $E(z_t^i z_{t-k}^j)$ der Kovarianzfunktion. Da diese symmetrisch ist, ist (4.13) stets erfüllt.

negativ. Zusammenfassend gilt also für eine beliebige stationäre Reihe z_t, daß die Anwendung des Zeitumkehrtests auf die Niveaus zur Überprüfung längslaufender Asymmetrie dient, während auf querlaufende Asymmetrie durch die Analyse der ersten Differenzen getestet werden kann.[44]

Um aus den Schätzwerten $\hat{\gamma}_{21}(k)$ statistische Schlüsse ziehen zu können, werden deren Standardabweichungen benötigt. Ein expliziter Ausdruck für die Varianz existiert, falls der untersuchte Prozeß z_t unabhängig identisch verteilt mit Mittelwert 0 ist und endliche vierte Momente besitzt. Mit m_4, m_3 und σ^2 als den vierten und dritten Momenten sowie der Varianz von z_t gilt für die Varianz von $\hat{\gamma}_{21}(k)$ die Beziehung

$$\operatorname{var}(\hat{\gamma}_{21}(k)) = \frac{2}{T-k}\left(m_4\sigma^2 - m_3^2 - \frac{T-2k}{T-k}\sigma^6\right), \tag{4.16}$$

siehe Ramsey und Rothman (1996, Theorem 2). In der empirischen Umsetzung können die theoretischen Momente durch die empirischen ersetzt werden, aber zumindest für die Arbeitslosenzahlen selbst ist, ähnlich wie bereits beim Schiefetest, die Formel wegen der Verletzung der i.i.d.-Annahme nicht anwendbar. Aus diesem Grund wird für jede trend- und saisonbereinigte Reihe ein geeignetes ARMA-Modell mit normalverteilten Innovationen simuliert, wobei dieselben ARMA-Spezifikationen wie im vorangehenden Unterabschnitt 4.2.4 verwendet werden. Aus den $\hat{\gamma}_{21}(k)$-Schätzwerten jeder dieser simulierten Reihen kann dann ein Schätzwert für die Standardabweichung der $\hat{\gamma}_{21}(k)$ der Ausgangsreihe ermittelt werden.

Je größer die Zahl der Lags k ist, für die der Test durchgeführt wird, desto wahrscheinlicher ist es, einzelne signifikante Teststatistiken, definiert als $\widehat{tr}(k) := \hat{\gamma}_{21}(k)/\sqrt{\widehat{\operatorname{var}}(\hat{\gamma}_{21}(k))}$, zu erhalten, selbst wenn die Nullhypothese von Zeitumkehrbarkeit und mithin Symmetrie wahr ist. Zwar ist ein echter Test für die gemeinsame Signifikanz der Koeffizienten nicht verfügbar, aber im folgenden wird zur groben Orientierung als Alternativstatistik der p-max Wert, d.h. der p-Wert der größten Teststatistik $\widehat{tr}(k)$, wiedergegeben.[45] Diese Kennzahl gibt die Wahrscheinlichkeit an, beim Zeitumkehrtest eine Teststatistik zu erhalten, die betragsmäßig größer ist als der größte der K Schätzwerte $|\widehat{tr}(k)|$ der untersuchten Ausgangsreihe. Der p-max Wert nimmt üblicherweise mit der Zahl der betrachteten Lags zu und ist daher ein ungefähres Maß für die gemeinsame Signifikanz der einzelnen $\hat{\gamma}_{21}(k)$.[46]

---

[44] Insofern ist das Verfahren genau umgekehrt wie beim Schiefetest im vorangehenden Abschnitt, bei dem zum Testen auf Steile die ersten Differenzen und auf Tiefe die Niveaus untersucht werden.

[45] Vergleiche Ramsey und Rothman (1996) oder Richardson (1993).

[46] Der p-max Wert ist gleichsam ein Nebenprodukt der Simulationen, nämlich die relative Häufigkeit der Fälle, in denen die vom Betrage her größte Teststatistik einer simulierten Reihe größer ist als die betragsmäßig größte Teststatistik der Ausgangsreihe.

Wenn die Nullhypothese von Zeitumkehrbarkeit für die betrachtete Reihe verworfen wird, so erlaubt der Zeitumkehrtest ebenso wie der Schiefetest auch Rückschlüsse auf die zugrundeliegende Form längslaufender Asymmetrie. Um zwischen Asymmetrietyp I und II zu unterscheiden, schlagen Ramsey und Rothman (1996) vor, den Test auf die Residuen des ARMA-Modells anzuwenden. Kann die Nullhypothese von Zeitumkehrbarkeit für die Residuen *nicht* verworfen werden, dann beruht die Asymmetrie in der Ausgangsreihe auf nicht normalverteilten Innovationen, denn unter der Annahme, daß das ARMA-Modell korrekt spezifiziert ist, sind die Störterme i.i.d. und damit, wie zu Anfang dieses Unterabschnittes ausgeführt, auch zeitumkehrbar. Sind hingegen die Residuen ebenfalls nicht zeitumkehrbar, so liegt längslaufende Asymmetrie vom Typ I vor.[47]
Eine weitere Möglichkeit zur Unterscheidung der Asymmetrieformen besteht darin, wie bei der Bestimmung der Standardabweichung des Schiefetests das ARMA-Modell nicht mit normalverteilten Störtermen, sondern mit den gebootstrapten Residuen zu simulieren. Weist der Test nur mit normalverteilten Störtermen als Innovationen, nicht jedoch mit den gebootstrapten Residuen auf Asymmetrie hin, so deutet dies auf den Asymmetrietyp II hin. Da a priori nicht ersichtlich ist, ob eine Vorgehensweise die andere dominiert, werden im folgenden beide eingesetzt.

In der empirischen Implementierung des Tests wird die maximale Laglänge einmal auf 8 und dann auf 12 gesetzt. Diese Wahl ist ein Kompromiß zwischen der Güte des Tests und den verfügbaren Freiheitsgraden auf der einen und der Mindestzeitspanne, die erforderlich ist, um Konjunkturphänomene zu erfassen, auf der anderen Seite. Da der Test eine stationäre Reihe voraussetzt, wird er auf die trendbereinigten Reihen x_t^T angewendet. Im Unterschied zu Ramsey und Rothman (1996) erfolgt für die Untersuchung der Niveaus die Trendbereinigung mit dem HP Filter, da die von Ramsey und Rothman stattdessen verwendete Differenzenbildung keine Aussagen mehr über längslaufende Asymmetrie in der Ausgangsreihe, sondern lediglich über querlaufende Asymmetrie erlaubt. Der Test auf Tiefe basiert auf Δx_t^T, den ersten Differenzen der trendbereinigten Reihe x_t.

Tabelle 4.9 auf der nächsten Seite gibt die Ergebnisse für die trendbereinigten Niveaus wieder, wobei zur Unterscheidung des Asymmetrietyps das ARMA-Modell sowohl mit normalverteilten Störtermen als auch über die Bootstrapvariante simuliert wird. Die jeweiligen Ergebnisse sind in der oberen und der unteren Tabellenhälfte wiedergegeben. Ergänzende Ergebnisse mit dem Test für die Residuen finden sich aus Gründen der Übersichtlichkeit in Tabelle C.2 auf Seite 164 im Anhang. Die Teststatistiken $\widehat{tr}(k)$ wurden für die Lags 1 bis 12 berechnet, doch sind aus Platzgründen nur die Resultate bis zu Lag 8 ausgewiesen. Die p-max

[47]Das von Ramsey und Rothman (1996, S. 12) vorgeschlagene Verfahren zur Ermittlung des Asymmetrietyps wird hier angewandt, obwohl die Autoren nur recht vage ausführen, warum man im Fall von Typ-I-Asymmetrie nicht zeitumkehrbare Residuen finden sollte. Eine intuitive Erklärung wäre, daß durch eine nichtlineare Funktion bedingte Asymmetrie über die lineare Spezifikation des ARMA-Modells nicht erklärt werden kann und somit in den Residuen enthalten ist.

	Zeitumkehrtest für x_t^T mit $k =$								p-max Wert[a]	
Reihe	1	2	3	4	5	6	7	8	$k \leq 8$	$k \leq 12$
ALQDE	−1,483	−2,043	−2,210	−2,063	−1,896	−1,848	−1,905	−1,868	0,074	0,151
ALZDE	−1,189	−1,757	−1,922	−1,888	−1,776	−1,734	−1,765	−1,715	0,092	0,147
ALQUS	−2,861	−3,904	−2,938	−2,289	−2,001	−1,673	−1,310	−0,917	0,147	0,221
ALZUS	−2,022	−2,898	−2,123	−1,542	−1,293	−1,011	−0,788	−0,580	0,405	0,485
ALQGB	−0,448	−1,711	−2,414	−2,372	−2,126	−1,880	−1,695	−1,580	0,103	0,178
ALZGB	−0,432	−1,548	−2,139	−2,092	−1,892	−1,703	−1,565	−1,477	0,124	0,232

	Zeitumkehrtest für x_t^T (Bootstrap-Variante) mit $k =$								p-max Wert[a]	
Reihe	1	2	3	4	5	6	7	8	$k \leq 8$	$k \leq 12$
ALQDE	−1,371	−1,880	−2,071	−2,004	−1,889	−1,860	−1,912	−1,855	0,061	0,164
ALZDE	−1,269	−1,628	−1,713	−1,706	−1,616	−1,589	−1,627	−1,587	0,093	0,176
ALQUS	−2,757	−3,690	−2,804	−2,119	−1,770	−1,423	−1,092	−0,768	0,200	0,241
ALZUS	−1,593	−2,415	−1,877	−1,390	−1,173	−0,916	−0,703	−0,509	0,418	0,484
ALQGB	−0,487	−1,589	−2,033	−2,010	−1,844	−1,671	−1,549	−1,486	0,114	0,194
ALZGB	−0,493	−1,767	−2,347	−2,229	−1,994	−1,786	−1,628	−1,519	0,105	0,234

Bemerkungen: Der obere Tabellenteil gibt die Ergebnisse für die bereinigten Niveaus auf der Basis normalverteilter Innovationen für die simulierten ARMA-Modelle wieder, der untere die Ergebnisse unter Verwendung gebootstrapter Residuen.

[a] Der p-max Wert ist ein grobes Maß für die gemeinsame Signifikanz der Einzelstatistiken, zur Konstruktion vergleiche den Text.

Tabelle 4.9: Zeitumkehrtest für die Niveaus der Arbeitslosendaten (längslaufende Asymmetrie)

Werte hingegen sind sowohl für 8 als auch für 12 Lags angegeben.

Tabelle 4.10 auf der nächsten Seite faßt die Ergebnisse des gleichen Tests für die ersten Differenzen, d.h. des Tests auf querlaufende Asymmetrie, zusammen. Die untere Tabellenhälfte bezieht sich wie bei den Niveaus auf das Bootstrapverfahren, und ergänzende Ergebnisse mit dem Test für die Residuen finden sich wiederum im Anhang in Tabelle C.3 auf Seite 165.

Die Ergebnisse in der Tabelle 4.9 bestätigen weitgehend die des auf Markovprozessen basierenden Tests und des Schiefetests mit den ersten Differenzen. Schiefe in der in Abbildung 4.6 dargestellten Form, wie sie sich auch aus dem Matchingmodell des Kapitels 3 ergibt, impliziert, wie bereits erwähnt, $\hat{\gamma}_{21}(k) < 0$ für die ersten Lags. In der Tat sind bei allen betrachteten Reihen die Schätzwerte $\widehat{tr}(k)$ numerisch negativ, und bei jeder der Reihen sind auch eine oder mehrere der Teststatistiken mindestens marginal signifikant. Die p-max Werte sind indes bei den US-Daten insignifikant, obwohl gerade bei diesen Reihen die Einzelstatistiken für kleine k hochsignifikant sind. Die Variante mit den Bootstrap-Residuen führt ähnlich wie beim Schiefetest zu durchweg etwas niedrigeren Signifikanzniveaus, doch kann dies bestenfalls als Indiz dafür gewertet werden, daß der Asymmetrietyp II auch eine gewisse Rolle spielen mag. Beim Zeitumkehrtest für die Residuen sind die Einzelteststatistiken nur selten signifikant, doch weisen die p-max Werte gleichwohl auf eine deutliche Verwerfung der Symmetriehypothese hin, vergleiche Tabelle C.2 auf Seite 164. Insofern finden sich bei diesem Vorgehen stärkere Belege für Asymmetrietyp II.
Bei einem Vergleich der Ergebnisse für Arbeitslosenquoten und -zahlen fällt noch auf, daß mit Ausnahme der britischen Reihen in der Bootstrapvariante die Teststatistiken für die Quoten stets betragsmäßig größer sind als für die absoluten Zahlen, und entsprechend sind die p-Werte bei den Quoten fast immer niedriger. Die Asymmetrie scheint demnach in den Arbeitslosenquoten etwas stärker ausgeprägt zu sein.

Die Ergebnisse für die ersten Differenzen in Tabelle 4.10 weisen sowohl in den USA als auch in Deutschland und in geringerem Maß in Großbritannien auf querlaufende Asymmetrie hin. Ein Muster mit hohen Gipfeln, d.h. einem besonders stark ausgeprägten Anstieg der Arbeitslosigkeit während einer Rezession, das sich in positiven Schätzwerten $\hat{\gamma}_{21}(k)$ für kleine Lags k niederschlagen sollte, findet sich signifikant für die USA und, im Gegensatz zum Schiefetest (vergleiche Tabelle 4.8), auch für Deutschland. Die negativen Schätzwerte bei den britischen Reihen lassen eher auf das umgekehrte Muster schließen. Wie bereits im Zusammenhang mit dem Schiefetest ausgeführt (vergleiche Fußnote 42), kann dies indes auch durch den starken vorübergehenden Rückgang der Arbeitslosigkeit in der zweiten Hälfte der 80er Jahre bedingt sein.
Der untere Teil der Tabelle mit den Ergebnissen der Bootstrapvariante läßt einen stärkeren Rückgang der Signifikanzniveaus erkennen, so daß für die beobachtete querlaufende Asymmetrie nicht normalverteilte, beispielsweise rechtsschiefe

Reihe	Zeitumkehrtest für Δx_t^T mit $k =$ 1	2	3	4	5	6	7	8	p-max Wert[a] $k \leq 8$	$k \leq 12$
ALQDE	2,507	5,777	5,041	3,188	2,715	1,592	1,123	0,615	0,010	0,014
ALZDE	2,497	5,148	4,937	2,720	2,454	1,840	1,405	0,747	0,008	0,008
ALQUS	2,889	4,491	3,185	3,571	2,840	0,305	0,186	−0,548	0,008	0,007
ALZUS	2,448	3,762	3,030	3,029	3,006	0,858	1,059	0,150	0,017	0,024
ALQGB	−3,035	−0,607	−1,856	−1,545	−1,647	−2,055	−2,310	−2,357	0,046	0,088
ALZGB	−0,630	−0,393	−1,042	−1,188	−1,493	−1,816	−1,855	−1,948	0,077	0,142
	Zeitumkehrtest für Δx_t^T (Bootstrap-Variante) mit $k =$ 1	2	3	4	5	6	7	8	$k \leq 8$	$k \leq 12$
ALQDE	1,560	4,463	4,379	2,889	2,331	1,319	0,973	0,586	0,030	0,041
ALZDE	1,352	3,968	4,077	2,306	1,873	1,465	1,134	0,611	0,061	0,081
ALQUS	1,672	3,575	2,678	2,659	2,055	0,246	0,151	−0,436	0,070	0,075
ALZUS	1,655	3,407	2,766	2,586	2,522	0,743	0,898	0,123	0,065	0,086
ALQGB	−1,081	−0,337	−1,296	−1,153	−1,238	−1,588	−1,820	−1,873	0,102	0,152
ALZGB	−0,548	−0,361	−1,003	−1,135	−1,448	−1,811	−1,883	−2,051	0,078	0,133

Bemerkungen: Der obere Tabellenteil gibt die Ergebnisse für die bereinigten ersten Differenzen auf der Basis normalverteilter Innovationen für die simulierten ARMA-Modelle wieder, der untere die Ergebnisse unter Verwendung gebootstrapter Residuen.

[a] Der p-max Wert ist ein grobes Maß für die gemeinsame Signifikanz der Einzelstatistiken, zur Konstruktion vergleiche den Text.

Tabelle 4.10: Zeitumkehrtest für die ersten Differenzen der Arbeitslosendaten (querlaufende Asymmetrie)

Schocks eine größere Rolle spielen könnten (Typ II). Diesen Eindruck bestätigt der Zeitumkehrtest für die Residuen in Tabelle C.3, bei dem bis auf die britischen Arbeitslosenzahlen sowohl signifikante Einzelstatistiken als auch die kleinen p-Werte auf Asymmetrie in den Innovationen schließen lassen.

Anzumerken ist schließlich noch, daß sich weder beim Test auf längslaufende Asymmetrie noch bei dem auf querlaufende Asymmetrie systematische Unterschiede zwischen Arbeitslosenquoten und -zahlen finden.

4.2.6 Zusammenfassung zu den Asymmetrietests

Die in diesem Abschnitt vorgestellten nichtstrukturellen Tests liefern recht eindeutige und konsistente Belege für Steile in den deutschen, britischen und US-amerikanischen Arbeitslosendaten. Das Muster eines raschem Anstieg verbunden mit einem vergleichsweise langsamen Rückgang der Arbeitslosigkeit paßt sowohl zu den Implikationen des Matchingmodells aus Abschnitt 3.4 als auch zu denen eines Arbeitsnachfragemodells mit asymmetrischen Anpassungskosten, wenn die Einstellungskosten relativ höher sind als die Entlassungskosten.
Darüber hinaus gibt es für die USA Hinweise auf relativ ausgeprägte Anstiege der Arbeitslosigkeit in Rezessionen, während sich für dieses Muster in Deutschland und Großbritannien uneinheitliche, vom Testverfahren abhängige Ergebnisse finden.

Die Resultate unterscheiden sich im allgemeinen nur geringfügig zwischen Arbeitslosenquoten und -zahlen. Dies deutet darauf hin, daß die beobachtete Asymmetrie weniger von der Entwicklung des Arbeitsangebotes oder Bewegungen in die und aus der Stillen Reserve, sondern eher vom Matchingprozeß oder der Arbeitsnachfrage herrührt. Der folgende Abschnitt ist daher einer eingehenderen Analyse der Arbeitsnachfrage am Beispiel des verarbeitenden Gewerbes in Deutschland gewidmet.

4.3 Asymmetrische Beschäftigungsdynamik in Deutschland

4.3.1 Motivation und Ergebnisse bisheriger Studien

Nachdem die vorangehenden Asymmetrietests mit Arbeitslosendaten Indizien für das Vorliegen von Asymmetrie geliefert haben, soll nun versucht werden, eine differenziertere Analyse mit Hilfe der in Kapitel 2 vorgestellten strukturellen Modelle durchzuführen. Insbesondere ist dabei auch eine Unterscheidung nach Qualifikationsniveaus möglich, die an die Ergebnisse der in Abschnitt 4.1 angeführten Mikrostudie von Schmidt (1999) anknüpft. Vor der eigentlichen Analyse werden die

Ergebnisse bisheriger, auf der in Kapitel 2 vorgestellten Methodologie fußender Studien vorgestellt. Die Mehrzahl dieser Arbeiten verwendet aggregierte Daten des verarbeitenden Gewerbes, da für diesen Wirtschaftszweig sowohl der Umfang der verfügbaren Daten am größten als auch ihre Qualität am besten ist.

Vor dem Hintergrund der Ergebnisse aus Kapitel 3 sei allerdings noch einmal darauf hingewiesen, daß mit den Verfahren aus Kapitel 2 empirisch ermittelte symmetrische oder asymmetrische Anpassungskosten auch auf andere Mechanismen wie eben den Matchingprozeß zurückzuführen sein können, während die eigentlichen Kostenkomponenten (Anzeigen, Abfindungen etc.) eine vergleichsweise symmetrische Struktur haben mögen. In einem solchen Fall messen Anpassungskostenmodelle, die von einem kompetitiven Markt ausgehen und die Kostenstruktur nur indirekt aus dem beobachteten Beschäftigungsverlauf ableiten, zumindest teilweise auch die am Markt vorliegenden Friktionen.[48] Für die Fragestellung dieser Arbeit ist diese Problematik jedoch unschädlich, da es weniger um die Ermittlung der „wahren" Kostenstruktur als vielmehr um die Charakterisierung der Beschäftigungsdynamik geht.

Im Anschluß an diesen Literaturüberblick werden in den Unterabschnitten 4.3.2–4.3.4 die verwendeten Daten kurz dargestellt, die Asymmetrietests aus Abschnitt 4.2 darauf angewendet und schließlich das bereits in Abschnitt 2.3 vorgestellte asymmetrische Fehlerkorrekturmodell geschätzt.[49]

Auch wenn Modelle mit symmetrischen Anpassungskosten per Definition keine Aussagen über Form und Ausmaß eines asymmetrischen Beschäftigungsverlaufes erlauben, so lassen sich doch Schlüsse über die Höhe der Anpassungskosten bei unterschiedlich qualifizierten Beschäftigten und im Verhältnis zu anderen Faktoren ziehen. Fast alle Studien, die sowohl den Arbeitseinsatz (gemessen als die Beschäftigtenzahl oder die geleisteten Arbeitsstunden) als auch den Kapitalstock als endogen modellieren, kommen zu dem Ergebnis, daß die Anpassungskosten für den Faktor Arbeit niedriger sind als beim Kapitalstock.[50] Sofern zwischen Angestellten („white collar worker") und Arbeitern („blue collar worker") unterschieden wird, sind die Anpassungkosten bei den letztgenannten wesentlich niedriger bis nicht vorhanden.[51] Interpretiert man den Beschäftigungsstatus „Arbeiter" oder „Angestellter" als grobe Näherung für das Qualifikationsniveau, so nehmen demnach, im Einklang mit den Ergebnissen direkter Messungen, die Anpassungskosten mit der Qualifikation zu.

Pfann und Koautoren führen eine Reihe von Studien mit der asymmetrischen

[48]Vergleiche auch Hamermesh und Pfann (1996, S. 1286).

[49]Einen hervorragenden Überblick zur sehr umfangreichen empirischen Anpassungskostenliteratur bis Anfang der 90er Jahre liefert Hamermesh (1993, Kapitel 7).

[50]Siehe beispielsweise Nadiri und Rosen (1969), Epstein und Denny (1983) und Pindyck und Rotemberg (1983) für die USA oder den Überblick in Hamermesh (1993, Kapitel 7).

[51]Z.B. Shapiro (1986) für die USA, Palm und Pfann (1990) für die Niederlande oder Kölling (1998, S. 175 ff.) für Westdeutschland.

Kostenfunktion (2.6) durch, angewendet auf aggregierte niederländische und britische Daten des jeweiligen verarbeitenden Gewerbes. Palm und Pfann (1997) zeigen, daß in den Niederlanden sowohl bei den Beschäftigten als auch beim Kapitalstock die Reduzierung der Faktornachfrage relativ höhere Kosten verursacht, die Beschäftigung also den umgekehrten Verlauf wie aus dem Matchingmodell zu erwarten aufweist. Pfann (1996) zufolge gilt in Großbritannien dieses Asymmetriemuster hingegen nur für den Kapitalstock, während bei den Beschäftigten die Einstellungskosten höher zu sein scheinen. Hinsichtlich des Asymmetrietyps kommen Palm und Pfann (1997) zu dem Ergebnis, daß die beobachtete Asymmetrie zu einem nicht unerheblichen Teil struktureller Natur ist und nicht von asymmetrischen Schocks herrührt.[52] Bei heterogenen Arbeitnehmern und prädeterminiertem Kapitalstock (Palm und Pfann (1993)) sind unter Arbeitern die Entlassungs- und unter Angestellten die Einstellungskosten relativ höher.
Auf der Basis der britischen Daten, aber mit Hilfe eines asymmetrischen Fehlerkorrekturmodells liefern Escribano und Pfann (1998) Indizien für das Vorliegen asymmetrischer Anpassungskosten in Großbritannien der Art, daß ein Beschäftigtenüberschuß schneller abgebaut wird als ein Defizit und bestätigen damit das Resultat von Pfann (1996) über relativ höhere Einstellungskosten.

Eine Reihe von Untersuchungen mit Mikrodaten kommt zu unterschiedlichen Ergebnissen. Chang und Stefanou (1988) finden in einer Studie mit Paneldaten aus dem Agrarsektor relativ höhere Einstellungskosten, ebenso wie Pfann und Verspagen (1989) mit Paneldaten aus dem niederländischen verarbeitenden Gewerbe. In der Studie von Jaramillo et al. (1993) mit Paneldaten des italienischen verarbeitenden Gewerbes sind die Entlassungskosten relativ größer.[53] Zum gleichen Ergebnis kommt Kölling (1998, S. 149 ff.) mit Paneldaten westdeutscher Betriebe.[54]

Die bisherigen Studien zeigen demnach das Potential von Anpassungskostenmodellen zum Nachweis asymmetrischer Effekte, auch wenn sich das festgestellte Asymmetriemuster zwischen den betrachteten Ökonomien und Wirtschaftszweigen unterscheidet.

Wie in Kapitel 2 aufgezeigt, setzt die Identifizierung der Anpassungskostenstruktur hinreichend disaggregierte Daten voraus, und zwar sowohl in sachlicher (d.h. bezüglich der Einheit, die die Beschäftigungsentscheidung fällt, z.B. der Betrieb) als auch in zeitlicher Hinsicht. Benötigt würden demnach monatliche oder zumindest vierteljährliche Mikrodaten, die zugleich über einen hinreichend langen Zeitraum zurückreichen. Solche Daten sind jedoch bisher weder für Deutschland

[52] In der in Abschnitt 4.2 eingeführten Terminologie liegt also Asymmetrie vom Typ I vor.
[53] Für die Einstellungskosten ergeben sich hingegen negative Werte.
[54] Die Studie zeigt ferner für den Fall symmetrischer Kosten, daß sich bei einer Aufspaltung der Beschäftigtenzahl in unterschiedliche Qualifikationsniveaus höhere Anpassungsgeschwindigkeiten ergeben als unter der Annahme einer homogenen Beschäftigung und weist damit auf ein weiteres Aggregationsproblem (neben der Aggregation über Betriebe und über die Zeit) hin.

noch für andere Ökonomien verfügbar.
Während die Studie von Kölling (1998) die Bestimmung der Anpassungskostenstruktur in Deutschland mit Mikrodaten angeht, für die nur einige jährliche Beobachtungen aus den 90er Jahren verfügbar sind, greift die vorliegende Arbeit auf aggregierte Zahlen zurück, die über einen längeren Zeitraum und als Monatsdaten vorliegen. Für die Verwendung von Monats- gegenüber Quartalsdaten spricht, daß Einstellungs- und Entlassungsentscheidungen eher in Intervallen von Monaten als Quartalen gefällt werden dürften. Ferner sind verglichen mit den Asymmetrietests aus dem vorangehenden Abschnitt die im folgenden verwendeten Fehlerkorrekturmodelle weniger empfindlich gegenüber dem in Monatsdaten höheren Anteil an Störeinflüssen.

Die Daten sowie die mit ihnen verbundenen Probleme werden im folgenden Unterabschnitt erläutert. Einschränkend ist zu berücksichtigen, daß der Anteil der im verarbeitenden Gewerbe Erwerbstätigen an der Gesamtbeschäftigung in den vergangenen Jahrzehnten kontinuierlich abgenommen hat und es sich auch nicht um eine repräsentative Stichprobe aller Beschäftigten handelt, da beispielsweise der gewerkschaftliche Organisationsgrad und die Reichweite von Tarifverträgen höher sind als im Dienstleistungsgewerbe.[55]

4.3.2 Datenbasis

Datenquellen

Alle Daten für das verarbeitende Gewerbe stammen vom statistischen Bundesamt, die genauen Quellen sind in Anhang A.3 auf Seite 144 angegeben. Die verwendeten Monatsdaten beinhalten die jeweiligen Zahlen von Arbeitern und Angestellten, die Summen von Lohn und Gehalt, die Zahl der Betriebe und schließlich den Gesamtumsatz, jeweils für das verarbeitende Gewerbe im früheren Bundesgebiet von 1977 bis 1994.[56] Vor 1977 erfolgte die Datenerhebung nach einem anderen Klassifikationsschema, doch hat das Statistische Bundesamt für die Jahre 1970–1976 die genannte Reihen bis auf die Lohn- und Gehaltszahlen zurückgerechnet. Die beiden letztgenannten Reihen hingegen liegen nicht einzeln, sondern nur zusammengefaßt als „Lohn- und Gehaltssumme" vor. Um dennoch bis 1970 zurückreichende separate Reihen für Lohn- und Gehaltssummen zu erhalten, wird die Summenreihe aufgespalten, wobei als Gewichte die Lohn- und Gehaltszahlungen

[55]Beispielsweise betrug im Jahr 1998 der Organisationsgrad bei den Beschäftigten aller Wirtschaftszweige 30,6%, im verarbeitenden Gewerbe (einschließlich Energie- und Wasserversorgung) hingegen 45,5% (*Quelle*: Statistisches Jahrbuch 2001 für die Bundesrepublik Deutschland, eigene Berechnungen).

[56]Die ebenfalls verfügbaren geleisteten Arbeitsstunden werden wegen der unterschiedlichen Anpassungskostenstruktur bei der Zahl der Beschäftigten und deren Nutzungsintensität nicht verwendet.

im verarbeitenden Gewerbe von 1970–1976 aufgrund des früheren Klassifikationsschemas dienen.[57] Zu beachten ist schließlich noch, daß der Schwellenwert der erfaßten Betriebe im Jahr 1977 von 10 auf 20 angehoben wurde, doch da gleichzeitig Handwerksbetriebe in die Erfassung neu mit aufgenommen wurden, geht die Zahl der Betriebe und der Arbeitnehmer ab 1977 nicht zwingend zurück.

In den Lohn- und Gehaltszahlen sind neben der normalen Vergütung auch Gratifikationen, nicht jedoch der Arbeitgeberbeitrag zur Sozialversicherung enthalten. Alle Vergütungsreihen werden vor der eigentlichen Analyse durch die Zahl der jeweiligen Arbeitnehmer dividiert, um Pro-Kopf Größen zu erhalten.
Die Umsatzzahlen schließlich basieren auf Rechnungswerten ohne die geleistete Mehrwertsteuer. Da es sich um nicht saisonbereinigte Rohdaten handelt, weisen die Lohn- und Gehaltszahlen einen ausgeprägten Anstieg im vierten Quartal auf, der wohl auf Sonderzahlungen (Weihnachtsgeld oder ähnliches) zurückzuführen sein dürfte, zumal die entsprechenden Beschäftigtenzahlen nicht so stark schwanken. Da das Saisonmuster über die Zeit nicht konstant und somit in den Regressionen nur unzureichend über Dummyvariablen zu erfassen ist, werden vor der eigentlichen Analyse alle Reihen mit dem X12-Verfahren (multiplikativ) saisonbereinigt.

Für den Kapitalstock werden Zahlen zum Bruttoanlagevermögen herangezogen, die allerdings nur als Jahreszahlen von 1960–1995 (mit dem Bestand jeweils zu Anfang des Jahres) verfügbar sind. Für die nachfolgenden Analysen mit den höherfrequenten Beschäftigtendaten wird der Kapitalstock daher linear interpoliert. Theoretisch ist dieses Vorgehen wenig befriedigend, doch ist, wie in Abschnitt 2.3 bereits ausgeführt, zu beachten, daß die korrekte Messung des technisch verfügbaren Kapitalstocks generell wesentlich schwieriger ist als die Erfassung der Zahl der Beschäftigten, so daß in einigen Studien als grobe Approximation sogar ein linearer Trend angenommen wird. Vor dem Hintergrund dieser Probleme wird in den nachfolgenden Regressionsanalysen der Kapitalstock meist als prädetermniert angenommen.

Zur Preisbereinigung von Löhnen, Gehältern, Umsatz und Kapitalstock wird der „Index der Erzeugerpreise gewerblicher Produkte“ mit der Basisperiode 1976:01 verwendet. Die Jahresdaten werden ebenso wie der Kapitalstock linear interpoliert.

Dateneigenschaften

Die saison- und gegebenenfalls preisbereinigten Reihen sind in Abbildung 4.7 auf der nächsten Seite wiedergegeben. Zur Abkürzung der Notation werden für die weitere Analyse die einzelnen Reihen wie folgt benannt: L_t steht für die Zahl aller Beschäftigten, d.h. Arbeiter und Angestellte, L_t^g für die Zahl der Arbeiter und

[57] Zur Umstellung vergleiche Heppt (1979).

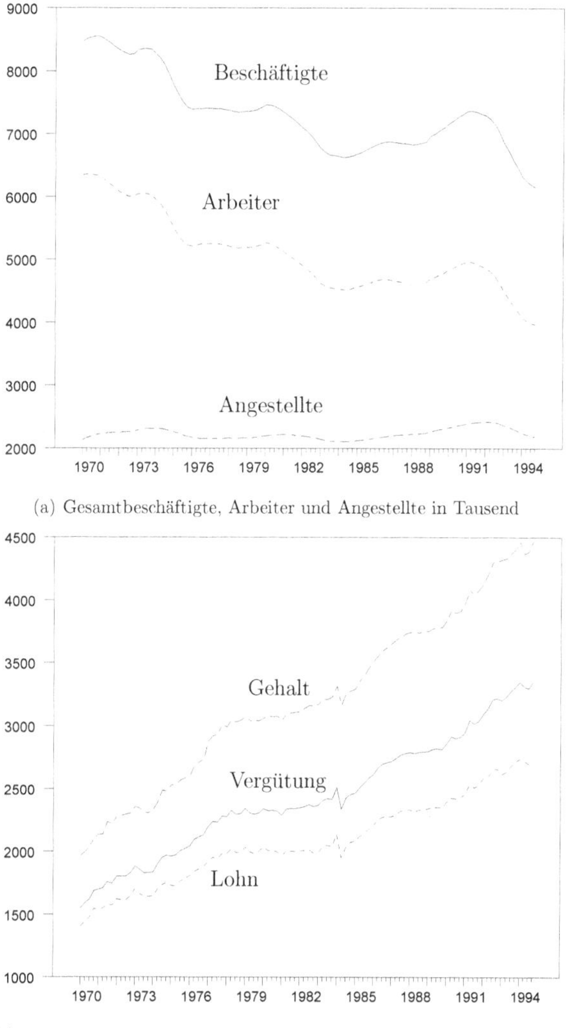

(a) Gesamtbeschäftigte, Arbeiter und Angestellte in Tausend

(b) Vergütung, Lohn und Gehalt in Preisen von 1976 (jeweils pro Kopf)

Abbildung 4.7: Reihen zum verarbeitenden Gewerbe in Deutschland, 1970–1994

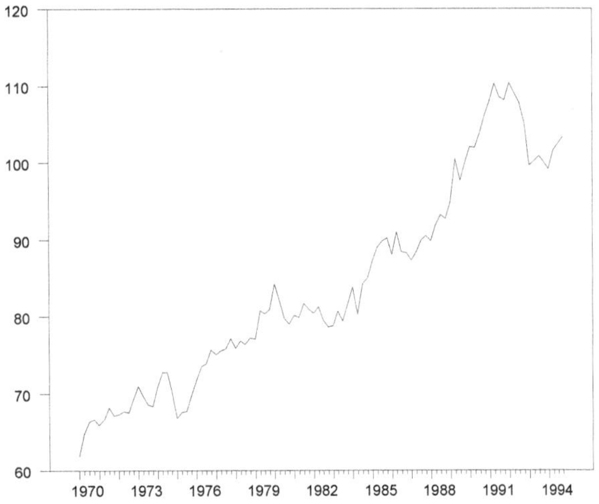

(d) Umsatz in Mrd. DM, in Preisen von 1976

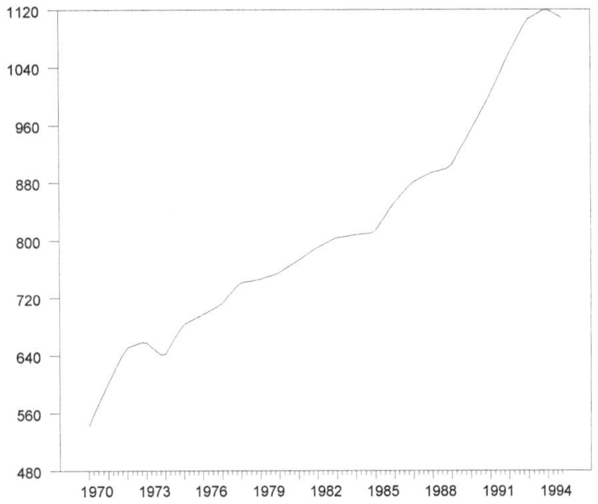

(e) Bruttokapitalstock in Mrd. DM, in Preisen von 1976

Abb. 4.7 (Forts.): Reihen zum verarbeitenden Gewerbe in Deutschland, 1970–1994

L_t^q für die Zahl der Angestellten; entsprechend bezeichnen W_t die Vergütung, W_t^g den Lohn und W_t^q das Gehalt, jeweils als Pro-Kopf-Größe; Y_t schließlich steht für den Umsatz und K_t für den Kapitalstock.

Die im folgenden nicht weiter verwendete Zahl der Betriebe weist im Jahr 1989 einen deutlichen Sprung auf, der darauf zurückführen ist, daß Betriebe, die bei der Betriebsstättenzählung im Jahr 1987 als berichtspflichtig ermittelt wurden, bisher aber nicht in der Statistik erfaßt waren, nun hinzugekommen sind. Da es sich ganz überwiegend um kleinere Betriebe, die an der Grenze zur Berichtspflicht liegen, handeln dürfte, findet sich in den übrigen Reihen kein merklicher Sprung. Gleichwohl wird in den nachfolgenden Regressionen eine Dummyvariable für diesen Zeitpunkt aufgenommen.
Bei der Zahl der Angestellten (und damit auch bei den Beschäftigten) findet sich im Jahr 1977 ein Sprung nach unten, der wohl mit der oben erwähnten Erhöhung des Schwellenwertes für die Mitarbeiterzahl der erfaßten Betriebe zusammenhängt. Eine den eigentlichen Schätzungen vorausgehende Bereinigung in einer Regression mit Konstante, linearem Trend und Niveaudummy führt zu einem noch größeren Strukturbruch in den Residuen. Da die zur Kointegrationsanalyse nach dem Johansenverfahren verwendeten Software CATS in RATS eine Aufnahme des Dummies in die Kointegrationsbeziehung nicht unterstützt, wird der Sprung vorab manuell beseitigt. Der in allen Vergütungsreihen zu beobachtende Zacken zu Beginn des Jahres 1984 ist aller Wahrscheinlichkeit nach auf einen Arbeitskampf im verarbeitenden Gewerbe zurückzuführen, bei dem es im Gegensatz zu späteren Auseinandersetzungen nicht nur zu Streiks, sondern auch zu Aussperrungen kam.[58]
Abbildung 4.7(b) zeigt außerdem, daß das Gehalt deutlich höher ist als der Lohn, so daß die Unterteilung der Beschäftigten in Arbeiter und Angestellte zumindest näherungsweise auch unterschiedlich hohe Qualifikationen erfaßt.

Je nach zugrundeliegendem Modell und hierbei insbesondere der unterstellten Produktionsfunktion werden für die Schätzung der Fehlerkorrekturmodelle die gewöhnlichen oder die logarithmierten Niveaus benötigt, wobei zur Unterscheidung Logarithmen mit Kleinbuchstaben bezeichnet werden. Im folgenden werden daher für beide Varianten Einheitswurzeltests durchgeführt.

Tabelle 4.11 auf der nächsten Seite gibt die Ergebnisse des ADF-Tests für die logarithmierten Niveaus der Daten wieder und zeigt, daß alle Daten eine Einheitswurzel aufweisen. Je nach zugrundeliegender Spezifikation könnte die Zahl der Angestellten sogar $I(2)$ sein, doch weist die Reihe verglichen mit den Arbeitern einen eher schwachen Trend auf, und auch die übrige Literatur findet für Beschäftigtenzahlen so gut wie nie einen Integrationsgrad größer als 1. Der Kapitalstock hingegen ist möglicherweise trendstationär.
Untersucht man die nichtlogarithmierten Niveaus, so ergeben sich qualitativ die

[58] Von der Aussperrung waren damals rund 170.000 Arbeitnehmer betroffen.

Reihe	Spezifikation	ADF-Stat.	Kritische Werte 1%	5%	10%	Δx_t
l	Konst.+Tr.	−4,110	−3,993	−3,427	−3,136	*
	Konst.	−2,470	−3,454	−2,872	−2,572	**
l^g	Konst.+Tr.	−2,325	−3,994	−3,427	−3,136	***
	Konst.	−0,995	−3,455	−2,872	−2,572	***
l^q	Konst.+Tr.	−3,952	−3,993	−3,427	−3,136	–
	Konst.	−3,607	−3,454	−2,872	−2,572	***
w	Konst.+Tr	−2,220	−3,994	−3,427	−3,137	***
	Konst.	−0,771	−3,455	−2,872	−2,572	***
w^g	Konst.+Tr	−2,081	−3,994	−3,427	−3,137	***
	Konst.	−0,763	−3,455	−2,872	−2,572	**
w^q	Konst.+Tr	−2,763	−3,993	−3,426	−3,136	***
	Konst.	−1,937	−3,454	−2,871	−2,572	***
y	Konst.+Tr	−3,164	−3,993	−3,427	−3,136	***
	Konst.	−0,770	−3,455	−2,872	−2,572	***
k	Konst.+Tr	−3,563	−3,992	−3,426	−3,136	**
	Konst.	−0,723	−3,454	−2,871	−2,572	***

Bemerkungen: Die Laglänge für jede Spezifikation (Konstante oder Konstante mit Trend) wurde gemäß dem Akaike-Informationskriterium (AIC) gewählt. Die in den Spalten 4–6 angegebenen kritischen Werte wurden gemäß MacKinnon (1991) berechnet. Auf die vollständige Wiedergabe der Ergebnisse für die ersten Differenzen wird verzichtet und stattdessen nur die Signifikanz angegeben. Hierbei stehen * für das 10%-, ** für das 5%- und *** für das 1%-Niveau.

Tabelle 4.11: ADF-Test für die logarithmierten Daten des verarbeitenden Gewerbes.

gleichen Ergebnisse mit dem Unterschied, daß die Angestelltenzahl nun eindeutig $I(1)$ und der Kapitalstock möglicherweise $I(2)$ ist.[59] Für die weitere Analyse wird daher angenommen, daß alle Reihen $I(1)$-Prozesse sind.

4.3.3 Asymmetrietests für die Arbeitnehmerreihen

Um einen ersten Eindruck von der in den Beschäftigungsdaten enthaltenen Asymmetrie zu erhalten, werden vor der Kointegrationsanalyse und der Schätzung von Fehlerkorrekturmodellen die in Abschnitt 4.2 vorgestellten Tests auf Asymmetrie für die verschiedenen Arbeitnehmerreihen durchgeführt. Zwar wurden die Tests schon auf die Arbeitslosenzahlen angewendet, doch für eine zusätzliche Analyse der Beschäftigtenzahlen des verarbeitenden Gewerbes spricht, daß im Falle der Bejahung von Asymmetrie eventuell unterschiedliche Ergebnisse aus der Schätzung der Fehlerkorrekturmodelle nicht auf strukturelle Besonderheiten der Beschäftigtenzahlen zurückgeführt werden können.
Da, wie bereits an früherer Stelle ausgeführt, die Tests empfindlich auf Störeinflüsse bei höherfrequenten Daten reagieren, werden die drei zu untersuchenden Reihen $x_t = L_t, L_t^g$ und L_t^q zu Quartalsdaten aggregiert und je nach Testverfahren noch über den HP-Filter trendbereinigt (angezeigt durch das Superskript T). Dies gewährleiste darüber hinaus eine bessere Vergleichbarkeit mit der Analyse der Arbeitslosendaten.

Bei der Interpretation der Ergebnisse ist zu beachten, daß wegen der Untersuchung von Beschäftigungs- statt Arbeitslosigkeitsreihen nun das umgekehrte Asymmetriemuster zu erwarten ist, wenn die Dynamik durch das Matchingmodell oder ein Modell mit relativ bedeutsameren Einstellungskosten korrekt beschrieben wird. Im Fall von Steile müßte demnach beim Asymmetrietest mit Markovprozessen $\hat{\lambda}_1 > \hat{\lambda}_0$ (beziehungsweise $\hat{\lambda}_{11} > \hat{\lambda}_{00}$ bei $n = 2$) gelten, beim Schiefetest $sk(\Delta x_t^T) < 0$ und beim Zeitumkehrtest $\hat{\gamma}_{21}(k) > 0$ für x_t^T und kleine Werte von k. Sofern Tiefe in der Form ausgeprägter Beschäftigungsrückgänge vorliegt, sollte dies zu $sk(x_t^T) < 0$ beim Schiefetest und zu $\hat{\gamma}_{21}(k) < 0$ für Δx_t^T und kleine Werte von k führen. Das Hauptaugenmerk liegt jedoch auf dem Vorliegen von Steile, zumal die im vorangehenden Abschnitt 4.2 untersuchten deutschen Arbeitslosendaten nicht ganz eindeutige Hinweise auf das Vorliegen von Tiefe geliefert haben.

Tabelle 4.12 auf der nächsten Seite gibt die Ergebnisse für Neftçis Asymmetrietest mit Markovprozessen wieder. Der gegenüber der Asymmetrieanalyse um ein gutes Drittel verkürzte Beobachtungshorizont (von 1962:1–2000:4 auf 1970:1–1994:4) führt dazu, daß bei den Reihen L^g und L^q für einzelne Zustände eines zweistufigen Markovprozesses keine Realisationen vorliegen und die zugehörigen Übergangswahrscheinlichkeiten folglich nicht identifiziert sind. In den Fällen, in denen die Übergangswahrscheinlichkeiten geschätzt werden können, wird die Symme-

[59] Die zugehörigen Teststatistiken finden sich in Tabelle C.4 auf Seite 166 im Anhang.

Reihe	$n=1$			$n=2$			Modell[b]
	$\hat{\lambda}_1$	$\hat{\lambda}_0$	p-Wert[a]	$\hat{\lambda}_{11}$	$\hat{\lambda}_{00}$	p-Wert[a]	
L	0.853 (0.000)	0.818 (0.000)	***	0.871 (0.000)	0.860 (0.000)	0.152	***
L^g	0.892 (0.000)	0.861 (0.000)	***	–	–	–	–
L^q	0.895 (0.000)	0.880 (0.000)	**	–	–	–	–

Bemerkungen: In Klammern unter den Schätzwerten sind die jeweiligen p-Werte angegeben. Bei den folgenden beiden Tests wird Signifikanz auf dem 10%-, 5%- oder 1%-Niveau durch die üblichen Symbole *, ** und *** angegeben:

[a] Ergebnis eines LR Tests auf Symmetrie. Unter der Nullhypothese ist die Teststatistik χ^2-verteilt mit einem Freiheitsgrad.

[b] Ergebnis eines LR Tests eines Prozesses erster Ordnung gegen einen Prozeß zweiter Ordnung. Der p-Wert basiert auf Schätzungen unter Vernachlässigung der Anfangsbedingungen, vergleiche die Erläuterungen im Text auf Seite 93. Unter der Nullhypothese ist die Teststatistik χ^2-verteilt mit zwei Freiheitsgraden.

Tabelle 4.12: Neftçis Asymmetrietest mit Markovprozessen erster und zweiter Ordnung für Beschäftigte, Arbeiter und Angestellte

triehypothese bis auf den Fall $n = 2$ bei der Gesamtbeschäftigtenzahl L_t zugunsten des erwarteten asymmetrischen Verlaufes mit relativ länger anhaltenden Beschäftigungsanstiegen verworfen, wobei die Asymmetrie bei den Angestellten am schwächsten ausgeprägt zu sein scheint.

Die Ergebnisse des Schiefetests in Tabelle 4.13 auf der nächsten Seite bestätigen dieses Bild. Bei den ersten Differenzen sind alle geschätzten Schiefewerte negativ, doch nur bei den Gesamtbeschäftigten und den Arbeitern sind die Schätzwerte signifikant oder marginal signifikant. Die Schiefewerte für die Niveaus sind zwar numerisch positiv, aber unabhängig vom Verfahren zur Berechnung der Standardabweichung auf keinem Niveau signifikant von 0 verschieden.

Der Zeitumkehrtest für die Niveaus liefert qualitativ ähnliche Ergebnisse, doch die Teststatistiken in Tabelle 4.14 auf Seite 118 lassen nicht den Schluß zu, daß die Asymmetrie bei den Angestellten schwächer ausgeprägt oder nicht vorhanden ist. Zwar haben die t-Werte für $k = 1, 2$ das falsche Vorzeichen, doch ab $k = 5$ sind die $\hat{\gamma}_{21}(k)$ signifikant positiv und die zugehörigen t-Werte sogar größer als bei den Arbeitern. Über das Bootstrapverfahren erhält man fast die gleichen Resultate, und die Teststatistiken bei den Residuen sind fast ausnahmslos insignifikant, was auf Asymmetrie vom Typ I (nichtlineare Struktur statt asymmetrischer Schocks) hinweist.
Der Zeitumkehrtest, angewendet auf die ersten Differenzen, führt für die ersten Lags überall zu negativen Teststatistiken. Bei den Beschäftigten und den Arbeitern sind diese teilweise signifikant, während die p-max Statistik nicht auf Asym-

Reihe	Δx_t			
	$\widehat{sk}(\cdot)$	p_{ARMA}	p_{ARMABT}	p_{BT}
L	−0,683	0,073	0,109	0,000
L^g	−0,674	0,086	0,095	0,000
L^q	−0,534	0,202	0,221	0,011
Reihe	Δx_t^T			
	$\widehat{sk}(\cdot)$	p_{ARMA}	p_{ARMABT}	p_{BT}
L	−0,513	0,086	0,108	0,011
L^g	−0,520	0,070	0,061	0,016
L^q	−0,369	0,311	0,353	0,143
Reihe	x_t^T			
	$\widehat{sk}(\cdot)$	p_{ARMA}	p_{ARMABT}	p_{BT}
L	0,199	0,567	0,562	0,151
L^g	0,145	0,686	0,685	0,300
L^q	0,036	0,930	0,931	0,835

Bemerkungen: Die unterschiedlichen p-Werte zu $H_0 : sk(\cdot) = 0$ in den Spalten 3–5 beziehen sich auf die im Text auf Seite 96 genannten Verfahren zur Bestimmung von $\hat{\sigma}\left(\widehat{sk}(\cdot)\right)$.

Tabelle 4.13: Schiefetests für Beschäftigte, Arbeiter und Angestellte

metrie hinweist. Somit ergeben sich gewisse Belege für querlaufende Asymmetrie in der Form ausgeprägter Beschäftigungsrückgänge bei den Angestellten.[60]

Zusammenfassend läßt sich demnach feststellen, daß sich trotz der etwas uneinheitlichen Resultate bei den Angestellten der bei den Arbeitslosendaten festgestellte asymmetrische Verlauf auch in den Beschäftigtendaten des verarbeitenden Gewerbes findet. Auch wenn die Asymmetrie insgesamt etwas schwächer als bei den Arbeitslosenquoten ausgeprägt ist, ist eine strukturellere Analyse gleichwohl gerechtfertigt.

4.3.4 Schätzung asymmetrischer Fehlerkorrekturmodelle

Wie bei den Asymmetrietests erfolgt die Analyse sowohl für die Gesamtbeschäftigten als auch aufgegliedert in Arbeiter und Angestellte, doch im Gegensatz zu vorher ist nun ein Test der Unterschiede zwischen den beiden Gruppen möglich. Bereits in Kapitel 2 wurde für den Fall homogener Arbeitnehmer erläutert, daß die Langfristbeziehung zwischen der Zahl der Beschäftigten und den übrigen Va-

[60] Allerdings findet sich bei den Gesamtbeschäftigten und Arbeitern das widersprüchliche Resultat, daß trotz symmetrischer erster Differenzen die Residuen Asymmetrie aufweisen, vergleiche die (marginal) signifikanten p-Werte.

Reihe	Zeitumkehrtest für x_t^T mit $k =$ 1	2	3	4	5	6	7	8	p-max Wert[a] $k \leq 8$	$k \leq 12$
L	−0,133	0,322	1,070	1,428	1,593	1,635	1,626	1,582	0,100	0,183
L^g	0,058	0,765	1,534	1,806	1,911	1,927	1,909	1,866	0,059	0,105
L^q	−1,057	−0,784	0,440	1,722	2,401	2,620	2,599	2,475	0,031	0,099
	Zeitumkehrtest für die Residuen von x_t^T mit $k =$ 1	2	3	4	5	6	7	8		
L	2,143	0,967	0,244	0,725	−0,632	−0,247	0,878	0,811	0,144	0,229
L^g	2,151	1,031	−0,522	0,768	0,233	−1,082	−0,716	0,753	0,272	0,395
L^q	−0,596	0,741	0,047	−0,660	−1,485	−1,239	−1,488	−0,800	0,250	0,349
	Zeitumkehrtest für x_t^T (Bootstrap-Variante) mit $k =$ 1	2	3	4	5	6	7	8		
L	−0,129	0,335	1,188	1,543	1,651	1,644	1,602	1,548	0,097	0,166
L^g	0,071	0,917	1,654	1,891	2,008	2,038	2,028	1,988	0,060	0,095
L^q	−1,251	−0,864	0,452	1,717	2,356	2,526	2,451	2,282	0,037	0,107

Bemerkungen: Der obere Tabellenteil gibt die Ergebnisse für die bereinigten Niveaus auf der Basis normalverteilter Innovationen für die simulierten ARMA-Modelle wieder, der untere die Ergebnisse unter Verwendung gebootstrapter Residuen. Der mittlere Tabellenteil enthält die Ergebnisse des Zeitumkehrtests für die Residuen des ARMA-Modells.

[a] Der p-max Wert ist ein grobes Maß für die gemeinsame Signifikanz der Einzelstatistiken, zur Konstruktion vergleiche den Text auf Seite 101.

Tabelle 4.14: Zeitumkehrtest für die Niveaus von Beschäftigten, Arbeitern und Angestellten

Reihe	Zeitumkehrtest für Δx_t^T mit $k =$ 1	2	3	4	5	6	7	8	p-max Wert[a] $k \leq 8$	$k \leq 12$
L	−2,573	−1,532	−1,215	−0,465	−0,378	0,250	0,860	1,399	0,180	0,253
L^g	−1,250	−1,280	−1,388	−0,822	−0,728	−0,167	0,515	1,025	0,314	0,356
L^q	−4,896	−3,162	−1,019	−0,361	0,376	0,857	1,185	1,586	0,102	0,176
	Zeitumkehrtest für die Residuen von Δx_t^T mit $k =$ 1	2	3	4	5	6	7	8		
L	2,563	1,148	−0,261	0,146	−0,764	−0,322	0,449	0,219	0,060	0,123
L^g	3,284	1,220	−0,562	0,173	0,782	−0,128	1,260	0,880	0,043	0,056
L^q	0,340	1,006	0,424	−0,043	−1,521	−0,764	−0,262	0,611	0,232	0,149
	Zeitumkehrtest für Δx_t^T (Bootstrap-Variante) mit $k =$ 1	2	3	4	5	6	7	8		
L	−2,415	−1,516	−1,275	−0,499	−0,405	0,258	0,868	1,367	0,169	0,202
L^g	−1,381	−1,298	−1,416	−0,816	−0,748	−0,176	0,550	1,111	0,291	0,310
L^q	−3,197	−2,329	−0,783	−0,314	0,331	0,769	1,085	1,465	0,119	0,180

Bemerkungen: Der obere Tabellenteil gibt die Ergebnisse für die bereinigten ersten Differenzen auf der Basis normalverteilter Innovationen für die simulierten ARMA-Modelle wieder, der untere die Ergebnisse unter Verwendung gebootstrapter Residuen. Der mittlere Tabellenteil enthält die Ergebnisse des Zeitumkehrtests für die Residuen des ARMA-Modells.

[a] Der p-max Wert ist ein grobes Maß für die gemeinsame Signifikanz der Einzelstatistiken, zur Konstruktion vergleiche den Text auf Seite 101.

Tabelle 4.15: Zeitumkehrtest für die ersten Differenzen von Beschäftigten, Arbeitern und Angestellten

riablen wie der Vergütung oder weiteren Einsatzfaktoren insbesondere von der unterstellten Produktionstechnologie abhängt, während die funktionale Form der Anpassungskosten die Dynamik der Beschäftigung hin zum langfristigen Gleichgewicht bestimmt. Übertragen auf ein Fehlerkorrekturmodell bedeutet dies, daß bei der Suche nach einer oder mehreren Kointegrationsbeziehungen Überlegungen und Annahmen zur Produktionsfunktion maßgeblich sind, während die unterstellte und zu testende Anpassungskostenstruktur im Fehlerkorrekturmechanismus berücksichtigt wird.
In Abschnitt 2.3 wurde gezeigt, daß eine quadratisch-symmetrische Anpassungskostenfunktion wie in Gleichung (2.5) zu einem einfachen Fehlerkorrekturmodell mit einem einzigen Anpassungskoeffizienten und damit einer symmetrischen Reaktion auf positive und negative Abweichungen von der Langfristbeziehung führt, während asymmetrische konvexe Anpassungskosten wie in Gleichung (2.6) über eine geeignete quadratische Approximation in einem Modell mit unterschiedlichen Fehlerkorrekturtermen für positive und negative Abweichungen erfaßt werden können, siehe Gleichung (2.24). Im folgenden wird zuerst auf die Ermittlung einer geeigneten Langfristbeziehung und danach auf die Überprüfung der Asymmetriehypothese eingegangen. Aufgrund der theoretischen Überlegungen in Kapitel 3 und der bisherigen Ergebnisse zu den Asymmetrietests wäre zu erwarten, daß die Beschäftigung stärker auf positive Abweichungen vom Gleichgewicht, d.h. einen Beschäftigtenüberschuß, reagiert und der entsprechende Anpassungskoeffizient demnach betragsmäßig signifikant größer ist. Bezogen auf die Struktur der Anpassungskosten bedeutet dies, daß die Einstellungskosten relativ höher sind.

Für die die Langfristbeziehung determinierende Produktionsfunktion gibt es mehrere mögliche Spezifikationen, doch wird die Auswahl durch das Erfordernis eingeschränkt, ein bis auf Asymmetrien im Fehlerkorrekturterm lineares Modell zu erhalten. Da die Schätzgleichungen auf den Bedingungen erster Ordnung des Maximierungsproblems des Unternehmens basieren, wird die Auswahl streng genommen auf eine quadratische Produktionsfunktion beschränkt. Die Literatur (vergleiche etwa Escribano und Pfann (1998)) verwendet jedoch auch logarithmierte Daten, so daß der Rückgriff auf eine Cobb-Douglas oder CES-Spezifikation ebenfalls möglich wird und zudem die Regressionsresiduen eher normalverteilt sind. Dieser Zugewinn an Flexibilität wird allerdings um den Preis erkauft, daß das asymmetrische Fehlerkorrekturmodell nun nur noch qualitativ und nicht mehr exakt gilt.[61]

Je nachdem, ob die Produktionsfunktion quadratisch, Cobb-Douglas oder CES ist, erhält man für die Gesamtbeschäftigtenzahl L_t aus den Bedingungen erster

[61] Bei einer quadratischen Produktionsfunktion ist das Fehlerkorrekturmodell exakt bis auf die Approximation der Anpassungskostenfunktion, doch ist der durch diese Näherung bedingte Fehler niedrigerer Ordnung als bei der Verwendung logarithmierter Daten.

Ordnung die Langfristbeziehungen

$$L_t = \delta_t + \beta_1 W_t + \beta_2 K_t + u_t \quad \text{(quadr.)} \tag{4.17}$$
$$l_t = \delta_t + \beta_1 w_t + \beta_2 k_t + u_t \quad \text{(Cobb-Douglas)} \tag{4.18}$$
$$l_t = \delta_t + \beta_1 w_t + \beta_2 y_t + u_t \quad \text{(CES)}, \tag{4.19}$$

wobei δ_t einen exogenen, in der Regel deterministischen, Term bezeichnet.[62] Neben einer Konstanten kann dieser noch weitere Variablen wie Dummies, den Ölpreis oder einen linearen Trend als Näherung für den technischen Fortschritt enthalten. Gilt in Gleichung (4.17) $\beta_2 = 0$, so liegt keine Interaktion zwischen den Einsatzfaktoren Arbeit und Kapital vor.
Da bei der Verwendung der nicht logarithmierten Niveaus die Koeffizienten nicht unabhängig von der Variablenskalierung sind und bei sechs- oder siebenstelligen Regressanden sehr große Koeffizienten auftreten können, werden in diesem Fall die Variablen durch ihren jeweiligen Mittelwert dividiert und im folgenden als mittelwertbereinigte Niveaus (im Unterschied zu den logarithmierten Niveaus) bezeichnet.

Unterteilt man die Gesamtbeschäftigten in Arbeiter und Angestellte und entsprechend die Vergütung in Lohn und Gehalt, so müssen die Langfristbeziehungen (4.17)–(4.19) geeignet modifziert werden. Für die Angestellten ergeben sich die Gleichungen

$$L_t^q = \delta_{L^q,t} + \beta_{L^q,1} W_t^q + \beta_{L^q,2} K_t + \beta_{L^q,3} L_t^g + u_{L^q,t} \quad \text{(quadr.)} \tag{4.20}$$
$$l_t^q = \delta_{L^q,t} + \beta_{L^q,1} w_t^q + \beta_{L^q,2} k_t + \beta_{L^q,3} l_t^g + u_{L^q,t} \quad \text{(Cobb-Douglas)} \tag{4.21}$$
$$l_t^q = \delta_{L^q,t} + \beta_{L^q,1} w_t^q + \beta_{L^q,2} y_t + u_{L^q,t} \quad \text{(CES)} \quad . \tag{4.22}$$

Für die Arbeiter erhält man ganz analoge Beziehungen, so daß zwei linear unabhängige Langfristbeziehungen vorliegen, die bei der Cobb-Douglas- und der quadratischen Produktionsfunktion genau identifiziert und bei der CES-Produktionsfunktion sogar überidentifiziert sind. Kommt es im Fall der quadratischen Produktionsfunktion nicht beziehungsweise nur in geringem, zu vernachlässigendem Umfang zu Interaktionen zwischen den Produktionsfaktoren, so können die Koeffizienten $\beta_{L^q,2}$ und $\beta_{L^q,3}$ in (4.17) sowie $\beta_{L^g,2}$ und $\beta_{L^g,3}$ in der entsprechenden Gleichung für die Arbeiter auch gleich 0 gesetzt werden.[63] Diese Annahmen stellen zugleich testbare überidentifizierende Restriktionen dar.

Wegen der asymmetrischen Struktur kann das Fehlerkorrekturmodell nicht in einem Schritt, sondern nur zweistufig geschätzt werden. Es handelt sich demnach um eine Verallgemeinerung des Engle-Granger (im folgenden EG) Verfahrens, und so liegt die Verwendung des EG-Tests nahe. Dieser ist jedoch aus mehreren Gründen problembehaftet. Zum ersten muß für eine sinnvolle Interpretation der

[62] Zur Herleitung vergleiche Abschnitt B.2.2 auf Seite 160 im Anhang.

[63] Die Herleitung erfolgt ganz analog wie bei den Beschäftigten, vergleiche die wiederum die Hinweise in Abschnitt B.2.2.

geschätzten Koeffizienten die Existenz nur einer Kointegrationsbeziehung angenommen werden, da bei mehr als einer Kointegrationsbeziehung ohne zusätzliche identifizierende Annahmen die geschätzten Koeffizienten eine unbestimmte Linearkombination der einzelnen Kointegrationsvektoren sind. Zweitens nimmt, wie in Amano und Wirjanto (1997) gezeigt, die Persistenz des Fehlerkorrekturterms mit den Anpassungskosten zu, so daß es gerade bei Tests vom Dickey-Fuller Typ zu häufig zu einer Nichtverwerfung der $I(1)$-Hypothese für die Residuen kommen kann, obwohl Kointegration vorliegt. Drittens basiert der EG-Test auf der Annahme symmetrischer Fehlerkorrektur, während in der vorliegenden Anwendung asymmetrische Fehlerkorrektur vorliegen könnte. In diesem Fall wäre die Dynamik fehlspezifiziert, so daß die Güte des Tests sich verschlechtern kann.[64]

Diese drei Probleme können auf unterschiedliche Art angegangen werden, wobei ein Verfahren, das alle drei simultan berücksichtigt, nicht verfügbar ist:

- Das Problem serieller Korrelation in den EG-Residuen läßt sich zumindest teilweise durch die Aufnahme verzögerter erster Differenzen des Fehlerkorrekturterms in die Hilfsregression für den Test lösen.

- Mit Hilfe des Johansenverfahrens kann der Kointegrationsgrad und damit eine der Voraussetzungen für die Anwendbarkeit der EG-Methodologie getestet werden. Da in dem Verfahren die Fehlerkorrekturterme nicht unmittelbar, sondern erst nach der Bereinigung um die kurzfristige Dynamik auf Stationarität getestet werden, läßt sich über die Wahl einer geeigneten Laglänge für das Vektorfehlerkorrekturmodell auch das Problem einer möglicherweise hohen seriellen Korrelation in den Fehlerkorrekturtermen berücksichtigen. Ferner erlaubt das Johansenverfahren Schlüsse über die mögliche (schwache) Exogenität einzelner Variablen und damit über die Zulässigkeit kontemporärer erster Differenzen im Fehlerkorrekturmodell. Wie beim EG-Verfahren wird aber angenommen, daß die Anpassungsdynamik symmetrisch verläuft, so daß die Testergebnisse bei Vorliegen von asymmetrischer Anpassung möglicherweise verzerrt sind.

- Aufbauend auf der Arbeit von Enders und Granger (1998) zu Einheitswurzeltests bei asymmetrischer Dynamik als einer Erweiterung des ADF-Tests entwickeln Enders und Siklos (2001) sowie Dibooğlu und Enders (2001) einen Test, der das EG-Verfahren um asymmetrische Dynamik erweitert. Während der EG-Test in der Hilfsregression

$$\Delta \hat{u}_t = \rho \hat{u}_{t-1} + \sum_{i=1}^{p} \Delta \hat{u}_{t-i} + \varepsilon_t \qquad (4.23)$$

die Hypothese $\hat{\rho} = 0$ testet, wird im Test auf Kointegration mit asymme-

[64] Zu den Problemen einer fehlspezifizierten Dynamik bei ADF- oder EG-Test vergleiche Balke und Fomby (1997), Enders und Granger (1998) oder Enders und Siklos (2001).

trischer Fehlerkorrektur der Ansatz

$$\Delta\hat{u}_t = \rho^+\hat{u}^+_{t-1} + \rho^-\hat{u}^-_{t-1} + \sum_{i=1}^{p}\Delta\hat{u}_{t-i} + \varepsilon_t \tag{4.24}$$

aufgestellt, mit $\hat{u}^+_t = 1_{\{\hat{u}_t \geq \tau\}}\hat{u}_t$ und $\hat{u}^-_t = 1_{\{\hat{u}_t < \tau\}}\hat{u}_t = \hat{u}_t - \hat{u}^+_t$, wobei der Schwellenwert τ sowohl a priori gesetzt als auch geschätzt werden kann.[65] Sofern die Schätzwerte für ρ^+ und ρ^- beide negativ sind, so daß Gleichung (4.24) stabil ist, kann mittels eines F-Tests für die Hypothese $H_0 : \rho^+ = \rho^- = 0$ auf das Vorliegen von Kointegration getestet werden. Wie beim EG-Test sind die Residuen unter H_0 nichtstationär, so daß nur große Werte der Teststatistik auf Kointegration hindeuten. Die als Φ-Statistik bezeichnete Teststatistik ist nicht standard-F-verteilt, doch sind in den Aufsätzen von Enders und Siklos (2001) und Dibooğlu und Enders (2001) geeignete kritische Werte tabelliert, die allerdings noch von der Laglänge p in der Hilfsregression (4.24) abhängen.

Voraussetzung für eine Interpretation der Koeffizienten ist aber auch hier, daß unter der Alternativhypothese stationärer Residuen genau eine Kointegrationsbeziehung zugrunde liegt. Ferner existieren kritische Werte bisher nur für bis zu drei Variablen in der Kointegrationsbeziehung und eine begrenzte Zahl von verzögerten ersten Differenzen in der Schätzgleichung für den eigentlichen Test. Auch die Berücksichtigung eines linearen Trends als weitere deterministische Komponente in der Kointegrationsbeziehung neben der Konstante ist nicht möglich. Daher kann dieser Test im folgenden nur für einen Teil der Spezifikationen eingesetzt werden.

Im Anschluß an alle drei Verfahren kann dann mit den Fehlerkorrekturtermen $\hat{u}_t$ ein symmetrisches beziehungsweise mit $\hat{u}^+_t$ und $\hat{u}^-_t$ für $\tau = 0$ ein asymmetrisches Fehlerkorrekturmodell geschätzt und über einen F-Test geprüft werden, ob die beiden Anpassungskoeffzienten für positive und negative Abweichungen signifikant voneinander verschieden sind. Das ebenfalls geschätzte Modell mit symmetrischer Anpassung dient dabei als Vergleichsmaßstab, an dem sich eventuelle Zuwächse in der Anpassungsgüte und der bei einer Vernachlässigung asymmetrischer Effekte resultierende Durchschnittseffekt ermessen lassen.

Fraglich ist, ob für die Schätzung der Fehlerkorrekturmodelle die Fehlerkorrekturreihen aus dem Johansenverfahren oder aus der ersten Stufe der Engle-Granger Analyse herangezogen werden, was insbesondere dann von Bedeutung ist, wenn die beiden Reihen nicht unerheblich voneinander abweichen. Im folgenden wird daher auch die Korrelation zwischen den beiden Fehlerkorrekturreihen ermittelt und über die zu verwendende Reihe in Abhängigkeit von den Ergebnissen der Tests auf Kointegration entschieden.

[65] Enders und Siklos (2001) und Dibooğlu und Enders (2001) schlagen bei zu schätzendem τ vor, denjenigen Schwellenwert $\hat{\tau}$ zu wählen, bei dem die Summe der quadrierten Residuen in der Hilfsregression (4.24) minimal wird.

Gegeben die Fehlerkorrekturreihe $\hat{u}_t$ aus der Kointegrationsanalyse haben die geschätzten symmetrischen Fehlerkorrekturmodelle damit unter der Annahme einer quadratischen Technologie die Form

$$\Delta L_t = \alpha + \theta \hat{u}_{t-1} + \sum_{i \in I_L} \beta_{L,i} \Delta L_{t-i} + \sum_{i \in I_W} \beta_{W,i} \Delta W_{t-i} + \sum_{i \in I_K} \beta_{K,i} \Delta K_{t-i} + d_{1989:01} + \varepsilon_t \,. \quad (4.25)$$

Hierbei bezeichnen I_x die über das AIC bestimmte Menge der Indizes für die aufzunehmenden verzögerten ersten Differenzen der Variablen x und $d_{1989:01}$ den bereits erwähnten Impulsdummy für den Januar 1989. Für eine Cobb-Douglas oder eine CES-Produktionsfunktion ergeben sich entsprechende Ansätze mit den logarithmierten Daten.

Das (4.25) entsprechende asymmetrische Fehlerkorrekturmodell lautet

$$\Delta l_t = \alpha + \theta^+ \hat{u}^+_{t-1} + \theta^- \hat{u}^-_{t-1} + \sum_{i \in I_l} \beta_{l,i} \Delta l_{t-i} + \sum_{i \in I_w} \beta_{w,i} \Delta w_{t-i} + \sum_{i \in I_k} \beta_{kapbr,i} \Delta k_{t-i} + d_{1989:1} + \varepsilon_t \,, \quad (4.26)$$

wobei im stabilen Fall die Anpassungskoeffizienten θ^+ und θ^- beide weiterhin negativ sein sollten.[66] Da bei Vorliegen von Kointegration alle Variablen in (4.26) stationär sind, kann die Symmetriehypothese $\theta^- = \theta^+$ mittels eines gewöhnlichen F-Tests überprüft werden.[67]

Entsprechende bivariate Fehlerkorrekturmodelle finden sich bei einer Aufspaltung der Beschäftigtenzahl in Arbeiter und Angestellte. Zu beachten ist, daß a priori beide Fehlerkorrekturreihen in den Gleichungen für beide Arbeitnehmertypen auftreten können, so daß im bivariaten symmetrischen Fehlerkorrekturmodell in jeder Gleichung zwei und im bivariaten asymmetrischen Fehlerkorrekturmodell in jeder Gleichung sogar vier Fehlerkorrekturterme möglich sind. Entsprechendes gilt für die ersten Differenzen von Arbeitern, Angestellten, Lohn und Gehalt.

[66] Die jeweilige Anzahl der Lags der ersten Differenzen der übrigen Variablen muß nicht notwendig der im symmetrischen Fehlerkorrekturmodell entsprechen. Da sich bei den Schätzungen, bei denen für beide Fehlerkorrekturmodelle separate Ansätze gesucht wurden, die Lagstruktur der ersten Differenzen kaum oder überhaupt nicht unterschied, wird für die im folgenden vorgestellten Ergebnisse bei beiden Ansätzen die gleiche Lagstruktur angenommen, es sei denn, die Residuen $\hat{\varepsilon}_t$ weisen dann in einem der Modelle serielle Korrelation auf.

[67] Streng genommen müßten die Standardabweichungen der Anpassungskoeffizienten noch um den Effekt korrigiert werden, daß die Fehlerkorrekturreihen vorab geschätzt werden. Der Einfachheit halber wird dieser Schritt unterlassen, zumal die übrige Literatur zu Fehlerkorrekturmodellen ebenfalls keine Korrektur vornimmt.

Analyse der Beschäftigten

Eine Zusammenfassung der Ergebnisse für die oben vorgestellten Spezifikationen (4.17) bis (4.19) in Verbindung mit dem gewöhnlichen EG-Test und dem Kointegrationstest mit asymmetrischer Fehlerkorrektur findet sich in Tabelle 4.16 auf der nächsten Seite. Eine Konstante ist hier wie auch in allen folgenden Kointegrationsregressionen enthalten, doch wird auf eine Wiedergabe der Schätzwerte und Teststatistiken verzichtet.
Die Kointegrationstests fallen insgesamt enttäuschend aus. Mit Hilfe des EG-Tests wird die Nichtstationarität der Residuen aus der jeweiligen Kointegrationsbeziehung nur bei einigen der vergleichsweise trivialen Spezifikationen mit dem Lohn als einzigem nichtdeterministischem Regressor verworfen, und das auch nur auf dem 10%-Niveau. Darüber hinaus weist bei Ansatz (8) der Koeffizient für die Vergütung ein falsches Vorzeichen auf.[68] Die auf der eigentlich allgemeinsten CES-Produktionsfunktion basierenden Ansätze schneiden besonders schlecht ab und weisen die betragsmäßig niedrigsten EG-Statistiken auf.
Beim asymmetrischen Kointegrationstest wird die Nullhypothese nicht stationärer Residuen sogar nie verworfen. Die in der letzten Zeile angegebene Teststatistik weist auf hohe verbliebene serielle Korrelation der Residuen $\hat{\varepsilon}_t$ in der Hilfsregression (4.24) hin, die wegen fehlender kritischer Werte für höhere Lags nicht beseitigt werden kann.

Schätzt man die Langfristbeziehungen (4.17)–(4.19) stattdessen über das Johansenverfahren, so ist zusätzlich noch die richtige Spezifikation für die kurzfristige Dynamik zu beachten. Die Anzahl der verzögerten Niveaus wird so gewählt, daß das Schwarz Information Criterion (SIC) möglichst klein und die Residuen der einzelnen Gleichungen des Vektorfehlerkorrekturmodells trotzdem frei von serieller Korrelation und idealerweise auch normalverteilt sind,[69] wobei nach Johansen (1995, S. 20) eine nicht zu starke Verletzung der Normalverteilungsannahme noch eher hingenommen werden kann als serielle Korrelation. Da in so gut wie allen durchgeführten Schätzungen das SIC monoton mit der Laglänge abnimmt, sind das maßgebliche Kriterium die Eigenschaften der Residuen. Ferner wird in jedes Modell ein Impulsdummy $d_{1989:01}$ für den Januar 1989 aufgenommen, da, wie oben aufgeführt, zu diesem Zeitpunkt aufgrund der Betriebsstättenzählung 1987 eine größere Zahl kleiner Betriebe neu erfaßt wurde.[70] Wegen des ausgeprägten Trendverhaltens der meisten Reihen wird ferner ein linearer Trend in den Daten unterstellt, während ein linearer Trend auch in der Kointegrationsbeziehung nicht

[68] Die der Vollständigkeit halber angegebenen t-Werte sind nur sehr bedingt aussagekräftig, da die Residuen stark positiv seriell korreliert und die geschätzten Standardabweichungen somit inkonsistent (tendenziell nach unten verzerrt) sind.

[69] Die zur Kointegrationsanalyse verwendete Software CATS gibt nur das SIC, nicht jedoch das AIC aus, so daß abweichend vom früheren Vorgehen nun mit dem SIC als dem „parametersparenderen" Maß gearbeitet wird. Zum Unterschied zwischen den beiden Größen bei der Wahl der Modellspezifikation vergleiche Lütkepohl (1993, S. 130 ff.).

[70] Diese Dummyvariable ist in allen betrachteten Spezifikationen hochsignifikant.

	logarithmierte Daten						mittelwertbereinigte Daten			
	(1)	(2)	(3)	(4)	(5)	(6)	(7)	(8)	(9)	(10)
w/W	−0,343	−0,288	−0,743	−0,459	−0,846	−0,653	−0,342	0,150	−1,056	−0,549
	−25,757	−3,812	−21,457	−7,656	−11,642	−8,390	−23,077	1,832	−13,225	−5,765
y/Y			0,529	0,615						
			12,184	13,974						
k/K					0,556	0,808			0,760	0,820
					7,031	9,137			9,066	10,763
t		0,000		−0,001		−0,001		−0,001		−0,001
		−0,737		−5,670		−5,471		−6,094		−8,180
$\bar{R}^2$	0,69	0,69	0,79	0,81	0,73	0,76	0,64	0,68	0,72	0,77
EG-Statistik:[a]	−3,23	−3,43	−1,58	−1,70	−2,85	−2,91	−3,06	−3,63	−2,34	−3,20
10%	−3,06	−3,52	−3,47	−3,87	−3,47	−3,87	−3,06	−3,52	−3,47	−3,87
5%	−3,36	−3,81	−3,77	−4,16	−3,77	−4,16	−3,36	−3,81	−3,77	−4,16
1%	−3,94	−4,38	−4,35	−4,73	−4,35	−4,73	−3,94	−4,38	−4,35	−4,73
Φ-Statistik:[b]	1,86		2,48		2,61		1,95		2,40	
10%	6,44		7,04		7,04		6,44		7,04	
5%	7,56		8,15		8,15		7,56		8,15	
1%	10,18		10,45		10,45		10,18		10,45	
$LM(18)$ [c]	0,00		0,20		0,00		0,00		0,00	

Bemerkungen: Unter den Schätzwerten für die Koeffizienten sind jeweils die t-Werte angegeben, die jedoch nur eingeschränkt interpretiert werden können (vergleiche den Text). Unterhalb der Teststatistik für den EG-Kointegrationstest und der Φ-Statistik für den asymmetrischen Kointegrationstest sind die zugehörigen kritischen Werte für die angegebenen Signifikanzniveaus wiedergegeben.

[a] Kritische Werte berechnet nach MacKinnon (1991).

[b] Kritische Werte nach Enders und Siklos (2001) (Spalten (1) und (7), mit $p = 4$ in Gleichung (4.24)) beziehungsweise Dibooğlu und Enders (2001) (Spalten (3), (5) und (9), mit $p = 8$ in Gleichung (4.24)).

[c] Breusch-Godfrey Test auf serielle Korrelation bis zu achtzehnter Ordnung.

Tabelle 4.16: Kointegrationstests nach dem Engle-Granger Verfahren

a priori angenommen wird.
Wie bereits angesprochen ist die Kapitalstockvariable mit einer Reihe von Problemen behaftet und insofern gerade als Regressand in einem multivariaten Modell nur sehr eingeschränkt geeignet. Daher werden im folgenden auch Spezifikationen mit dem Kapitalstock als schwach exogener Variablen betrachtet, zumal, wie in der Einleitung zu Abschnitt 4.3 erwähnt, fast alle Studien zur Faktornachfrage zeigen, daß die Investitionsnachfrage wesentlich langsamer und mit stärkerer Verzögerung auf Innovationen reagiert als die Arbeitsnachfrage. Zu beachten ist allerdings, daß die kritischen Werte für die Trace-Teststatistik zur Bestimmung des Kointegrationsgrades bei Verwendung exogener Variablen streng genommen nicht mehr gültig sind.

Die Tabellen 4.17 auf der nächsten Seite und 4.19 auf Seite 131 geben ausgewählte Ergebnisse für die logarithmierten und die mittelwertbereinigten Daten wieder. Neben den geschätzten Koeffizienten und ihren t-Werten sind die Trace-Statistik, das multivariate SIC, der multivariate Jarque-Bera Test auf Normalverteilung der Residuen und zwei Lagrange-Multiplier Tests auf serielle Korrelation in den Residuen angegeben. Kritische Werte für die Trace-Statistik finden sich in Tabelle 4.18 auf Seite 129. Beim SIC ist zu berücksichtigen, daß die Zahl der abhängigen Variablen in den betrachteten Spezifikationen variiert, so daß nicht alle SIC-Werte miteinander vergleichbar sind.

Tabelle 4.17 enthält keine Resultate für die CES-Spezifikation (4.19), da bei diesem Ansatz nur für einzelne Lags eine Kointegrationsbeziehung gefunden werden kann und auch in diesen Fällen der Anpassungskoeffizient für die Beschäftigung ein positives Vorzeichen aufweist, während die Koeffizienten für Lohn und Kapitalstock teilweise das falsche Vorzeichen haben oder betragsmäßig bei weitem zu groß sind. Dies bestätigt den Eindruck der EG-Analyse, bei der die Ansätze mit dem Umsatz die betragsmäßig kleinsten Teststatistiken haben.

In den verbleibenden Spezifikationen mit und ohne Kapitalstock haben mit Ausnahme von (5) die Koeffizienten für Vergütung und Kapital immer die erwarteten Vorzeichen und sind auch immer statistisch signifikant. Die Trace-Statistik zeigt, daß in allen Fällen genau eine Kointegrationsbeziehung vorliegt. Eine Erhöhung der Zahl der Lags im vektorautoregressiven Modell auf 9, um die serielle Korrelation in den Residuen zu verringern, ändert zwar einige Schätzwerte der Koeffizienten nicht unerheblich, aber die Trace-Statistik weist weiterhin auf das Vorliegen einer Kointegrationsbeziehung hin, so daß im folgenden von einem Kointegrationsgrad von 1 ausgegangen wird. Ein Vergleich der Spezifikationen (1) und (3) sowie (6) und (7) zeigt, daß die Hinzunahme eines linearen Trends in die Langfristbeziehung das SIC bei endogenem Kapitalstock marginal verbessert, während bei exogenem Kapitalstock die Variante ohne linearen Trend ein wenig besser ist.
Die Jarque-Bera Statistik lehnt in allen Spezifikationen eine Normalverteilung der Residuen deutlich ab. Die Verwerfung ist auf einen hohen Kurtosiswert zu-

	(1)	(2)	(3)	(4)	(5)	(6)	(7)	(8)
w	−0,957	−0,710	−1,617	−0,328	0,126	−1,663	−1,298	−0,898
	−4,738	−4,057	−5,426	−5,857	0,362	−5,382	−5,151	−4,446
k	1,831	1,650	1,384			1,427	1,717	1,555
	7,413	7,569	4,272			4,247	5,539	6,195
t	0,002	0,003			0,001		0,001	0,002
	> 3,0	> 3,0			1,000		1,000	> 3,0
k als exogen						x	x	x
Lags[a]	4	9	4	4	4	4	4	9
Trace-Statistik:								
$p-r=3$	51,25	46,51	30,11					
$p-r=2$	16,49	14,71	7,11	18,53	27,62	28,62	32,28	32,13
$p-r=1$	6,67	6,73	0,37	1,85	10,21	6,51	6,67	7,79
SIC[b]	−35,27	−34,73	−35,26	−21,16	−21,14	−21,11	−21,10	−20,82
Jarque-Bera[c]	0,00	0,00	0,00	0,00	0,00	0,00	0,00	0,00
$LM(1)$[c]	0,01	0,00	0,00	0,49	0,43	0,66	0,64	0,01
$LM(4)$[c]	0,11	0,75	0,25	0,66	0,56	0,15	0,12	0,92

Bemerkungen: Unter den geschätzten Koeffizienten sind die jeweiligen t-Werte angegeben. Da das zur Schätzung verwendete Programm CATS Koeffizienten und Standardabweichungen nur auf 3 Nachkommastellen gerundet ausgibt, kann beim linearen Trend jeweils nur die Größenordnung des t-Wertes angegeben werden. Kritische Werte zur Trace-Statistik finden sich in Tabelle 4.18 auf der nächsten Seite.

[a] Angegeben ist die Zahl der Lags der Niveauvariablen im vektorautoregressiven Modell, so daß die Zahl der verzögerten ersten Differenzen im zugehörigen äquivalenten Vektorfehlerkorrekturmodell jeweils um 1 niedriger ist.

[b] Die Werte beziehen sich jeweils auf eine Spezifikation mit 18 Lags, um die Vergleichbarkeit zu wahren.

[c] Angegeben sind jeweils nicht die Teststatistiken, sondern die zugehörigen p-Werte.

Tabelle 4.17: Kointegrationsanalyse mit den logarithmierten Daten

# stoch. Trends	linearer Trend			linearer KI-Trend		
$p-r$	10%	5%	1%	10%	5%	1%
5	64,74	68,68	76,37	82,68	86,96	95,38
4	43,84	47,21	53,91	58,96	62,61	70,22
3	26,70	29,38	34,87	39,08	42,20	48,59
2	13,31	15,34	19,69	22,95	25,47	30,65
1	2,71	3,84	6,64	10,56	12,39	16,39

Bemerkungen: Die Anzahl der stochastischen Trends (Spalte 1), auf deren Vorliegen getestet wird, entspricht der Zahl der betrachteten Variablen p abzüglich der Zahl der Kointegrationsbeziehungen r. Kritische Werte sind angegeben für Spezifikationen, bei denen ein linearer Trend nur in den Daten (Spalten 2–4) oder sowohl in den Daten als auch in der Kointegrationsbeziehung (Spalten (5–7) vorliegt. *Quelle:* Johansen (1995, S. 215ff).

Tabelle 4.18: Ausgewählte kritische Werte für den Johansentest

rückzuführen, der auch durch verschiedene Modifikationen wie die Änderung der Laglänge, eine Einschränkung des Beobachtungszeitraumes oder die Hinzunahme weiterer erklärender Variablen wie den Ölpreis nicht beseitigt werden kann. Nimmt man den Kapitalstock als exogen an, so geht, auch wenn aus den p-Werten nicht ersichtlich, die Jarque-Bera Statistik deutlich zurück, und die serielle Korrelation in den Residuen nimmt ebenso ab. Für die Schätzung eines asymmetrischen Fehlerkorrekturmodells sind daher die Fehlerkorrekturterme aus Spezifikationen mit einem exogenen Kapitalstock vorzuziehen.

Die Korrelation der Fehlerkorrekturterme aus dem Johansenverfahren mit denen aus dem Engle-Granger Verfahren schwankt systematisch mit den enthaltenen Variablen. Für die CES-Produktionsfunktion beträgt sie lediglich 0,2, für Ansätze mit dem Kapitalstock zwischen 0,7 und 0,8, und bei Spezifikationen nur mit der Gesamtbeschäftigung und der Vergütung schwankt sie zwischen 0,97 und 0,99. Die Schätzung des Vektorfehlerkorrekturmodells zeigt auch, daß der Lohn außer in den trivialen Modellen, die nur aus der Zahl der Gesamtbeschäftigten und deren Vergütung bestehen, nicht als schwach exogen angenommen werden kann, da in der (nicht wiedergegebenen) Vergütungsgleichung der Koeffizient für den Fehlerkorrekturterm signifikant von 0 verschieden ist. Anzumerken ist schließlich noch, daß eine Hinzunahme des Ölpreises die Schätzergebnisse nicht wesentlich verändert, so daß auf diese Variable verzichtet werden kann.[71]

Die Ergebnisse für die quadratische Technologie in Tabelle 4.19 ähneln qualitativ denen für die logarithmierten Daten. Die Trace-Statistiken weisen auch hier durchgängig auf das Vorliegen einer Kointegrationsbeziehung hin. Die Teststatistiken für normalverteilte Residuen und für Freiheit von serieller Korrelation verbessern sich ebenfalls durch die Annahme eines exogenen Kapitalstocks. Auch

[71] Zudem wären mit dem Ölpreis als zweiter exogenen Variablen neben dem Kapitalstock die kritischen Werte der Trace-Statistik aus Tabelle 4.18 noch weniger vertretbar.

die Korrelation mit den Fehlerkorrekturreihen aus dem Engle-Granger Verfahren folgt dem gleichen Schema wie bei den logarithmierten Daten.

Das Johansenverfahren deutet in fast allen Spezifikationen auf das Vorliegen genau einer Kointegrationsbeziehung hin und rechtfertigt in dieser Hinsicht das Engle-Granger Verfahren. Da über letzteres jedoch meist keine Kointegrationsbeziehung festgestellt werden konnte, wird die Schätzung der symmetrischen und asymmetrischen Fehlerkorrekturmodelle mit den Fehlerkorrekturreihen $\hat{u}_t$ aus dem Johansenverfahren durchgeführt. Die Anzahl der Lags wird über das AIC unter der Maßgabe, daß die Residuen des Fehlerkorrekturmodells frei von serieller Korrelation sein sollten, bestimmt. Sofern das Vektorfehlerkorrekturmodell auf schwache Exogenität des Lohnes schließen läßt, wird auch die kontemporäre erste Differenz dieser Variablen mit aufgenommen, doch ist dies nur bei den „trivialen" Spezifikationen, d.h. ohne den Kapitalstock, der Fall.

Tabelle 4.20 auf Seite 132 enthält die wichtigsten Ergebnisse aus den Schätzungen symmetrischer und asymmetrischer Fehlerkorrekturmodelle für einige der in den Tabellen 4.17 und 4.19 genannten Spezifikationen. Wegen der erwähnten Probleme mit dem Kapitalstock als endogener Variablen in einem trivariaten Vektorfehlerkorrekturmodell werden nur die Ergebnisse für Ansätze, in denen der Kapitalstock als exogen angenommen ist, wiedergegeben.[72] Neben den Schätzwerten für die Anpassungskoeffizienten und ihren t-Werte enthält die Tabelle für jedes Modell das bereinigte Bestimmtheitsmaß und das AIC. Beim asymmetrischen Fehlerkorrekturmodell sind zusätzlich die jeweiligen p-Werte eines F-Tests auf Gleichheit der beiden Anpassungskoeffizienten ($F_{\theta^+=\theta^-}$) sowie eines Tests auf Freiheit von serieller Korrelation bis zur Ordnung 18 ($LM(18)$) angegeben. Auf die Wiedergabe der übrigen geschätzten Koeffizienten wird aus Platzgründen verzichtet, zumal diese keine naheliegende ökonomische Interpretation haben und für die Fragestellung einer asymmetrischen Beschäftigungsdynamik unbeachtlich sind.[73]

Die Ergebnisse für die logarithmierten und die mittelwertbereinigten Daten sind strukturell ähnlich. In den Spezifikationen, die den Kapitalstock enthalten – (6), (7) und (8) bei den logarithmierten sowie (3) und (6) bei den mittelwertbereinigten Daten –, sind die Anpassungskoeffizienten für negative Abweichungen betragsmäßig etwa gleich groß oder größer ($|\hat{\theta}^-| > |\hat{\theta}^+|$), was genau dem umgekehrten Asymmetriemuster entspricht, wie es aus dem Matchingmodell zu erwarten wäre und in den vorangehenden Abschnitten bei den Arbeitslosendaten und den Asymmetrietests für die Beschäftigtenreihen ermittelt wurde. In einem Fall, Ansatz (8) bei den logarithmierten Daten, ist der Unterschied statistisch auch marginal signifikant.

[72]Mit den Fehlerkorrekturreihen aus den anderen Spezifikationen ergeben sich jedoch keine grundsätzlich anderen Ergebnisse.

[73]Das Absolutglied ist in allen betrachteten Fehlerkorrekturmodellen insignifikant und deshalb nicht in den in Tabelle 4.20 wiedergegebenen Spezifikationen enthalten.

	(1)	(2)	(3)	(4)	(5)	(6)	(7)
W	−1,926	−1,772	−2,001	−1,075	−0,500	−1,563	−0,335
	−6,274	−5,946	−6,253	−4,087	−2,183	−4,736	−5,154
K	1,690	1,527	1,768	1,487	1,198	1,684	
	5,200	4,848	5,231	6,698	6,144	6,058	
t				0,001	0,002	0,001	
				> 3,0	> 3,0	1,0	
k als exogen			x			x	
Lags[a]	4	7	4	4	9	4	4
Trace-Statistik:							
$p-r=3$	31,79	28,71		46,16	40,36		
$p-r=2$	6,94	6,42	30,21	15,29	12,01	31,69	16,50
$p-r=1$	0,00	0,07	6,31	6,03	5,29	6,37	0,01
SIC[b]	−35,55	−35,16	−21,18	−35,55	−35,00	−21,17	−21,24
Jarque-Bera[c]	0,00	0,00	0,00	0,00	0,00	0,00	0,00
$LM(1)$[c]	0,00	0,00	0,57	0,00	0,00	0,56	0,26
$LM(4)$[c]	0,56	0,32	0,45	0,33	0,50	0,37	0,56

Bemerkungen: Unter den geschätzten Koeffizienten sind die jeweiligen t-Werte angegeben. Da das zur Schätzung verwendete Programm CATS Koeffizienten und Standardabweichungen nur auf 3 Nachkommastellen gerundet ausgibt, kann beim linearen Trend jeweils nur die Größenordnung des t-Wertes angegeben werden. Kritische Werte zur Trace-Statistik finden sich in Tabelle 4.18 auf Seite 129.

[a] Angegeben ist die Zahl der Lags der Niveauvariablen im vektorautoregressiven Modell, so daß die Zahl der verzögerten ersten Differenzen im zugehörigen äquivalenten Vektorfehlerkorrekturmodell jeweils um 1 niedriger ist.

[b] Die Werte beziehen sich jeweils auf eine Spezifikation mit 18 Lags, um die Vergleichbarkeit zu wahren.

[c] Angegeben sind jeweils nicht die Teststatistiken, sondern die zugehörigen p-Werte.

Tabelle 4.19: Kointegrationsanalyse mit den mittelwertbereinigten Daten

	logarithmierte Daten				mittelwertbereinigte Daten		
	(4)[a]	(6)[a]	(7)[a]	(8)[a]	(3)[b]	(6)[b]	(7)[b]
	symmetrisches Fehlerkorrekturmodell						
$\hat{\theta}$	−0,006	−0,006	−0,008	−0,010	−0,005	−0,006	−0,005
	−2,991	−2,845	−3,119	−3,733	−2,563	−2,876	−2,791
$\bar{R}^2$	0,80	0,79	0,79	0,79	0,79	0,79	0,80
AIC	−2188,54	−2175,32	−2172,06	−2181,15	−2185,97	−2187,68	−2200,61
	asymmetrisches Fehlerkorrekturmodell						
$\hat{\theta}^+$	−0,009	−0,006	−0,006	−0,007	−0,002	−0,006	−0,008
	−3,457	−2,338	−1,767	−2,106	−0,825	−2,377	−3,420
$\hat{\theta}^-$	−0,002	−0,005	−0,010	−0,016	−0,006	−0,006	−0,001
	−0,932	−1,884	−2,885	−3,786	−2,169	−2,039	−0,604
$F_{\theta^+=\theta^-}$[c]	0,07	0,89	0,30	0,06	0,38	0,94	0,04
$\bar{R}^2$	0,80	0,79	0,79	0,79	0,79	0,79	0,80
AIC	−2190,05	−2173,34	−2171,19	−2181,68	−2182,65	−2185,69	−2202,82
$LM(18)$[c]	0,13	0,10	0,11	0,12	0,15	0,19	0,22

Bemerkungen: Unter den geschätzten Koeffizienten sind die jeweiligen t-Werte angegeben.

[a] Die Nummern beziehen sich auf die Spezifikationen aus Tabelle 4.17, mit denen die Fehlerkorrekturreihen bestimmt wurden.

[b] Die Nummern beziehen sich auf die Spezifikationen aus Tabelle 4.19, mit denen die Fehlerkorrekturreihen bestimmt wurden.

[c] Angegeben sind jeweils nicht die Teststatistiken, sondern die zugehörigen p-Werte.

Tabelle 4.20: Fehlerkorrekturmodelle für die logarithmierten und die mittelwertbereinigten Daten

Das umgekehrte Bild ergibt sich in den „trivialen" Spezifikationen, die nur die Gesamtbeschäftigung und deren Vergütung enthalten, d.h. den Ansätzen (4) bei den logarithmierten und (7) bei den mittelwertbereinigten Daten. Hier gilt jeweils $|\hat{\theta}^-| < |\hat{\theta}^+|$, und der Unterschied ist auch auf dem 10%- beziehungsweise sogar dem 5%-Niveau signifikant. Eine ökonomische Erklärung für dieses Resultat fällt schwer, so daß es im Zweifel eher als Beleg gegen die Robustheit der ermittelten Beziehung oder des eingesetzten Verfahrens verstanden werden muß.[74] In dieses Bild paßt auch, daß eine Kointegrationsbeziehung zwar für die auf einer Cobb-Douglas Technologie basierende Langfristbeziehung (4.18) gefunden wurde, nicht jedoch für den eigentlich allgemeineren CES Ansatz (4.19).

Analyse von Arbeitern und Angestellten

Wie oben ausgeführt, sind die Langfristbeziehungen für Arbeiter und Angestellte identifiziert, so daß sie jeweils in univariaten Regressionen geschätzt werden könnten. Die unbefriedigenden Resultate mit dem Engle-Granger Verfahren bei den Beschäftigten und die höhere Effizienz bei einer simultanen Schätzung sprechen indes dafür, direkt mit dem Johansenverfahren zu arbeiten.[75]

Für die CES-Spezifikation (4.22) kann keine ökonomisch plausible und zugleich statistisch befriedigende Spezifikation gefunden werden, so daß auf eine explizite Wiedergabe der Ergebnisse verzichtet wird. Zwei Kointegrationsvektoren finden sich nur für niedrige Lags, doch weisen in diesem Fall die Residuen des Vektorfehlerkorrekturmodells noch hohe serielle Korrelation auf, und die Koeffizienten für Lohn und Gehalt in den restringierten Kointegrationsvektoren haben die falschen Vorzeichen. Erhöht man zur Verringerung der seriellen Korrelation die Zahl der Lags auf 9, so findet sich nur noch eine Kointegrationsbeziehung. Erst nach Hinzunahme des Ölpreises als exogener Variable weisen die Teststatistiken auf zwei Kointegrationsvektoren hin. Infolge der exogenen Variablen sind die kritischen Werte der Trace-Statistik jedoch nicht mehr gültig, und darüber hinaus haben nur in der Kointegrationsbeziehung für die Angestellten die Koeffizienten für Gehalt und Umsatz die richtigen Vorzeichen, während bei den Arbeitern der Koeffizient für den Lohn nicht signifikant von 0 verschieden und numerisch positiv ist. Dies weist darauf hin, daß das Scheitern der CES-Spezifikation für die Gesamtbeschäftigten auf eine fehlende entsprechende Langfristbeziehung bei den Arbeitern zurückzuführen ist.

[74] Schätzt man symmetrische und asymmetrische Fehlerkorrekturmodelle mit den Fehlerkorrekturtermen aus dem Engle-Granger Verfahren, so gilt auch für Spezifikationen mit dem Kapitalstock $|\hat{\theta}^-| < |\hat{\theta}^+|$, wobei allerdings der Unterschied im allgemeinen nicht signifikant ist. Da bei diesen Reihen die Nichtstationarität indes nicht verworfen werden kann, wird auf eine Wiedergabe der Ergebnisse verzichtet.

[75] Bei probeweise durchgeführten univariaten Schätzungen konnte dann auch bei keiner Variante der Langfristbeziehung für beide Arbeitnehmertypen gleichzeitig eine Kointegrationsbeziehung festgestellt werden.

Auch auf der Grundlage der Beziehung (4.21) findet sich keine Spezifikation, bei der zugleich zwei Kointegrationsvektoren vorliegen und die Koeffizienten die richtigen Vorzeichen haben. Um zwei Kointegrationsvektoren zu erhalten, muß ebenfalls der Ölpreis als exogene Variable hinzugenommen werden, was aber wiederum die Verwendbarkeit der tabellierten kritischen Werte zusätzlich einschränkt. Übergeht man dieses Problem und postuliert das Vorliegen zweier Kointegrationsvektoren, so sind unabhängig von der Zahl der Lags in der Beziehung für die Angestellten die Koeffizienten für das Gehalt signifikant positiv. Darüber hinaus ist bei den Angestellten der Koeffizient für den Kapitalstock in einigen Fällen signifikant negativ, was auf eine substitutive Beziehung mit den Angestellten hinweisen würde. Wenn überhaupt, würde man eine solche aber in Verbindung mit den Arbeitern erwarten.
Zusammenfassend bleibt festzustellen, daß die logarithmierten Daten in Ermangelung einer stabilen Langfristbeziehung für eine weitergehende Asymmetrieanalyse ungeeignet sind.[76]

Bei Verwendung der mittelwertbereinigten Daten findet sich in Ansätzen ohne den Kapitalstock kein oder nur ein Kointegrationsvektor. Erst durch die Hinzunahme des Kapitalstocks als exogene Variable findet sich eine Spezifikation mit zwei Kointegrationsvektoren und ökonomisch plausiblen Vorzeichen. Auch wenn wieder einschränkend anzumerken ist, daß wegen der Annahme eines exogenen Kapitalstocks die Teststatistiken streng genommen ungültig sind und daß die Koeffizienten $\beta_{L^q,3}$ in (4.20) und $\beta_{L^g,3}$ in der entsprechenden Gleichung für die Arbeiter auf 0 restringiert werden müssen, um überall die ökonomisch erwarteten und auch in anderen Studien ermittelten Vorzeichen zu erhalten,[77] soll zur Illustration der Asymmetrieanalyse diese Spezifikation etwas ausführlicher betrachtet werden.

Tabelle 4.21 auf der nächsten Seite gibt die Trace-Statistik sowie die geschätzten Langfristbeziehungen für verschiedene Spezifikationen mit den Variablen L^g, W^g, L^q, W^q und K sowie einer Konstanten und einem linearen Trend in der Kointegrationsbeziehung wieder.
In den Spezifikationen mit 4 Lags weist die Trace-Statistik jeweils auf das Vorliegen von zwei Kointegrationsbeziehungen hin, wenn man in Spezifikation (2) die eingeschränkte Interpretierbarkeit der Teststatistik beim Vorliegen von exogenen Variablen berücksichtigt. Die Residuen des Vektorfehlerkorrekturmodells sind jedoch nicht frei von serieller Korrelation, und bei endogenem Kapitalstock weisen

[76]Ansätze, bei denen in Anlehnung an die Spezifikationen (4) und (5) in Tabelle 4.17 die Koeffizienten für den Kapitalstock auf 0 restringiert werden, schneiden noch schlechter ab, da sich noch häufiger nur ein oder überhaupt kein Kointegrationsvektor findet. In den Fällen mit zwei Kointegrationsvektoren haben die Koeffizienten für den Lohn oder das Gehalt die falschen Vorzeichen.

[77]Somit werden in der Produktionsfunktion Interaktionen zwischen dem Kapitalstock und den beiden Arbeitnehmertypen, nicht jedoch zwischen den Arbeitnehmertypen untereinander zugelassen.

	(1)	(2)	(3)	(4)
Lags	4	4	9	9
k exogen		x		x
Trace-Statistik:				
$p - r = 5$	153,62		91,41	
$p - r = 4$	84,60	141,33	54,21	76,69
$p - r = 3$	28,06	72,36	31,67	43,25
$p - r = 2$	14,25	18,68	13,62	23,64
$p - r = 1$	5,84	6,04	5,14	8,27
Arbeiter:				
W^g	1,099	−1,123	–	−0,521
	5,335	−5,505	–	−2,390
K	0,561	1,547	–	1,184
	1,244	6,611	–	5,585
t	0,005	0,002	–	0,003
	5,000	> 3,0	–	> 3,0
Angestellte:				
W^q	2,126	−0,916	–	−0,428
	6,235	−4,126	–	−1,747
K	0,226	0,897	–	0,659
	0,293	3,646	–	2,903
t	0,006	0,000	–	0,000
	3,0	< 1,0	–	< 1,0
SIC[a]	−56,60	−42,29	−54,84	−40,96
$LR(2)$[b]	0,00	0,00	–	0,00
$LM(1)$[b]	0,00	0,00	0,00	0,33
$LM(4)$[b]	0,07	0,06	0,09	0,56

Bemerkungen: Unter den geschätzten Koeffizienten sind die jeweiligen t-Werte angegeben.

[a] Um die Vergleichbarkeit zu wahren, beziehen sich die Werte jeweils auf eine Spezifikation mit 18 Lags nach der Festsetzung des Kointegrationsgrades und der Auferlegung identifizierender Restriktionen.

[b] Angegeben sind jeweils die p-Werte. Jeder Test bezieht sich auf die Spezifikation nach der Festsetzung des Kointegrationsgrades und der Auferlegung identifizierender Restriktionen.

Tabelle 4.21: Kointegrationsanalyse für Arbeiter und Angestellte mit den mittelwertbereinigten Daten die Koeffizienten für den Lohn und das Gehalt das falsche Vorzeichen auf. Erhöht man die Zahl der verzögerten Niveaus auf 9 (Spalten (3) und (4)), so geht die serielle Korrelation zurück, insbesondere wenn der Kapitalstock als exogen unterstellt wird. In Spezifikation (3) mit endogenem Kapitalstock weist die Trace-Statistik nur noch auf eine Kointegrationsbeziehung hin (vergleiche die kritischen Werte in Tabelle 4.18), während bei exogenem Kapitalstock wiederum zwei Kointegrationsbeziehungen vorzuliegen scheinen. Für die Schätzung eines asymmetrischen Fehlerkorrekturmodells werden daher die Fehlerkorrekturterme aus Ansatz (4) verwendet. Dafür spricht auch, daß zwar in allen betrachteten Spezifikationen die Normalverteilungshypothese und die überidentifizierenden Restriktionen hochsignifikant verworfen werden, die jeweiligen Werte der Teststatistiken (Jarque-Bera für die Normalverteilungshypothese, Likelihood-Ratio für die überidentifizierenden Restriktionen) in (4) deutlich niedriger sind als bei den anderen Ansätzen.

Zur Schätzung je eines bivariaten symmetrischen und asymmetrischen Fehlerkorrekturmodells werden zuerst in univariaten Regressionen über das Akaikekriterium geeignete Fehlerkorrekturgleichungen bestimmt, wobei wie in den Vektorfehlerkorrekturmodellen aus Tabelle 4.21 a priori in jeder Gleichung beide Fehlerkorrekturterme sowie die verzögerten ersten Differenzen aller Variablen zugelassen sind. Kontemporäre erste Differenzen von Lohn, Gehalt oder dem jeweils anderen Arbeitnehmertyp werden nicht aufgenommen, da das Vektorfehlerkorrekturmodell nicht auf schwache Exogenität dieser Variablen schließen läßt. Ferner wird wie bisher in jede Gleichung der Impulsdummy $d_{1989:01}$ aufgenommen.

Tabelle 4.22 auf der nächsten Seite gibt die geschätzten Anpassungskoeffizienten sowie einige Teststatistiken für die symmetrischen und die asymmetrischen Fehlerkorrekturmodelle wieder. Dabei bezeichnet $\hat{\theta}_i^{\mathrm{VZ}}$ den Anpassungskoeffizienten für den Fehlerkorrekturterm $\hat{u}_{i,t}^{\mathrm{VZ}}$ aus dem bivariaten Analogon zu (4.26) mit $i = g, q$ für Arbeiter oder Angestellte und $\mathrm{VZ} = +, -$.[78] Überraschend sind zwei Ergebnisse. Zum einen sind die Anpassungskoeffizienten und damit auch die Anpassungsgeschwindigkeit bei den Angestellten betragsmäßig *größer* als bei den Arbeitern. Dies gilt sowohl für das symmetrische als auch für das asymmetrische Fehlerkorrekturmodell. Zum zweiten findet sich ein signifikant asymmetrisches Muster nur bei den Angestellten, und zwar mit dem genau entgegengesetzten Verlauf wie aus den Asymmetrietests zu erwarten. Der im Vergleich zu den übrigen Anpassungskoeffizienten betragsmäßig große Koeffizient $\hat{\theta}_q^-$ impliziert, daß besonders die Anpassung bei einer relativ zum langfristigen Gleichgewicht zu niedrigen Beschäftigung am schnellsten erfolgt und somit in dieser Gruppe von Arbeitnehmern (externe oder interne) Entlassungskosten relativ höher sind als Einstellungskosten. Bei den Arbeitern findet sich hingegen keine signifikante Asymmetrie, obwohl die Schätzwerte für θ_g^+ und θ_g^- zumindest numerisch das gleiche Muster wie bei den Angestellten aufweisen, d.h. auch hier erfolgt die Anpassung bei einer Unterbe-

[78]Zur Verbesserung der Lesbarkeit sind die Anpassungskoeffizienten für den jeweils „eigenen" Fehlerkorrekturterm fett gedruckt.

	symmetrisches Fehlerkorrekturmodell		*asymmetrisches Fehlerkorrekturmodell*		
	Arbeiter	Angestellte	Arbeiter	Angestellte	
$\hat{\theta}_g$	**−0,009**	0,011	**−0,008**	0,011	$\hat{\theta}_g^+$
	−3,042	2,746	−2,354	2,422	
			−0,010	0,013	$\hat{\theta}_g^-$
			−2,556	2,779	
$\hat{\theta}_q$		**−0,013**		**−0,006**	$\hat{\theta}_q^+$
		−3,753		−1,242	
				−0,026	$\hat{\theta}_q^-$
				−4,653	
$\bar{R}^2$	0,81	0,74	0,81	0,75	$\bar{R}^2$
$LM(18)^a$	0,04	0,12	0,04	0,09	$LM(18)^a$
$F_{\hat{\theta}_g=\hat{\theta}_q}{}^a$	0,40		0,03		$F_{\hat{\theta}_g^+=\hat{\theta}_g^-=\hat{\theta}_q^+=\hat{\theta}_q^-}{}^a$
			0,01		$F_{\hat{\theta}_q^+=\hat{\theta}_q^-}{}^a$
			0,56		$F_{\hat{\theta}_g^+=\hat{\theta}_g^-}{}^a$
			0,06		$F_{\hat{\theta}_g^+=\hat{\theta}_q^+,\hat{\theta}_g^-=\hat{\theta}_q^-}{}^a$
			0,76		$F_{\hat{\theta}_g^+=\hat{\theta}_q^+}{}^a$
			0,02		$F_{\hat{\theta}_g^-=\hat{\theta}_q^-}{}^a$

Bemerkungen: Unter den geschätzten Koeffizienten sind die jeweiligen t-Werte angegeben.
[a] Angegeben sind jeweils die p-Werte.

Tabelle 4.22: Fehlerkorrekturmodelle für Arbeiter und Angestellte

schäftigung etwas schneller. Die F-Tests zu verschiedenen Asymmetriehypothesen verdeutlichen nochmals, daß der Nachweis von Asymmetrie durch den Schätzwert $\hat{\theta}_q^-$ dominiert wird, denn zur Verwerfung von Symmetrie kommt es nur dann, wenn θ_q^- Teil der Nullhypothese ist.

Die Anpassungsgüte der Regressionen, gemessen am bereinigten Bestimmtheitsmaß, bleibt zwischen den beiden Modellen nahezu unverändert und ist mit Werten um 0,8 für Zeitreihenmodelle vergleichsweise niedrig.[79] Vorbehaltlich der Probleme mit der Robustheit der der Schätzungen deutet dies darauf hin, daß die Berücksichtigung asymmetrischer Effekte keine wesentlich bessere Erklärung des Beschäftigungsverlaufes im verarbeitenden Gewerbe in Deutschland erlaubt. Insbesondere in den Gleichungen für die Arbeiter findet sich noch serielle Korrelation, die jedoch auch durch die Hinzunahme einer Reihe erster Differenzen verschiedener Variablen nicht beseitigt werden kann.

[79] Zu beachten ist allerdings, daß in die geschätzten Fehlerkorrekturmodelle keine Konstante enthalten, da diese immer insignifikant ist. Insofern haben die Bestimmtheitsmaße nicht die übliche Interpretation und liegen nicht notwendig zwischen 0 und 1.

Bewertung

Die widersprüchlichen Ergebnisse zwischen den nichtstrukturellen Asymmetrietests für die Arbeitslosendaten und dem asymmetrischen Fehlerkorrekturmodell sowohl für die Gesamtbeschäftigten des verarbeitenden Gewerbes als auch disaggregiert nach Arbeitern und Angestellten können eine Reihe von Ursachen haben. Grundsätzlich denkbar sind bereits eingangs dieses Abschnittes erwähnte strukturelle Unterschiede zwischen der Beschäftigung im verarbeitenden Gewerbe und in den übrigen Sektoren. Dagegen sprechen indes die Ergebnisse der Asymmetrietests aus Unterabschnitt 4.3.3, die das in Abschnitt 4.2 gefundene Muster grundsätzlich für das verarbeitende Gewerbe bestätigen, wenn auch in einer tendenziell schwächeren Ausprägung. Das Fehlen von Kointegrationsbeziehungen für in der Literatur üblichen Langfristbeziehungen weist eher auf eine mangelnde Eignung des Modellrahmens für die vorliegenden Daten oder auf ungeeignete Daten hin. Eine denkbare Erklärung sind auch Strukturbrüche in der Langfristbeziehung, etwa infolge einer Substitution von Arbeit durch Kapital, doch eine Verkürzung des Beobachtungszeitraumes auf die Zeit bis zur Wiedervereinigung oder die Jahre ab 1977 führt nicht zu einer stabileren Beziehung.
Auch eine Zerlegung der Residuen $\hat{u}_t$ in der von Escribano und Pfann (1998) vorgeschlagenen Form, d.h. anhand des Vorzeichens von $\Delta\hat{u}_t$ statt von $\hat{u}_t$ selbst, liefert bei den Spezifikationen mit Kapitalstock keine qualitativ anderen Ergebnisse. Die geschätzten Anpassungskoeffizienten habe die gleiche Größenordnung, lediglich die Signifikanz geht etwas zurück. Bei den trivialen Spezifikationen jedoch gilt nun ebenfalls $|\hat{\theta}^-| > |\hat{\theta}^+|$, obgleich der Unterschied nicht signifikant ist.[80]

Die schätztechnisch noch sensiblere Betrachtung struktureller Anpassungskostenmodelle, wie sie in Kapitel 2 ebenfalls vorgestellt wurden und die ebenfalls die Existenz einer oder mehrerer Kointegrationsbeziehungen voraussetzen, scheidet damit aus. Versuchsweise Schätzungen, die zu nicht konvexen Kostenverläufen führten, bestätigen diese Einschätzung.

4.4 Zusammenfassung

Die empirischen Untersuchungen bestätigen die Implikation des Matchingmodells, daß die Arbeitslosigkeit unter den Geringqualifizierten höher ist als unter den Qualifzierten, und das unabhängig vom Flexibilitätsgrad des jeweiligen Arbeitsmarktes. Auf einigen der rigideren Arbeitsmärkte ist allerdings das Arbeitslosigkeitsproblem unter Geringqualifzierten besonders ausgeprägt, und zumindest in Deutschland hat es sich in den vergangenen Jahren merklich verschärft. Ein et-

[80] Auch beim Wechsel von Monats- zu Quartalsdaten bleiben die Probleme bei der Ermittlung einer stabilen Langfristbeziehung bestehen.

was genauerer Blick auf den deutschen Arbeitsmarkt zeigt darüber hinaus, daß auch die Stromquoten in die und aus der Arbeitslosigkeit weitgehend in das vom Matchingmodell vorhergesagte Muster passen, so daß das Risiko, arbeitslos zu werden und für längere Zeit arbeitslos zu bleiben mit dem Qualifikationsniveau abnimmt.

Durch eine Reihe von Asymmetrietests für deutsche, US-amerikanische und britische Arbeitslosendaten wird der vom Matchingmodell vorhergesagte asymmetrische Beschäftigungsverlauf vergleichsweise schnellerer Beschäftigungsrückgänge bestätigt. Da sich kaum Hinweise dafür finden, daß diese Dynamik durch asymmetrische Schocks hervorgerufen wird, spricht einiges für das Vorliegen eines Strukturmerkmales, das ansonsten recht unterschiedlichen Arbeitsmärkten gemeinsam ist. Für besonders ausgeprägte Einbrüche der Beschäftigung gibt es hingegen nur uneinheitliche Belege.

Eine vor diesem Hintergrund durchgeführte eingehendere Asymmetrieanalyse des verarbeitenden Gewerbes in Deutschland mit Hilfe von asymmetrischen Fehlerkorrekturmodellen führt indes nur zu unbefriedigenden Resultaten: Sofern sich überhaupt eine stabile Langfristbeziehung für die Beschäftigung finden läßt, weist die Anpassungsdynamik das umgekehrte Asymmetriemuster auf, wie es aus den vorangehenden Tests eigentlich zu erwarten wäre. Das Ergebnis relativ höherer Entlassungskosten zumindest bei den Angestellten steht zwar im Einklang mit einer Reihe anderer Studien, bleibt aufgrund der mangelnden Robustheit der Schätzungen aber mit Zweifeln behaftet.

Kapitel 5

Schlußbemerkungen

Ziel dieser Arbeit war es, einige Auswirkungen der Heterogenität von Erwerbspersonen auf das Niveau und die Dynamik von Beschäftigung und Arbeitslosigkeit aufzuzeigen. Das in Kapitel 3 entwickelte Matchingmodell verdeutlicht, daß bei Friktionen am Arbeitsmarkt Geringqualifizierte eine inhärent höhere und im Mittel länger anhaltende Arbeitslosigkeit aufweisen als qualifizierte Erwerbspersonen, so daß die Arbeitsmarktsituation dieser Bevölkerungsgruppe auch in Zukunft problembehaftet sein wird. Entlassungskosten hingegen haben einen unklaren Effekt auf die Höhe der Arbeitslosigkeit, auch wenn sie die durchschnittliche Dauer eindeutig erhöhen. Beide Resultate sind, wie ein Überblick zur bisherigen Literatur gezeigt hat, empirisch auch gut belegt.

Eine weitere wichtige Modellimplikation ist, daß, unabhängig vom Qualifikationsniveau, Arbeitslosigkeit und Beschäftigung im Konjunkurzyklus einen asymmetrischen Verlauf aufweisen sollten, so daß in Rezessionsphasen die Arbeitslosigkeit schnell ansteigt, um im Laufe einer Konjunkturerholung nur vergleichsweise langsam wieder abzunehmen. Der Beitrag dieser Arbeit zur empirischen Literatur liegt insbesondere darin, dieses vorhergesagte Asymmetriemuster mit Asymmetrietests an deutschen, britischen und US-amerikanischen Arbeitslosendaten zu überprüfen. Die Bestätigung des vorhergesagten Verlaufes mit verschiedenen Tests und für unterschiedliche Volkswirtschaften spricht für ein robustes Ergebnis. Da sich zudem keine Belege für die Hypothese, daß dieses Asymmetriemuster hauptsächlich durch asymmetrische Schocks hervorgerufen wird, finden, ist davon auszugehen, daß es sich dabei um ein grundlegendes Merkmal von Arbeitsmärkten handelt. Ungünstig, aber gleichwohl bedeutsam ist dieser Befund etwa für die Abschätzung der Wirkung wirtschaftspolitischer Maßnahmen, da expansive Schocks nur verzögerte, kontraktive hingegen sehr schnelle und vergleichsweise starke Beschäftigungseffekte nach sich ziehen. Zugleich stellt er einen weitere möglichen Erklärungsansatz für die in anderen Studien bereits festgestellten asymmetrischen Effekte der Geld- und Fiskalpolitik dar, denn z.B. Cover (1992), Kandil (2000) oder Karras und Stokes (1999) zeigen, daß kontraktive Schocks wesentlich stärkere reale Auswirkungen haben als expansive.

Zur Überprüfung der Hypothese, daß auch die Beschäftigungsdynamik qualifikationsspezifische Unterschiede aufweist, sind die genannten Asymmetrietests indes weniger geeignet, so daß auf Modelle aus der dynamischen Theorie der Arbeitsnachfrage zurückgegriffen wurde. Die Schätzung von asymmetrischen Fehlerkorrekturmodellen für das verarbeitende Gewerbe in Deutschland liefert indes unklare und insgesamt wenig robuste Ergebnisse, die zum Teil denen der Asymmetrietests widersprechen, so daß Aussagen über Unterschiede in der Beschäftigungsdynamik zwischen Qualifizierten und Geringqualifizierten nicht oder nur sehr bedingt möglich sind. Inwieweit hier ein Datenproblem vorliegt oder durch die Wahl eines anderen ökonometrischen Instrumentariums verläßlichere Schlüsse gezogen werden können, muß an dieser Stelle letztlich unbeantwortet und künftiger Forschung vorbehalten bleiben.

Anhang A

Datenquellen

A.1 Daten zur Beveridgekurve in Abbildung 3.1

Beide Zeitreihen, die Zahl der Arbeitslosen und die Zahl der offenen Stellen, sind der Jahresdurchschnitt saisonbereinigter Quartalsdaten des Statistischen Bundesamtes (Zeitreihenservice) von 1962:1 bis 2001:1, und zwar:

- Zahl der Arbeitslosen, definiert gemäß der Statistik der Bundesanstalt für Arbeit als alle Personen, die das 15., aber noch nicht das 65. Lebensjahr vollendet haben und beschäftigungslos sind oder nur eine kurzfristige Beschäftigung ausüben: Zeitreihennummer 1022001;
- Zahl der offenen Stellen: Zeitreihennummer 1022003.

A.2 Daten zur Asymmetrieanalyse in Abschnitt 4.2

Quelle der einzelnen Reihen:

- Deutschland:
  - Arbeitslosenzahl: Statistisches Bundesamt (Zeitreihenservice Segment 339)
  - Arbeitslosenquote (definiert als Anteil der Arbeitslosen an den abhängigen Erwerbspersonen ohne Soldaten/Soldatinnen): Statistisches Bundesamt (Zeitreihenservice Segment 515)
- Großbritannien: OECD Main Economic Indicators
  - Arbeitslosenzahl: OECD Main Economic Indicators Reihe 264103DSA

  - Arbeitslosenquote (als Anteil aller Erwerbspersonen): OECD Main Economic Indicators Reihe 264111DSA

- USA: Arbeitslosenzahl und Arbeitslosenquote (als Anteil der zivilen Erwerbspersonen) beide von www.economagic.com/Bureau of Labor Statistics

A.3 Daten zum verarbeitenden Gewerbe in Abschnitt 4.3

Alle Daten für das verarbeitende Gewerbe stammen vom statistischen Bundesamt und sind nicht saisonbereinigt. Die Reihen zur Zahl von Betrieben, Arbeitern, Angestellten, Lohn- und Gehaltssummen und Gesamtumsatz stammen für die Jahre 1977–1994 aus der Fachserie 4, Reihe 4.1.1. Die Untergliederung des verarbeitenden Gewerbes erfolgte in dieser Zeit gemäß der „Systematik der Wirtschaftszweige, Ausgabe 1979, Fassung für die Statistik im Produzierenden Gewerbe" (SYPRO). Ab dem Jahr 1995 sind nur noch Zahlen nach der „Klassifikation der Wirtschaftszweige, Ausgabe 1993" (WZ 93) verfügbar, die wegen einer geänderten Abgrenzung nicht mehr mit den SYPRO-Reihen vergleichbar sind. Vor 1977 lag der Erhebung nicht nur eine etwas andere Systematik der Wirtschaftsgruppen zugrunde, sondern es wurden auch Betriebe ab einer Zahl von 10 Mitarbeitern erfaßt. Ab 1977 wurde dieser Schwellenwert auf 20 Mitarbeiter angehoben, doch da gleichzeitig entsprechend Handwerksbetriebe in die Erfassung mit aufgenommen wurden, geht die Zahl der Betriebe ab 1977 nicht zwingend zurück. Für die Jahre 1970–1976 hat das Statistische Bundesamt die genannten Reihen bis auf die Lohn- und Gehaltszahlen zurückgerechnet. Die beiden letztgenannten Reihen hingegen liegen nicht einzeln, sondern nur zusammengefaßt als „Lohn- und Gehaltssumme" vor. Um dennoch bis 1970 zurückreichende separate Reihen für Lohn- und Gehaltssummen zu erhalten, wurde die Summenreihe aufgespalten. Als Gewichte dienten die Lohn- und Gehaltszahlungen im verarbeitenden Gewerbe von 1970–1976 nach der SYPRO-Vorgängersystematik IB 1972.[1] In den Lohn- und Gehaltszahlen sind neben der normalen Vergütung auch Gratifikationen, nicht jedoch der Arbeitgeberbeitrag zur Sozialversicherung enthalten. Da es sich um nicht saisonbereinigte Rohdaten handelt, weisen die Lohn- und Gehaltszahlen einen ausgeprägten Anstieg im vierten Quartal auf, der wohl auf Sonderzahlungen (Weihnachtsgeld oder ähnliches) zurückzuführen sein dürfte, zumal die entsprechenden Beschäftigtenzahlen nicht so stark schwanken. Die Umsatzzahlen basieren auf Rechnungswerten *ohne* die geleistete Mehrwertsteuer.

Für den Kapitalstock werden Zahlen zum Anlagevermögen und seinen Bestandteilen Ausrüstungen und Bauten vom Zeitreihenservice des Statistischen Bundesamtes herangezogen. Die Daten für die Anlagen stammen aus dem Segment 2291

[1] Zur Umstellung vergleiche Heppt (1979).

(Teil der VGR). Da die Reihen nur als Jahreszahlen von 1960–1995 (mit dem Bestand jeweils zu Anfang des Jahres) verfügbar sind, werden sie bei Analysen mit höheren Frequenzen linear interpoliert.
Zur Umrechnung auf Preise des Jahres 1976 wurden für das gesamte Anlagevermögen die Faktoren der beiden Unterreihen Ausrüstungen und Bauten verwendet, da für die Gesamtreihe kein Faktor vorhanden ist. Der Faktor ist der Preisindex, der sich durch Division der Reihen zu Preisen eines Basisjahres und zu laufenden Preisen ergibt. Alle Reihen sind sowohl als Brutto- als auch als Nettobestand verfügbar, der sich in der Behandlung der kumulierten Abschreibungen bis zum Ausscheiden des betreffenden Gutes aus dem Anlagenbestand unterscheidet. Für die Untersuchung wurde der Bruttobestand verwendet, um den Einfluß steuerlicher Abschreibungsregeln auf den gemessenen Kapitalbestand zu verringern.

Für den Preisindex sind selbst bei jährlicher Frequenz im Zeitraum 1970–1994 keine durchgehenden Reihen verfügbar. Daher muß eine synthetische Reihe aus den Zahlen von 1976 bis 1998 (Index der Erzeugerpreise gewerblicher Produkte (1991=100): insg., nach Gütergruppen, -zweigen, -klassen und -arten des GP [Systematisches Güterverzeichnis für Produktionsstatistiken], Ausgabe 1989) und von 1968 bis 1979 (Index der Erzeugerpreise industrieller Produkte (1970=100): insg., nach Investitions-, Verbrauchsgütern, Hauptgruppen, ausgewählten Warengruppen, -klassen und -arten des WI, Ausgabe 1970) erzeugt werden, wobei im Überlappungszeitraum das arithmetische Mittel aus beiden Reihen gebildet wird.[2]
Die Daten sind dem Internetzeitreihenservice des Statistischen Bundesamtes, Segmente 233 (erste Teilperiode) und 3364, entnommen.

Die Reihe für den Ölpreis stammt aus den International Financial Statistics des Internationalen Währungsfonds (IFS-CD).

[2]Mögliche Ursachen für Nichtdeckungsgleichheit sind Unterschiede in der Systematik der betrachteten Güter.

Anhang B

Herleitungen

B.1 Herleitungen zu Kapitel 3

B.1.1 Der Arbeitsmarkt für Qualifizierte im Steady-State

Änderungen in β

$d\theta^q = 0$: Die Ableitung von (3.14) nach β lautet

$$\sigma \frac{\partial \varepsilon_d^q}{\partial \beta} = \frac{c}{(1-\beta)^2}\theta^q + \frac{\sigma\lambda}{r+\lambda}[1 - F(\varepsilon_d^q)]\frac{\partial \varepsilon_d^q}{\partial \beta} \tag{B.1}$$

$$\Leftrightarrow \quad \sigma \frac{\partial \varepsilon_d^q}{\partial \beta}\frac{r + \lambda F(\varepsilon_d^q)}{r+\lambda} = c\theta^q \frac{1}{(1-\beta)^2} \tag{B.2}$$

$$\Rightarrow \quad \frac{\partial \varepsilon_d^q}{\partial \beta} > 0\,.$$

$d\theta^q \neq 0$: Die Ableitung von (3.14) nach β ergibt (vergleiche (B.2))

$$\sigma \frac{\partial \varepsilon_d^q}{\partial \beta}\frac{r + \lambda F(\varepsilon_d^q)}{r+\lambda} = \frac{c}{(1-\beta)^2}\theta^q + \frac{\beta c}{1-\beta}\frac{\partial \theta^q}{\partial \beta}\,. \tag{B.3}$$

Die Ableitung von (3.16) nach β führt zu

$$\phi'(\theta^q)\frac{\partial \theta^q}{\partial \beta} = \frac{c(r+\lambda)}{(1-\beta)^2\sigma(\varepsilon_u - \varepsilon_d^q)} + \frac{c(r+\lambda)\frac{\partial \varepsilon_d^q}{\partial \beta}}{(1-\beta)\sigma(\varepsilon_u - \varepsilon_d^q)^2}\,. \tag{B.4}$$

Angenommen es gilt $\frac{\partial \theta^q}{\partial \beta} > 0$. Wegen $\phi'(\theta^q) < 0$ muß gelten $\frac{\partial \varepsilon_d^q}{\partial \beta} < 0$. Andererseits impliziert (B.3) $\frac{\partial \varepsilon_d^q}{\partial \beta} > 0$ für $\frac{\partial \theta^q}{\partial \beta} > 0$, was ein Widerspruch ist. Somit muß gelten $\frac{\partial \theta^q}{\partial \beta} < 0$.

Auflösen von (B.4) nach $\frac{\partial\theta^q}{\partial\beta}$ unter Berücksichtigung von $-\eta = \phi'(\theta^q)\frac{\theta^q}{\phi(\theta^q)}$ führt zu

$$\begin{aligned}\frac{\partial\theta^q}{\partial\beta} &= \frac{1}{\phi'(\theta^q)}\left[\frac{c(r+\lambda)}{(1-\beta)^2\sigma(\varepsilon_u-\varepsilon_d^q)} + \frac{c(r+\lambda)\frac{\partial\varepsilon_d^q}{\partial\beta}}{(1-\beta)\sigma(\varepsilon_u-\varepsilon_d^q)^2}\right] \\ &= \frac{\theta^q}{-\eta\phi(\theta^q)}\left[\frac{\phi(\theta^q)}{1-\beta} + \frac{\phi(\theta^q)\frac{\partial\varepsilon_d^q}{\partial\beta}}{(\varepsilon_u-\varepsilon_d^q)}\right] \\ &= \frac{-\theta^q}{\eta(1-\beta)} - \frac{\theta^q\frac{\partial\varepsilon_d^q}{\partial\beta}}{\eta(\varepsilon_u-\varepsilon_d^q)}\,. \end{aligned} \tag{B.5}$$

Einsetzen von (B.5) in (B.3) ergibt

$$\begin{aligned} &\sigma\frac{\partial\varepsilon_d^q}{\partial\beta}\frac{r+\lambda F(\varepsilon_d^q)}{r+\lambda} = \frac{c\theta^q}{(1-\beta)^2} - \frac{c\beta}{1-\beta}\left[\frac{\theta^q}{\eta(1-\beta)} + \frac{\theta^q\frac{\partial\varepsilon_d^q}{\partial\beta}}{\eta(\varepsilon_u-\varepsilon_d^q)}\right] \\ \Leftrightarrow\ &\frac{\partial\varepsilon_d^q}{\partial\beta}\underbrace{\left[\frac{\sigma(r+\lambda F(\varepsilon_d^q))}{r+\lambda} + \frac{c\beta}{1-\beta}\frac{\theta^q}{\eta(\varepsilon_u-\varepsilon_d^q)}\right]}_{>0} = \frac{c\theta^q}{(1-\beta)^2}\left[1-\frac{\beta}{\eta}\right]\,. \end{aligned} \tag{B.6}$$

Somit muß gelten $\frac{\partial\varepsilon_d^q}{\partial\beta} \geq 0$ wenn $\eta \geq \beta$.

Änderungen in c

$d\theta^q = 0$: Die Ableitung von (3.14) nach c lautet

$$\begin{aligned} \sigma\frac{\partial\varepsilon_d^q}{\partial c} &= \frac{\sigma\lambda}{r+\lambda}[1-F(\varepsilon_d^q)]\frac{\partial\varepsilon_d^q}{\partial c} + \frac{\beta}{1-\beta}\theta^q \\ \Leftrightarrow \sigma\frac{\partial\varepsilon_d^q}{\partial c}\frac{r+\lambda F(\varepsilon_d^q)}{r+\lambda} &= \frac{\beta}{1-\beta}\theta^q\,. \end{aligned} \tag{B.7}$$

$$\Rightarrow \quad \frac{\partial\varepsilon_d^q}{\partial c} > 0.$$

$d\theta^q \neq 0$: Die Ableitungen von (3.14) und (3.16) nach c sind

$$\sigma\frac{\partial\varepsilon_d^q}{\partial c}\frac{r+\lambda F(\varepsilon_d^q)}{r+\lambda} = \frac{\beta}{1-\beta}\theta^q + \frac{\beta c}{1-\beta}\frac{\partial\theta^q}{\partial c} \tag{B.8}$$

und

$$\phi'(\theta^q)\frac{\partial\theta^q}{\partial c} = \frac{(r+\lambda)}{\sigma(1-\beta)}\frac{(\varepsilon_u-\varepsilon_d^q)+c\frac{\partial\varepsilon_d^q}{\partial c}}{(\varepsilon_u-\varepsilon_d^q)^2}\,. \tag{B.9}$$

Angenommen es gilt $\frac{\partial \theta^q}{\partial c} > 0$. Wegen $\phi'(\theta^q)$ muß $\frac{\partial \varepsilon_d^q}{\partial c} < 0$ gelten. Andererseits impliziert die rechte Seite der Gleichung (B.8) $\frac{\partial \varepsilon_d^q}{\partial c} > 0$, was ein Widerspruch ist. Somit muß gelten $\frac{\partial \theta^q}{\partial c} < 0$.

Um das Vorzeichen von $\frac{\partial \varepsilon_d^q}{\partial c}$ zu bestimmen, setzet man Gleichung (B.9) in (B.8) ein und erhält

$$\sigma \frac{\partial \varepsilon_d^q}{\partial c} \frac{r + \lambda F(\varepsilon_d^q)}{r + \lambda} = \frac{\beta \theta^q}{1 - \beta} + \frac{\beta c}{1 - \beta} \frac{r + \lambda}{\sigma (1 - \beta)} \frac{(\varepsilon_u - \varepsilon_d^q) + c \frac{\partial \varepsilon_d^q}{\partial c}}{\phi'(\theta^q)(\varepsilon_u - \varepsilon_d^q)^2} \tag{B.10}$$

$$\Leftrightarrow \sigma \frac{\partial \varepsilon_d^q}{\partial c} \left[\frac{r + \lambda F(\varepsilon_d^q)}{r + \lambda} - \frac{\beta c^2 (r + \lambda)}{\phi'(\theta^q) \sigma^2 (\varepsilon_u - \varepsilon_d^q)^2 (1 - \beta)^2} \right] = \frac{\beta \theta^q}{1 - \beta} + \frac{\beta c (r + \lambda)}{\sigma (1 - \beta)^2 (\varepsilon_u - \varepsilon_d^q) \phi'(\theta^q)}$$

$$\begin{aligned} \Leftrightarrow \sigma \frac{\partial \varepsilon_d^q}{\partial c} \left[\frac{r + \lambda F(\varepsilon_d^q)}{r + \lambda} - \frac{\beta \phi(\theta^q)^2}{\phi'(\theta^q)(r + \lambda)} \right] &= \frac{\beta}{1 - \beta} \left[\theta^q + \frac{\phi(\theta^q)}{\phi'(\theta^q)} \right] \\ &= \frac{\beta}{1 - \beta} \theta^q \left(1 - \frac{1}{\eta} \right) \\ &\Rightarrow \frac{\partial \varepsilon_d^q}{\partial c} < 0 \, . \end{aligned} \tag{B.11}$$

B.1.2 Das Arbeitsmarktsegment für Geringqualifizierte

Herleitung von (3.28)

Setzt man ε_u und ε_d^g in (3.25) ein und bildet die Differenz der beiden Gleichungen, so gelangt man zu

$$\begin{aligned} (r + \lambda) \left[S^g(\varepsilon_u) - S^g\left(\varepsilon_d^g\right) \right] &= \sigma \left(\varepsilon_u - \varepsilon_d^g \right) \\ \Leftrightarrow \qquad S^g(\varepsilon_u) &= \frac{\sigma \left(\varepsilon_u - \varepsilon_d^g \right)}{r + \lambda} \, . \end{aligned} \tag{B.12}$$

Wegen (3.2) und (3.4) gilt auch

$$S^g(\varepsilon_u) = \frac{1}{1 - \beta} J^g(\varepsilon_u) = \frac{1}{1 - \beta} \frac{c}{\phi(\theta^g)} \, . \tag{B.13}$$

Einsetzen von (B.12) in (B.13) und Auflösen nach $\phi(\theta^g)$ führt auf (3.28).

Änderungen in ρ

$\boldsymbol{d\theta^g = 0}$**:** Die Ableitung von (3.26) nach ρ ist

$$\begin{aligned}
\sigma\left(\frac{\partial\varepsilon_d^g}{\partial\rho}-1\right) &= \frac{\sigma\lambda}{r+\lambda}[1-F(\varepsilon_d^g)]\frac{\partial\varepsilon_d^g}{\partial\rho} \\
\Leftrightarrow \sigma\frac{\partial\varepsilon_d^g}{\partial\rho}\frac{r+\lambda F(\varepsilon_d^g)}{r+\lambda} &= \sigma \\
\Leftrightarrow \frac{\partial\varepsilon_d^g}{\partial\rho} &= \frac{r+\lambda}{r+\lambda F(\varepsilon_d^g)} > 1\,. \qquad \text{(B.14)}
\end{aligned}$$

Hierdurch erhält man die Kreuzableitung nach ρ und σ:

$$\frac{\partial^2\varepsilon_d^g}{\partial\rho\partial\sigma} = \frac{-(r+\lambda)\lambda F'(\varepsilon_d^g)\frac{\partial\varepsilon_d^g}{\partial\sigma}}{[r+\lambda F(\varepsilon_d^g)]^2}\,. \qquad \text{(B.15)}$$

Diese ist negativ für $\frac{\partial\varepsilon_d^g}{\partial\sigma} > 0$. Analog kann gezeigt werden, daß $\frac{\partial^2\varepsilon_d^g}{\partial\rho\partial(p-b)} > 0$ und $\frac{\partial^2\varepsilon_d^g}{\partial\rho\partial\beta} < 0$ gelten.

Die Kreuzableitung nach ρ und λ ist gegeben durch

$$\begin{aligned}
\frac{\partial^2\varepsilon_d^g}{\partial\rho\partial\lambda} &= \frac{r+\lambda F(\varepsilon_d^g)-(r+\lambda)\left[F(\varepsilon_d^g)+\lambda F'(\varepsilon_d^g)\frac{\partial\varepsilon_d^g}{\partial\lambda}\right]}{[r+\lambda F(\varepsilon_d^g)]^2} \\
&= \frac{r[1-F(\varepsilon_d^g)]-(r+\lambda)\lambda F'(\varepsilon_d^g)\frac{\partial\varepsilon_d^g}{\partial\lambda}}{[r+\lambda F(\varepsilon_d^g)]^2}\,. \qquad \text{(B.16)}
\end{aligned}$$

Wegen $F(\varepsilon_d^g) < 1$ und $\frac{\partial\varepsilon_d^g}{\partial\lambda} < 0$ ist sie positiv. Analog kann gezeigt werden, daß die Kreuzableitung nach ρ und r negativ ist.

$\boldsymbol{d\theta^g \neq 0}$**:** Differenzieren von (3.26) und (3.28) nach ρ ergibt

$$\sigma\frac{\partial\varepsilon_d^g}{\partial\rho} = \frac{r+\lambda}{r+\lambda F(\varepsilon_d^g)}\left[\sigma+\frac{\beta c}{1-\beta}\frac{\partial\theta^g}{\partial\rho}\right] \qquad \text{(B.17)}$$

und

$$\phi'(\theta^g)\frac{\partial\theta^g}{\partial\rho} = \frac{c(r+\lambda)\frac{\partial\varepsilon_d^g}{\partial\rho}}{(1-\beta)\sigma(\varepsilon_u-\varepsilon_d^g)^2}\,. \qquad \text{(B.18)}$$

Angenommen es gilt $\frac{\partial\theta^g}{\partial\rho} > 0$. Wegen $\phi'(\theta^g) < 0$ muß dann $\frac{\partial\varepsilon_d^g}{\partial\rho} < 0$ gelten. Andererseits implizieren (B.17) und $\frac{\partial\theta^g}{\partial\rho} > 0$ die Beziehung $\frac{\partial\varepsilon_d^g}{\partial\rho} > 0$ und damit einen Widerspruch. Somit müssen $\frac{\partial\theta^g}{\partial\rho} < 0$ und – nochmals unter Verwendung von (B.18) – $\frac{\partial\varepsilon_d^g}{\partial\rho} > 0$ gelten.

Um Kreuzableitungen für die Variable θ^g zu berechnen, wird eine explizite Lösung für $\frac{\partial \varepsilon_d^g}{\partial \rho}$ benötigt. Einsetzen von (B.18) in (B.17) und Umformen führt zu

$$\sigma \frac{\partial \varepsilon_d^g}{\partial \rho} = \frac{r+\lambda}{r+\lambda F(\varepsilon_d^g)} \left[\sigma + \frac{\beta c^2 (r+\lambda) \frac{\partial \varepsilon_d^g}{\partial \rho}}{(1-\beta)^2 \sigma (\varepsilon_u - \varepsilon_d^g)^2 \phi'(\theta^g)} \right] \tag{B.19}$$

$$\Leftrightarrow \quad \sigma \frac{\partial \varepsilon_d^g}{\partial \rho} \left[1 - \frac{\beta}{\phi'(\theta^g)[r+\lambda F(\varepsilon_d^g)]} \left[\frac{c(r+\lambda)}{(1-\beta)\sigma(\varepsilon_u - \varepsilon_d^g)} \right]^2 \right] = \frac{\sigma(r+\lambda)}{r+\lambda F(\varepsilon_d^g)}$$

$$\Leftrightarrow \quad \frac{\partial \varepsilon_d^g}{\partial \rho} \left(1 - \frac{\beta \phi(\theta^g)^2}{\phi'(\theta^g)\,[r+\lambda F(\varepsilon_d^g)]} \right) = \frac{r+\lambda}{r+\lambda F(\varepsilon_d^g)}$$

$$\frac{\partial \varepsilon_d^g}{\partial \rho} = \frac{r+\lambda}{r+\lambda F(\varepsilon_d^g) - \beta \frac{\phi(\theta^g)^2}{\phi'(\theta^g)}} \ . \tag{B.20}$$

Ableiten von $\frac{\partial \varepsilon_d^g}{\partial \rho}$ nach $p-b$ liefert

$$\frac{\partial^2 \varepsilon_d^g}{\partial \rho \partial (p-b)} = \frac{-(r+\lambda)\left[\lambda F'(\varepsilon_d^g) \frac{\partial \varepsilon_d^g}{\partial (p-b)} - \beta \Phi(\theta^g) \frac{\partial \theta^g}{\partial (p-b)} \right]}{\left[r+\lambda F(\varepsilon_d^g) - \beta \frac{\phi(\theta^g)^2}{\phi'(\theta^g)} \right]^2} \tag{B.21}$$

$$\text{mit} \quad \Phi(\theta^g) := \frac{d\left(\frac{\phi(\theta^g)^2}{\phi'(\theta^g)}\right)}{d\theta^g}) = \frac{\phi'(\theta^g) 2\phi(\theta^g)\phi'(\theta^g) - \phi''(\theta^g)\phi^2(\theta^g)}{\phi'(\theta^g)^2}$$

$$= 2\phi(\theta^g) - \phi''(\theta^g) \left[\frac{\phi(\theta^g)}{\phi'(\theta^g)} \right]^2 \ . \tag{B.22}$$

Wegen $\phi''(\theta^g) > 0$ ist das Vorzeichen von $\Phi(\theta^g)$ und damit auch das von $\frac{\partial \varepsilon_d^g}{\partial (p-b)}$ unbestimmt. Damit $\frac{\partial^2 \varepsilon_d^g}{\partial \rho \partial (p-b)} > 0$ gilt, muß $\Phi(\theta^g)$ positiv sein. Dies impliziert, daß $\phi''(\theta^g)$ nicht zu groß und somit $\phi(\theta^g)$ nicht stark konvex ist.
Im Falle einer Cobb-Douglas Matching-Funktion, d.h. bei $m(v^g, u^g) = v^\alpha u^{1-\alpha}$, gilt $\phi(\theta^g) = \theta^{\alpha-1}$, $\phi'(\theta^g) = (\alpha-1)\theta^{\alpha-2} < 0$ und $\phi''(\theta^g) = (\alpha-1)(\alpha-2)\theta^{\alpha-3} > 0$. In den (B.22) eingesetzt ergibt sich $\frac{\alpha}{\alpha-1}\theta^{\alpha-1} < 0$, so daß das Vorzeichen von (B.21) weiterhin unbestimmt ist.

Änderungen in σ

$d\theta^g = 0$: Die Ableitung von (3.26) nach σ ist

$$\begin{aligned} \varepsilon_d^g - \rho + \sigma\frac{\partial\varepsilon_d^g}{\partial\sigma} &= -\frac{\lambda}{r+\lambda}\int_{\varepsilon_d^g}^{\varepsilon_u}[1-F(x)]dx \\ &\quad +\frac{\sigma\lambda}{r+\lambda}[1-F(\varepsilon_d^g)]\frac{\partial\varepsilon_d^g}{\partial\sigma} \qquad \text{(B.23)} \\ \Leftrightarrow \sigma\frac{\partial\varepsilon_d^g}{\partial\sigma}\frac{r+\lambda F(\varepsilon_d^g)}{r+\lambda} &= -\varepsilon_d^g + \rho - \frac{\lambda}{r+\lambda}\int_{\varepsilon_d^g}^{\varepsilon_u}[1-F(x)]dx \\ &= \frac{1}{\sigma}\left[p - b - \frac{\beta c}{1-\beta}\theta^g\right] . \qquad \text{(B.24)} \end{aligned}$$

Somit muß $\frac{\partial\varepsilon_d^g}{\partial\sigma} > 0$ gelten, sofern die Bedingung $p > b + \frac{\beta c}{1-\beta}\theta^g$ erfüllt ist. Qualitativ ist dies dieselbe Bedingung wie für $\frac{\partial\varepsilon_d^q}{\partial\sigma} > 0$.

$d\theta^g \neq 0$: Ableiten von (3.26) und (3.16) nach σ führt zu den Ausdrücken

$$\sigma\frac{\partial\varepsilon_d^g}{\partial\sigma}\frac{r+\lambda F(\varepsilon_d^g)}{r+\lambda} = -(\varepsilon_d^g - \rho) - \frac{\lambda}{r+\lambda}\int_{\varepsilon_d^g}^{\varepsilon_u}[1-F(x)]dx + \frac{\beta c}{1-\beta}\frac{\partial\theta^g}{\partial\sigma} . \qquad \text{(B.25)}$$

und

$$\begin{aligned} \phi'(\theta^g)\frac{\partial\theta^g}{\partial\sigma} &= \frac{c(r+\lambda)}{1-\beta}\frac{-(\varepsilon_u - \varepsilon_d^g - \sigma\frac{\partial\varepsilon_d^g}{\partial\sigma})}{\sigma^2(\varepsilon_u - \varepsilon_d^g)^2} \\ &= \phi(\theta^g)\frac{\sigma\frac{\partial\varepsilon_d^g}{\partial\sigma} - (\varepsilon_u - \varepsilon_d^g)}{\sigma(\varepsilon_u - \varepsilon_d^g)} . \qquad \text{(B.26)} \end{aligned}$$

Unter Verwendung von $-\eta = \phi'(\theta^g)\frac{\theta^g)}{\phi(\theta^g)}$ kann (B.26) wie folgt umgeschrieben werden:

$$\begin{aligned} \frac{\partial\theta^g}{\partial\sigma}\sigma(\varepsilon_u - \varepsilon_d^g)\frac{\eta}{\theta^g} &= (\varepsilon_u - \varepsilon_d^g) - \sigma\frac{\partial\varepsilon_d^q}{\partial\sigma} \qquad \text{(B.27)} \\ \Leftrightarrow \frac{\partial\theta^g}{\partial\sigma} &= \frac{\theta^g}{\sigma\eta} - \frac{\theta^g}{\eta(\varepsilon_u - \varepsilon_d^g)}\frac{\partial\varepsilon_d^g}{\partial\sigma} . \qquad \text{(B.28)} \end{aligned}$$

Einsetzen von (B.25) in (B.27) führt auf

$$\begin{aligned} \frac{\partial\theta^g}{\partial\sigma}\left[\sigma(\varepsilon_u - \varepsilon_d^g)\frac{\eta}{\theta^g} + \frac{r+\lambda}{r+\lambda F(\varepsilon_d^g)}\frac{\beta c}{1-\beta}\right] &= (\varepsilon_u - \varepsilon_d^g) \\ + \frac{r+\lambda}{r+\lambda F(\varepsilon_d^g)}\left[\varepsilon_d^g - \rho + \frac{\lambda}{r+\lambda}\int_{\varepsilon_d^g}^{\varepsilon_u}[1-F(x)]dx\right] . \qquad \text{(B.29)} \end{aligned}$$

Die rechte Seite läßt sich folgendermaßen vereinfachen:

$$\begin{aligned}\frac{\partial\theta^g}{\partial\sigma}[\ldots] &= \varepsilon_u - \frac{r+\lambda}{r+\lambda F(\varepsilon_d^g)}\rho + \frac{\varepsilon_d^g\lambda[1-F(\varepsilon_d^g)]}{r+\lambda F(\varepsilon_d^g)} + \frac{\lambda}{r+\lambda F(\varepsilon_d^g)}\int_{\varepsilon_d^g}^{\varepsilon_u}[1-F(x)dx] \\ &= \varepsilon_u - \frac{r+\lambda}{r+\lambda F(\varepsilon_d^g)}\rho + \frac{\lambda[1-F(\varepsilon_d^g)]}{r+\lambda F(\varepsilon_d^g)}\left[\varepsilon_d^g + \int_{\varepsilon_d^g}^{\varepsilon_u}\frac{1-F(x)}{1-F(\varepsilon_d^g)}dx\right] \\ &= \varepsilon_u - \frac{r+\lambda}{r+\lambda F(\varepsilon_d^g)}\rho + \frac{\lambda[1-F(\varepsilon_d^g)]}{r+\lambda F(\varepsilon_d^g)}E(\varepsilon \mid \varepsilon \geq \varepsilon_d^g)\;. \qquad \text{(B.30)}\end{aligned}$$

Da der eingeklammerte Gleichungsteil auf der linken Seite positiv ist, wird das Vorzeichen von $\frac{\partial\theta^l}{\partial\sigma}$ durch die rechte Seite der Gleichung bestimmt. Diese ist positiv, solange ρ nicht zu groß ist (man beachte, daß $\varepsilon_u > E(\varepsilon \mid \varepsilon \geq \varepsilon_d^g) > 0$, da $E(\varepsilon) = 0$). Eine hinreichende Bedingung für eine positive Ableitung ist beispielsweise $E(\varepsilon \mid \varepsilon \geq \varepsilon_d^g) > \rho$, denn (B.30) kann auch äquivalent als

$$\frac{\partial\theta^g}{\partial\sigma}[\ldots] = \varepsilon_u - \rho + \frac{\lambda[1-F(\varepsilon_d^g)]}{r+\lambda F(\varepsilon_d^g)}[E(\varepsilon \mid \varepsilon \geq \varepsilon_d^g) - \rho] \qquad \text{(B.31)}$$

ausgedrückt werden. Das Vorzeichen von $\frac{\partial\varepsilon_d^g}{\partial\sigma}$ läßt sich durch Einsetzen von (B.28) in (B.25) bestimmen. Man erhält

$$\begin{aligned}\sigma\frac{\partial\varepsilon_d^g}{\partial\sigma}\frac{r+\lambda F(\varepsilon_d^g)}{r+\lambda} &= -(\varepsilon_d^g - \rho) - \frac{\lambda}{r+\lambda}\int_{\varepsilon_d^g}^{\varepsilon_u}[1-F(x)]dx \\ &\quad + \frac{\beta c}{1-\beta}\left[\frac{\theta^g}{\sigma\eta} - \frac{\theta^g\frac{\partial\varepsilon_d^g}{\partial\sigma}}{\eta(\varepsilon_u - \varepsilon_d^g)}\right]\end{aligned}$$

$$\begin{aligned}\Leftrightarrow\quad &\frac{\partial\varepsilon_d^g}{\partial\sigma}\left[\frac{\sigma(r+\lambda F(\varepsilon_d^g))}{r+\lambda} + \frac{\beta c\theta^g}{(1-\beta)\eta(\varepsilon_u - \varepsilon_d^g)}\right] = \\ &\frac{1}{\sigma}\left[-\sigma(\varepsilon_d^g - \rho) - \frac{\sigma\lambda}{r+\lambda}\int_{\varepsilon_d^g}^{\varepsilon_u}[1-F(x)]dx + \frac{\beta c}{1-\beta}\theta^g + \frac{\beta c}{1-\beta}\theta^g\left(\frac{1}{\eta}-1\right)\right] \\ &= \frac{1}{\sigma}\left[p - b + \frac{\beta c}{1-\beta}\theta^g\left(\frac{1}{\eta}-1\right)\right]. \qquad \text{(B.32)}\end{aligned}$$

Der eingeklammerte Teil auf der linken Seite der Gleichung ist positiv, so daß $p \geq b$ eine hinreichende Bedingung für ein positives Vorzeichen von $\frac{\partial\varepsilon_d^g}{\partial\sigma}$ ist.

B.1.3 Einführung von Entlassungskosten

Der Arbeitsmarkt für Qualifizierte

Herleitung der Gleichung (3.37): Ableiten von (3.36) nach ε ergibt

$$S^{q\prime}(\varepsilon) = \frac{\sigma}{r+\lambda}\;. \qquad \text{(B.33)}$$

In (3.36) kann der eingeklammerte Teil durch partielle Integration wie folgt umgeformt werden:

$$\begin{aligned}
\int_{\varepsilon_d^q}^{\varepsilon_u} S^q(x)dF(x) - kF(\varepsilon_d^q) &= [S^q(x)F(x)]_{\varepsilon_d^q}^{\varepsilon_u} - \int_{\varepsilon_d^q}^{\varepsilon_u} S^{q\prime}(x)F(x)dx - kF\left(\varepsilon_d^q\right) \\
&= S^q(\varepsilon_u)\cdot 1 - (-k)F\left(\varepsilon_d^q\right) \\
&\quad -\frac{\sigma}{r+\lambda}\int_{\varepsilon_d^q}^{\varepsilon_u} F(x)dx - kF\left(\varepsilon_d^q\right) \\
&= \int_{\varepsilon_d^q}^{\varepsilon_u} S^{q\prime}(x)dx - k - \frac{\sigma}{r+\lambda}\int_{\varepsilon_d^q}^{\varepsilon_u} F(x)dx \\
&= \frac{\sigma}{r+\lambda}\int_{\varepsilon_d^q}^{\varepsilon_u}\left[1-F(x)\right]dx - k\ . \qquad \text{(B.34)}
\end{aligned}$$

Die vorletzte Zeile ergibt sich, wenn man beachtet, daß $S^q(\varepsilon)$ den Wert $-k$ für $\varepsilon \leq \varepsilon_d^q$ annimmt, in anderen Worten $-k$ die Integrationskonstante ist.

Zusätzlich implizieren (3.2), (3.31) und $S^q(\varepsilon_u) > 0$

$$S^q(\varepsilon_u) = \frac{c}{(1-\beta)\phi\left(\theta^q\right)}\ . \qquad \text{(B.35)}$$

Einsetzen von (B.34) und (B.35) in (3.36) führt auf (3.37).

Änderungen in *k*:

$d\theta^q = 0$: Differenzieren von (3.38) nach k ergibt

$$\begin{aligned}
\sigma\frac{\partial\varepsilon_d^q}{\partial k} &= \frac{\sigma\lambda}{r+\lambda}\left[1-F\left(\varepsilon_d^q\right)\right]\frac{\partial\varepsilon_d^q}{\partial k} - r \\
\Leftrightarrow\quad \sigma\frac{\partial\varepsilon_d^q}{\partial k} &= -\frac{r+\lambda}{r+\lambda F\left(\varepsilon_d^q\right)}r < 0\ . \qquad \text{(B.36)}
\end{aligned}$$

$d\theta^q \neq 0$: Die Ableitungen von (3.38) und (3.42) nach k sind

$$\sigma\frac{\partial\varepsilon_d^q}{\partial k} = \frac{r+\lambda}{r+\lambda F\left(\varepsilon_d^q\right)}\left(-r + \frac{\beta c}{1-\beta}\frac{\partial\theta^q}{\partial k}\right) \qquad \text{(B.37)}$$

und

$$\phi'\left(\theta^q\right)\frac{\partial\theta^q}{\partial k} = \frac{c(r+\lambda)}{1-\beta}\,\frac{\sigma\frac{\partial\varepsilon_d^q}{\partial k} + (r+\lambda)}{\left[\sigma(\varepsilon_u - \varepsilon_d^q) - (r+\lambda)k\right]^2}\ . \qquad \text{(B.38)}$$

Angenommen es gilt $\frac{\partial\theta^q}{\partial k} > 0$. Wegen $\phi'(\cdot) < 0$ und (B.38) muß $\frac{\partial\varepsilon_d^q}{\partial k} < 0$ gelten. Wenn stattdessen $\frac{\partial\theta^q}{\partial k} < 0$ ist, so folgt aus (B.37), daß $\frac{\partial\varepsilon_d^q}{\partial k} < 0$ gelten muß. Um das Vorzeichen von $\frac{\partial\theta^q}{\partial k}$ zu bestimmen, setzt man (B.37) in (B.38) ein und erhält

$$\frac{\partial\theta^q}{\partial k}\left[\phi'\left(\theta^q\right)-\frac{\beta c^2(r+\lambda)^2}{(1-\beta)^2\left[r+\lambda F\left(\varepsilon_d^q\right)\right]\left[\sigma(\varepsilon_u-\varepsilon_d^q)-(r+\lambda)k\right]^2}\right]=$$
$$\frac{c(r+\lambda)^2}{(1-\beta)\left[\sigma(\varepsilon_u-\varepsilon_d^q)-(r+\lambda)k\right]^2}\left[-\frac{r}{r+\lambda F\left(\varepsilon_d^q\right)}+1\right]. \quad \text{(B.39)}$$

Der eingeklammerte Teil auf der linken Seite von (B.39) ist negativ, während die rechte Seite positiv ist und somit $\frac{\partial\theta^q}{\partial k}<0$ gelten muß.

Die Ableitung nach $p-b$

Leitet man (3.38) und (3.42) nach $p-b$ ab, so ergibt sich

$$\sigma\frac{\partial\varepsilon_d^q}{\partial(p-b)}=\frac{\beta c}{1-\beta}\frac{\partial\theta^q}{\partial(p-b)}+\frac{\sigma\lambda}{r+\lambda}\left[1-F\left(\varepsilon_d^q\right)\right]\frac{\partial\varepsilon_d^q}{\partial(p-q)}-1$$
$$\Leftrightarrow \quad \sigma\frac{\partial\varepsilon_d^q}{\partial(p-q)}\frac{r+\lambda F\left(\varepsilon_d^q\right)}{r+\lambda}=\frac{\beta c}{1-\beta}\frac{\partial\theta^q}{\partial(p-b)}-1 \quad \text{(B.40)}$$

beziehungsweise

$$\phi'(\theta^q)\frac{\partial\theta^q}{\partial(p-b)}=\frac{c(r+\lambda)}{1-\beta}\frac{\frac{\partial\varepsilon_d^q}{\partial(p-b)}}{\left[\sigma(\varepsilon_u-\varepsilon_d^q)-(r+\lambda)k\right]^2}. \quad \text{(B.41)}$$

Gälte $\frac{\partial\theta^q}{\partial(p-b)}<0$, so folgte aus (B.40) $\frac{\partial\varepsilon_d^q}{\partial(p-q)}<0$ und zugleich aus (B.41) $\frac{\partial\varepsilon_d^q}{\partial(p-q)}>0$, ein offensichtlicher Widerspruch. Somit muß $\frac{\partial\theta^q}{\partial(p-b)}>0$ und damit wegen (B.41) $\frac{\partial\varepsilon_d^q}{\partial(p-q)}<0$ gelten.

Der Arbeitsmarkt für Geringqualifizierte

Die Kreuzableitung $\partial\left(\frac{\partial\varepsilon_d^g}{\partial k}\right)/\partial\rho$: Leitet man die (3.38) und (3.42) entsprechenden Gleichungen für die Geringqualifizierten nach ρ ab und löst anschließend nach $\partial\varepsilon_d^g/\partial\rho$ auf, so ergibt sich Gleichung (B.20). Diese wiederum kann nach k abgeleitet werden:

$$\frac{\partial^2\varepsilon_d^g}{\partial\rho\partial k}=\frac{-(r+\lambda)\left[\lambda F'(\varepsilon_d^g)\frac{\partial\varepsilon_d^g}{\partial k}-\beta\Phi(\theta^g)\frac{\partial\theta^g}{\partial k}\right]}{r+\lambda F(\varepsilon_d^g)-\beta\frac{\phi(\theta^g)^2}{\phi'(\theta^g)}}. \quad \text{(B.42)}$$

Wegen $\frac{\partial\varepsilon_d^g}{\partial k},\frac{\partial\theta^g}{\partial k}<0$ ist die Kreuzableitung positiv, wenn $\Phi(\theta^g)$ negativ und daher $\phi(\cdot)$ hinreichend konvex ist. Wie bereits im Zusammenhang mit Gleichung (B.22) gezeigt, ist dies etwa für eine Cobb-Douglas Spezifikation der Matchingfunktion der Fall, so daß dann die Kreuzableitung (B.42) positiv ist.

B.1.4 Konjunkturschwankungen

Änderungen in der aggregierten Produktivität ($\check{p}$ and p)

Eine Änderung in $\check{p}$ (oder p) wirkt sich sowohl auf $\check{\varepsilon}_d^q$ als auch auf ε_d^q aus. Somit müßen (3.48) und (3.50) nach $\check{p}$ (oder p) abgeleitet werden. Da die Berechnungen für $\check{p}$ und p sehr ähnlich verlaufen, werden lediglich die Schritte für $\check{p}$ vorgestellt. Ableiten von (3.48) und (3.50) nach $\check{p}$ ergibt

$$\sigma\frac{\partial\check{\varepsilon}_d^q}{\partial\check{p}} = -1 - \frac{\lambda\sigma}{r+\mu+\lambda}\left\{[1-F(\varepsilon_d^q)]\frac{\partial\varepsilon_d^q}{\partial\check{p}} - [1-F(\check{\varepsilon}_d^q)]\frac{\partial\check{\varepsilon}_d^q}{\partial\check{p}}\right\} + \frac{\lambda\sigma}{r+\lambda}[1-F(\varepsilon_d^q)]\frac{\partial\varepsilon_d^q}{\partial\check{p}}$$

$$\Leftrightarrow \sigma\frac{\partial\check{\varepsilon}_d^q}{\partial\check{p}}\frac{r+\mu+\lambda F(\check{\varepsilon}_d^q)}{r+\mu+\lambda} = -1 + \frac{\lambda\mu\sigma}{(r+\lambda)(r+\mu+\lambda)}[1-F(\varepsilon_d^q)]\frac{\partial\varepsilon_d^q}{\partial\check{p}} \quad \text{(B.43)}$$

und

$$\sigma\frac{\partial\varepsilon_d^q}{\partial\check{p}} = -\frac{\lambda\sigma}{r+\lambda}[1-F(\varepsilon_d^q)]\frac{\partial\varepsilon_d^q}{\partial\check{p}} - \frac{\mu\sigma}{r+\lambda+\mu}\left[\frac{\partial\varepsilon_d^q}{\partial\check{p}} - \frac{\partial\check{\varepsilon}_d^q}{\partial\check{p}}\right]$$

$$\Leftrightarrow \sigma\frac{\partial\varepsilon_d^q}{\partial\check{p}}\left[\frac{r+\lambda F(\varepsilon_d^q)}{r+\lambda} + \frac{\mu}{r+\lambda+\mu}\right] = \frac{\mu\sigma}{r+\lambda+\mu}\frac{\partial\check{\varepsilon}_d^q}{\partial\check{p}}\,. \quad \text{(B.44)}$$

Da der Klammerausdruck auf der linken Seite von (B.44) positiv ist, haben die zwei Ableitungen $\frac{\partial\varepsilon_d^q}{\partial\check{p}}$ und $\frac{\partial\check{\varepsilon}_d^q}{\partial p}$ dasselbe Vorzeichen. Einfügen von (B.44) in (B.43) führt zu

$$\sigma\frac{\partial\check{\varepsilon}_d^q}{\partial\check{p}}\frac{r+\mu+\lambda F(\check{\varepsilon}_d^q)}{r+\mu+\lambda} = -1 + \frac{\mu^2\lambda\sigma[1-F(\varepsilon_d^q)]}{(r+\mu+\lambda)[(r+\lambda F(\varepsilon_d^q))(r+\mu+\lambda)+\mu(r+\lambda)]}\frac{\partial\check{\varepsilon}_d^q}{\partial\check{p}}$$

$$\Leftrightarrow \sigma\frac{\partial\check{\varepsilon}_d^q}{\partial\check{p}}\frac{\Psi}{(r+\mu+\lambda)[(r+\lambda F(\varepsilon_d^q))(r+\mu+\lambda)+\mu(r+\lambda)]} = -1 \quad \text{(B.45)}$$

mit

$$\begin{aligned}\Psi &= [r+\mu+\lambda F(\check{\varepsilon}_d^q)]\{[r+\lambda F(\varepsilon_d^q)](r+\mu+\lambda)+\mu(r+\lambda)\} - \mu^2\lambda[1-F(\varepsilon_d^q)] \\ &= [r+\lambda F(\check{\varepsilon}_d^q)]\{[r+\lambda F(\varepsilon_d^q)](r+\lambda+\mu)+\mu(r+\lambda)\} && \text{(B.46)} \\ &\quad +\mu[r+\lambda F(\varepsilon_d^q)](r+\mu+\lambda)+\mu^2(r+\lambda F(\varepsilon_d^q)) > 0\,, && \text{(B.47)}\end{aligned}$$

so daß gilt $\frac{\partial\check{\varepsilon}_d^q}{\partial\check{p}}, \frac{\partial\varepsilon_d^q}{\partial\check{p}} < 0$.

Änderungen im Produktivitätsunterschied ρ

Ein Anstieg von ρ für $d\check{\theta}^l = d\theta^g = 0$: Leitet man die zu (3.48) und (3.50) analogen Gleichungen für die Gering-Qualifizierten nach ρ ab, so erhält man

$$\sigma\frac{\partial\check{\varepsilon}_d^g}{\partial\rho} = \sigma - \frac{\lambda\sigma}{r+\mu+\lambda}\left\{[1-F(\varepsilon_d^g)]\frac{\partial\varepsilon_d^g}{\partial\rho} - [1-F(\check{\varepsilon}_d^g)]\frac{\partial\check{\varepsilon}_d^g}{\partial\rho}\right\} + \frac{\lambda\sigma}{r+\lambda}[1-F(\varepsilon_d^g)]\frac{\partial\varepsilon_d^g}{\partial\rho}$$

$$\Leftrightarrow \quad \sigma\frac{\partial\check{\varepsilon}_d^g}{\partial\rho}\,\frac{r+\mu+\lambda F(\check{\varepsilon}_d^g)}{r+\mu+\lambda} = \sigma + \frac{\lambda\mu\sigma}{(r+\lambda)(r+\mu+\lambda)}[1-F(\varepsilon_d^g)]\frac{\partial\varepsilon_d^g}{\partial\rho} \tag{B.48}$$

und

$$\sigma\frac{\partial\varepsilon_d^g}{\partial\rho} = \sigma + \frac{\lambda\sigma}{r+\lambda}[1-F(\varepsilon_d^g)]\frac{\partial\varepsilon_d^g}{\partial\rho} - \frac{\mu\sigma}{r+\mu+\lambda}\left[\frac{\partial\varepsilon_d^g}{\partial\rho} - \frac{\partial\check{\varepsilon}_d^g}{\partial\rho}\right]$$

$$\Leftrightarrow \quad \sigma\frac{\partial\varepsilon_d^g}{\partial\rho}\,\frac{\Upsilon}{(r+\mu+\lambda)(r+\lambda)} = \sigma + \frac{\mu\sigma}{r+\mu+\lambda}\frac{\partial\check{\varepsilon}_d^g}{\partial\rho} \tag{B.49}$$

mit

$$\Upsilon = [r+\lambda F(\varepsilon_d^g)](r+\mu+\lambda) + \mu(r+\lambda) > 0\ . \tag{B.50}$$

Angenommen es gilt $\partial\check{\varepsilon}_d^g/\partial\rho < 0$. Wegen (B.48) muß $\partial\varepsilon_d^g/\partial\rho$ dann negativ sein. Ist stattdessen $\partial\check{\varepsilon}_d^g/\partial\rho$ positiv, so zeigt die Gleichung (B.49), daß auch $\partial\varepsilon_d^g/\partial\rho$ positiv sein muß. Dasselbe gilt, wenn ausgehend vom Vorzeichen der Ableitung $\partial\varepsilon_d^g/\partial\rho$ argumentiert. Folglich müssen die beiden Ableitungen dasselbe Vorzeichen haben.

Um das Vorzeichen von $\partial\check{\varepsilon}_d^g/\partial\rho$ zu bestimmen, setzt man (B.49) in (B.48) ein und erhält

$$\sigma\frac{\partial\check{\varepsilon}_d^g}{\partial\rho}\,\frac{r+\mu+\lambda F(\check{\varepsilon}_d^g)}{r+\mu+\lambda} = \sigma + \frac{\lambda\mu\sigma[1-F(\varepsilon_d^g)]}{\Upsilon}\left[1+\frac{\mu}{r+\mu+\lambda}\frac{\partial\check{\varepsilon}_d^g}{\partial\rho}\right]$$

$$\Leftrightarrow \quad \sigma\frac{\partial\check{\varepsilon}_d^g}{\partial\rho}\left[\frac{r+\mu+\lambda F(\check{\varepsilon}_d^g)}{r+\mu+\lambda} - \frac{\lambda\mu^2[1-F(\varepsilon_d^g)]}{\Upsilon(r+\mu+\lambda)}\right] = \sigma\left[1+\frac{\mu\lambda[1-F(\varepsilon_d^g)]}{\Upsilon}\right]\ . \tag{B.51}$$

Ähnliche Schritte im Kontext der Gleichung (B.47) zeigen, daß der eingeklammerte Ausdruck auf der linken Seite der Gleichung positiv sein muß. Da auch die rechte Seite positiv ist, kann gefolgert werden, daß $\partial\check{\varepsilon}_d^g/\partial\rho,\ \partial\varepsilon_d^g/\partial\rho > 0$ gilt.

Herleitung der Gleichungen (3.51) und (3.52)

Gleichung (3.51): Subtrahiert man (3.44) für $\varepsilon = \varepsilon_d^q$ von derselben Gleichung für ein $\varepsilon \geq \varepsilon_d^q$, so ergibt sich

$$(r+\mu+\lambda)[S^q(\varepsilon)+k] = \sigma(\varepsilon-\varepsilon_d^q) + \mu[\check{S}^q(\varepsilon) - \check{S}^q(\varepsilon_d^q)]\ . \tag{B.52}$$

Derselbe Schritt mit Gleichung (3.45) führt zu

$$(r+\mu+\lambda)[\check{S}^q(\varepsilon)-\check{S}^q(\varepsilon_d^q)] = \sigma(\varepsilon-\varepsilon_d^q)+\mu[S^q(\varepsilon)+k]\ . \qquad \text{(B.53)}$$

Einsetzten von (B.53) in (B.52) ergibt

$$\begin{aligned}(r+\mu+\lambda)[S^q(\varepsilon)+k] &= \sigma(\varepsilon-\varepsilon_d^q)+\frac{\mu}{r+\mu+\lambda}\{\sigma(\varepsilon-\varepsilon_d^q)+\mu[S^q(\varepsilon)+k]\}\\ \Leftrightarrow\ [S^q(\varepsilon)+k]\frac{(r+\mu+\lambda)^2-\mu^2}{r+\mu+\lambda} &= \sigma(\varepsilon-\varepsilon_d^q)\frac{r+2\mu+\lambda}{r+\mu+\lambda}\\ \Leftrightarrow\ S^q(\varepsilon) &= \frac{\sigma(\varepsilon-\varepsilon_d^q)}{r+\lambda}-k\ . \qquad \text{(B.54)}\end{aligned}$$

Wählt man in (B.54) $\varepsilon = \varepsilon_u$, so ergibt sich unter Verwendung von (3.31) und (3.2) die Gleichung (3.51):

$$\begin{aligned}S^q(\varepsilon_u) = \frac{c}{(1-\beta)\phi(\theta^q)} &= \frac{\sigma(\varepsilon_u-\varepsilon_d^g)}{r+\lambda}-k\\ \Leftrightarrow\ \phi(\theta^q) &= \frac{c(r+\lambda)}{1-\beta}\,\frac{1}{\sigma(\varepsilon-\varepsilon_d^g)-(r+\lambda)k}\ . \qquad \text{(3.51)}\end{aligned}$$

Gleichung (3.52): Subtrahiert man (3.46) für $\varepsilon = \check{\varepsilon}_d^q$ von (3.45) für ein $\varepsilon \geq \varepsilon_d^q$, so folgt

$$\begin{aligned}(r+\mu+\lambda)\left[\check{S}^q(\varepsilon)+k\right] &= \sigma(\varepsilon-\check{\varepsilon}_d^q)+\mu[S^q(\varepsilon)+k]\\ \Leftrightarrow\ \check{S}^q(\varepsilon) &= \frac{\sigma(\varepsilon-\check{\varepsilon}_d^q)}{r+\mu+\lambda}+\frac{\mu}{r+\mu+\lambda}\,\frac{\sigma(\varepsilon-\varepsilon_d^q)}{r+\lambda}-k\ . \qquad \text{(B.55)}\end{aligned}$$

Wie zuvor ergibt Gleichsetzen von ε mit ε_u und Verwendung von (3.31), (3.2) und (B.54) die Gleichung (3.52):

$$\begin{aligned}\check{S}^q(\varepsilon_u) = \frac{c}{(1-\beta)\phi(\check{\theta}^s)} &= \frac{\sigma(\varepsilon_u-\check{\varepsilon}_d^q)}{r+\mu+\lambda}+\frac{\mu}{r+\mu+\lambda}\,\frac{\sigma(\varepsilon_u-\varepsilon_d^q)}{r+\lambda}-k\\ \Leftrightarrow\ \phi\left(\check{\theta}^q\right) &= \frac{c(r+\lambda)}{1-\beta}\,\frac{1}{\frac{\sigma(\varepsilon_u-\check{\varepsilon}_d^q)(r+\lambda)}{r+\mu+\lambda}+\frac{\mu\sigma(\varepsilon_u-\varepsilon_d^q)}{r+\lambda+\mu}-(r+\lambda)k}\\ \Leftrightarrow\ \phi\left(\check{\theta}^q\right) &= \frac{c(r+\lambda)}{1-\beta}\,\frac{1}{\sigma(\varepsilon_u-\check{\varepsilon}_d^q)-\mu\frac{\sigma(\varepsilon_d^q-\check{\varepsilon}_d^q)}{r+\lambda+\mu}-(r+\lambda)k}\ . \qquad \text{(3.52)}\end{aligned}$$

B.2 Herleitungen zu Kapitel 4

B.2.1 Asymmetrietest mit Markovprozessen für $n = 2$

Im Fall $n = 2$ gibt es die vier möglichen Zustände $(I_{t-1} = 0, I_{t-2} = 0)$, $(I_{t-1} = 0, I_{t-2} = 1)$, $(I_{t-1} = 1, I_{t-2} = 0)$ und $(I_{t-1} = 1, I_{t-2} = 1)$, und entsprechend ergeben sich auch vier Steady-State-Ausgangswahrscheinlichkeiten $\pi_{ij} = P(I_2 = i, I_1 = j), i,j = 0{,}1$. Man definiert die Übergangswahrscheinlichkeiten λ_{ij} $i,j = 0{,}1$ als

$$\lambda_{11} = P(I_t = 1 \,|\, I_{t-1} = 1, I_{t-2} = 1) \quad \text{(B.56)}$$
$$\lambda_{10} = P(I_t = 1 \,|\, I_{t-1} = 1, I_{t-2} = 0) \quad \text{(B.57)}$$
$$\lambda_{01} = P(I_t = 0 \,|\, I_{t-1} = 0, I_{t-2} = 1) \quad \text{(B.58)}$$
$$\lambda_{00} = P(I_t = 0 \,|\, I_{t-1} = 0, I_{t-2} = 0) \quad \text{(B.59)}$$

und faßt diese in einem Vektor $\boldsymbol{\lambda}^{(2)} = (\lambda_{11}, \lambda_{10}, \lambda_{01}, \lambda_{00})'$ zusammen. Die jeweilige Anzahl der Zustandswechsel beträgt

$$n_{ij} := \sum_{t=3}^{T} 1_{\{I_t = i \wedge I_{t-1} = i \wedge I_{t-2} = j\}} \quad \text{(B.60)}$$
$$\bar{n}_{ij} := \sum_{t=3}^{T} 1_{\{\neg(I_t = i) \wedge I_{t-1} = i \wedge I_{t-2} = j\}} \quad , i,j = 0{,}1 \quad \text{(B.61)}$$

Unter Verwendung dieser Definitionen lautet die Loglikelihoodfunktion für die Stichprobe $I^T = (I_1, \ldots, I_T)$

$$\begin{aligned} l(\boldsymbol{\lambda}^{(2)}; I_T) = \log \pi_{ij}(\boldsymbol{\lambda}^{(2)}) &+ n_{11} \log \lambda_{11} + \bar{n}_{11} \log(1 - \lambda_{11}) + n_{10} \log \lambda_{10} \\ &+ \bar{n}_{10} \log(1 - \lambda_{10}) + n_{01} \log \lambda_{01} + \bar{n}_{01} \log(1 - \lambda_{01}) \\ &+ n_{00} \log \lambda_{00} + \bar{n}_{00} \log(1 - \lambda_{00}) \, , \end{aligned} \quad \text{(B.62)}$$

wobei π_{ij} wiederum den für die jeweilige Stichprobe (genauer: deren Realisationen I_1 und I_2) relevanten Ausdruck der Ausgangswahrscheinlichkeiten bezeichnet.

Um die π_{ij} mit Hilfe der λ_{ij} auszudrücken, definiert man einen Vektor mit Zustandswahrscheinlichkeiten $\boldsymbol{\pi}_t = (\pi_{11,t}, \pi_{10,t}, \pi_{01,t}, \pi_{00,t})$. Für die Elemente von $\boldsymbol{\pi}_t$ lassen sich ähnlich wie in den Gleichungen (4.8) und (4.9) Zerlegungen in λ_{ij} und $\pi_{ij,t-1}$ finden. Definiert man die Matrix

$$A = \begin{pmatrix} \lambda_{11} & \lambda_{10} & 0 & 0 \\ 0 & (1 - \lambda_{01}) & 0 & (1 - \lambda_{00}) \\ (1 - \lambda_{11}) & (1 - \lambda_{10}) & 0 & 0 \\ 0 & 0 & \lambda_{01} & \lambda_{00} \end{pmatrix} , \quad \text{(B.63)}$$

so lassen sich diese Zerlegungen kompakt als

$$\boldsymbol{\pi}_t = A \boldsymbol{\pi}_{t-1} \quad \text{(B.64)}$$

ausdrücken. Im Steady-State gilt $\boldsymbol{\pi}_t = \boldsymbol{\pi}_{t-1} = \boldsymbol{\pi}$, so daß

$$(I - A)\pi = 0 \quad \text{(B.65)}$$

gilt. Die Matrix $I - A$ hat lediglich Rang 3, aber zusammen mit der Bedingung $\pi_{11} + \pi_{10} + \pi_{01} + \pi_{00} = 1$ erhält man wieder eindeutige Lösungen für die Ausgangswahrscheinlichkeiten π_{ij}. Diese lauten unter Verwendung der Setzung $D := (1 - \lambda_{00})(1 - \lambda_{11} + \lambda_{10}) + (1 - \lambda_{11})(1 - \lambda_{00} + \lambda_{01})$

$$\pi_{11} = \frac{(1 - \lambda_{00})\lambda_{10}}{N} , \tag{B.66}$$

$$\pi_{10} = \frac{(1 - \lambda_{00})(1 - \lambda_{11})}{N} , \tag{B.67}$$

$$\pi_{01}^{*} = \pi_{10} , \tag{B.68}$$

$$\pi_{00} = \frac{(1 - \lambda_{11})\lambda_{01}}{N} . \tag{B.69}$$

Mit Hilfe dieser Ausdrücke hängt die Loglikelihoodfunktion nur noch vom Parametervektor $\boldsymbol{\lambda}^{(2)}$, dessen Elemente nun über die Maximum-Likelihood-Methode geschätzt werden können.

B.2.2 Langfristbeziehungen für das asymmetrische Fehlerkorrekturmodell

Ausgangspunkt ist die CES-Produktionsfunktion

$$Y_t = A_t \left[\sum_{i=1}^{p} \alpha_i Q_{i,t}^{\rho} \right]^{\frac{1}{\rho}} \quad \rho \leq 1,\ 0 < \alpha_i < 1\ \forall i,\ \sum_{i=1}^{p} \alpha_i = 1 , \tag{B.70}$$

wobei ρ die Substitutionselastizität bezeichnet und im übrigen die Notation der Variablen der aus Kapitel 2 entspricht, vergleiche insbesondere Seite 6.
Im langfristigen Gleichgewicht lautet demnach der Gewinn Π_t

$$\Pi_t = A_t \left[\sum_{i=1}^{p} \alpha_i Q_{i,t}^{\rho} \right]^{\frac{1}{\rho}} - \sum_{i=1}^{p} P_{i,t} Q_{i,t} . \tag{B.71}$$

Als Bedingung erster Ordnung für ein Gewinnmaximum ergibt sich

$$\frac{\partial \Pi_t}{\partial Q_{i,t}} = \alpha_i \rho Q_{i,t}^{\rho-1} A_t \left[\sum_{i=1}^{p} \alpha_i Q_{i,t}^{\rho} \right]^{\frac{1}{\rho}-1} - P_{i,t} Q_{i,t} \tag{B.72}$$

$$\Leftrightarrow \quad Q_{i,t}^{1-\rho} = \alpha_i \rho A_t^{\rho} A_t^{1-\rho} \left[\sum_{i=1}^{p} \alpha_i Q_{i,t}^{\rho} \right]^{\frac{1-\rho}{\rho}}$$

$$\Leftrightarrow \quad Q_{i,t}^{1-\rho} = \alpha_i \rho A_t^{\rho} \left\{ A_t \left[\sum_{i=1}^{p} \alpha_i Q_{i,t}^{\rho} \right]^{\frac{1}{\rho}} \right\}^{1-\rho} P_{i,t}^{-1}$$

$$\overset{(B.70)}{\Leftrightarrow} \quad Q_{i,t} = (\alpha_i \rho A_t^{\rho})^{\frac{1}{1-\rho}} Y_t P_{i,t}^{\frac{-1}{1-\rho}} . \tag{B.73}$$

Durch Logarithmieren kann (B.73) linearisiert werden, und man erhält unter der Annahme, daß sich der technische Fortschritt gemäß

$$A_t = A_0 e^{\zeta_0 + \zeta_1 t + \varepsilon_t} \tag{B.74}$$

entwickelt, die Gleichung

$$q_{i,t} = \delta_t + y_t + \frac{-1}{1-\rho} p_{i,t} + \varepsilon_t \ , \tag{B.75}$$

wobei der Term δ_t den Logarithmus der deterministischen Elemente aus (B.73) zusammenfaßt, d.h. $\delta_t = \frac{1}{1-\rho} [\log(\alpha_i \rho) + \rho(\zeta_0 + \zeta t)]$.

Die Herleitung für eine Cobb-Douglas Produktionsfunktion verläuft ganz analog.

Anhang C

Ergänzende Tabellen zu Kapitel 4

Dieser Anhang enthält weitere Tabellen, auf die im Hauptteil der Arbeit verwiesen wird, die jedoch für das Verständnis nicht zwingend erforderlich sind.

C.1 Asymmetrietests für Arbeitslosendaten (Abschnitt 4.2)

Reihe	x_t^T	Δx_t^T	Δx_t
ALQDE	[(1,2,4,5),(5)]	[(1,5),(3)]	[(1),(4)]
ALZDE	[(1,2,5),(3,5)]	[(1),(3,5)]	[(1,4,5),(3,5)]
ALQUS	[2,(4,5,8)]	[(1,2,4),(8)]	[(1,4),(6,8)]
ALZUS	[(1,2,4,5,6),(5,8)]	[(1,4),(6,8)]	[(1,4),(6,8)]
ALQGB	[2, 0]	[(1,3),0]	[(1,3),0]
ALZGB	[2,(4)]	[(1,4)(3,4)]	[(1,3),(4)]

Die Zahlen im ersten Klammerpaar geben die Zahl der AR-Lags, die im zweiten hingegen die MA-Lags an. Zusätzlich enthalten alle Spezifikationen eine Konstante. Demnach steht beispielsweise die Angabe [(1,3),(2)] für das Modell $y_t = \alpha_0 + \alpha_1 y_{t-1} + \alpha_2 y_{t-3} + \delta_1 \varepsilon_{t-2} + \varepsilon_t$.

Tabelle C.1: ARMA-Spezifikationen für die Arbeitslosendaten sowie ihre ersten Differenzen

	Zeitumkehrtest für x_t^T mit $k =$								p-max Wert[a]	
Reihe	1	2	3	4	5	6	7	8	$k \leq 8$	$k \leq 12$
ALQDE	−1,483	−2,043	−2,210	−2,063	−1,896	−1,848	−1,905	−1,868	0,074	0,151
ALZDE	−1,189	−1,757	−1,922	−1,888	−1,776	−1,734	−1,765	−1,715	0,092	0,147
ALQUS	−2,861	−3,904	−2,938	−2,289	−2,001	−1,673	−1,310	−0,917	0,147	0,221
ALZUS	−2,022	−2,898	−2,123	−1,542	−1,293	−1,011	−0,788	−0,580	0,405	0,485
ALQGB	−0,448	−1,711	−2,414	−2,372	−2,126	−1,880	−1,695	−1,580	0,103	0,178
ALZGB	−0,432	−1,548	−2,139	−2,092	−1,892	−1,703	−1,565	−1,477	0,124	0,232
	Zeitumkehrtest für die Residuen von x_t^T mit $k =$								p-max Wert[a]	
	1	2	3	4	5	6	7	8	$k \leq 8$	$k \leq 12$
ALQDE	−2,441	−3,468	−0,913	−1,535	−0,002	−0,473	−0,901	−0,327	0,002	0,001
ALZDE	−2,149	−4,456	−0,171	−0,698	−0,325	−1,481	−0,568	−0,845	0,000	0,000
ALQUS	−1,587	−3,197	−0,789	−2,357	−1,578	−3,646	−1,692	−4,336	0,000	0,000
ALZUS	−1,581	−3,010	−0,617	−1,914	−0,532	−3,999	−1,695	−4,351	0,000	0,000
ALQGB	−2,622	−0,037	−0,278	−0,218	−0,358	−0,607	−0,982	−0,544	0,007	0,007
ALZGB	−0,970	−0,127	−1,939	−1,037	−0,959	−0,240	−2,353	−2,090	0,050	0,089

Bemerkungen: Der obere Tabellenteil gibt die Ergebnisse für die bereinigten Niveaus, der untere die für die Residuen des jeweiligen ARMA-Modells wieder.

[a] Der p-max Wert ist ein grobes Maß für die gemeinsame Signifikanz der Einzelstatistiken, zur Konstruktion vergleiche den Text auf Seite 101.

Tabelle C.2: Zeitumkehrtest für die Niveaus der Arbeitslosendaten (längslaufende Asymmetrie)

Reihe	Zeitumkehrtest für Δx_t^T mit $k =$ 1	2	3	4	5	6	7	8	p-max Wert[a] $k \leq 8$	$k \leq 12$
ALQDE	−2,507	−5,777	−5,041	−3,188	−2,715	−1,592	−1,123	−0,615	0,010	0,014
ALZDE	−2,497	−5,148	−4,937	−2,720	−2,454	−1,840	−1,405	−0,747	0,008	0,008
ALQUS	−2,889	−4,491	−3,185	−3,571	−2,840	−0,305	−0,186	−0,548	0,008	0,007
ALZUS	−2,448	−3,762	−3,030	−3,029	−3,006	−0,858	−1,059	−0,150	0,017	0,024
ALQGB	−3,035	−0,607	−1,856	−1,545	−1,647	−2,055	−2,310	−2,357	0,046	0,088
ALZGB	−0,630	−0,393	−1,042	−1,188	−1,493	−1,816	−1,855	−1,948	0,077	0,142
	Zeitumkehrtest für die Residuen von Δx_t^T mit $k =$ 1	2	3	4	5	6	7	8	p-max Wert[a] $k \leq 8$	$k \leq 12$
ALQDE	−2,809	−3,373	−0,932	−2,507	−1,597	−0,268	−0,951	−1,181	0,003	0,001
ALZDE	−3,641	−3,756	−0,753	−1,334	−1,443	−1,156	−0,757	−0,834	0,000	0,002
ALQUS	−1,942	−3,162	−0,907	−1,738	−0,083	−2,296	−0,291	−3,193	0,001	0,001
ALZUS	−1,777	−3,382	−1,947	−1,335	−0,816	−1,772	−0,063	−2,368	0,000	0,003
ALQGB	−2,482	−0,212	−0,669	−0,415	−0,613	−0,462	−0,746	−0,797	0,007	0,009
ALZGB	−0,713	−0,204	−1,728	−0,412	−1,318	−0,657	−1,313	−2,219	0,087	0,143

Bemerkungen: Der obere Tabellenteil gibt die Ergebnisse für die bereinigten ersten Differenzen, der untere die für die Residuen des jeweiligen ARMA-Modells wieder.

[a] Der p-max Wert ist ein grobes Maß für die gemeinsame Signifikanz der Einzelstatistiken, zur Konstruktion vergleiche den Text auf Seite 101.

Tabelle C.3: Zeitumkehrtest für die ersten Differenzen der Arbeitslosendaten (querlaufende Asymmetrie)

C.2 Analyse des verarbeitenden Gewerbes (Abschnitt 4.3)

Reihe	Spezifikation	ADF-Stat.	Kritische Werte 1%	5%	10%	Δx_t
L^g	Konst.+Tr.	−2,141	−3,994	−3,427	−3,137	***
	Konst.	−1,125	−3,455	−2,872	−2,572	***
L^q	Konst.+Tr.	−3,999	−3,993	−3,427	−3,136	**
	Konst.	−3,656	−3,454	−2,872	−2,572	***
L	Konst.+Tr.	−2,181	−3,994	−3,427	−3,137	**
	Konst.	−1,213	−3,455	−2,872	−2,572	***
W^g	Konst.+Tr	−1,511	−3,994	−3,427	−3,137	***
	Konst.	0,247	−3,455	−2,872	−2,572	**
W^q	Konst.+Tr	−1,841	−3,993	−3,426	−3,136	***
	Konst.	0,021	−3,454	−2,871	−2,572	*
W	Konst.+Tr	−1,513	−3,994	−3,427	−3,137	***
	Konst.	0,513	−3,455	−2,872	−2,572	**
Y	Konst.+Tr	−2,987	−3,994	−3,427	−3,137	***
	Konst.	−0,555	−3,455	−2,872	−2,572	***
K	Konst.+Tr	−2,896	−3,992	−3,426	−3,136	*
	Konst.	−0,468	−3,454	−2,871	−2,572	**

Bemerkungen: Die Laglänge für jede Spezifikation (Konstante oder Konstante mit Trend) wurde gemäß dem Akaike-Informationskriterium (AIC) gewählt. Die in den Spalten 4–6 angegebenen kritischen Werte wurden gemäß MacKinnon (1991) berechnet. Auf die vollständige Wiedergabe der Ergebnisse für die ersten Differenzen wird verzichtet und stattdessen nur die Signifikanz angegeben. Hierbei stehen * für das 10%-, ** für das 5%- und *** für das 1%-Niveau.

Tabelle C.4: ADF-Test für die Daten des verarbeitenden Gewerbes

Reihe	x_t	Δx_t	Δx_t
L	[(1,2,3),(8)]	[(1,2,3),(7,8)]	[(1,2,3),(8)]
L^g	[(1,2),(8)]	[(1,4),(8)]	[(1,4),(8)]
L^q	[(1,3),0]	[(1,2,4),(4)]	[(1,2,4),(4)]

Die Zahlen im ersten Klammerpaar geben die Zahl der AR-Lags, die im zweiten hingegen die MA-Lags an. Zusätzlich enthalten alle Spezifikationen eine Konstante. Demnach steht beispielsweise die Angabe [(1,3),(2)] für das Modell $y_t = \alpha_0 + \alpha_1 y_{t-1} + \alpha_2 y_{t-3} + \delta_1 \varepsilon_{t-2} + \varepsilon_t$.

Tabelle C.5: ARMA-Spezifikationen für die Arbeitnehmerzahlen des verarbeitenden Gewerbes

Literaturverzeichnis

Acemoglu, Daron (1999): Changes in „Unemployment" and Wage Inequality: An Alternative Theory and some Evidence, *American Economic Review*, Bd. 89(5): S. 1259–1278.

Albrecht, James W., Gautier, Pieter A. und Vroman, Susan B. (2001): Matching with Multiple Applications, Tinbergen Institute Discussion Paper No. 01-080/3.

Albrecht, James W. und Vroman, Susan B. (2000): A Matching Model with Endogenous Skill Requirements, *forthcoming International Economic Review*.

Amano, Robert A. und Wirjanto, Tony S. (1997): An Empirical Study of Dynamic Labor Demand with Integrated Forcing Processes, *Journal of Macroeconomics*, Bd. 19(4): S. 697–715.

Anderson, Theodore W. und Goodman, Leo A. (1957): Statistical Inference About Markov Chains, *Annals of Mathematical Statistics*, Bd. 28: S. 89–110.

Arellano, Manuel (1989): A Note on the Anderson-Hsiao Estimator for Panel Data, *Economics Letters*, Bd. 31(4): S. 337–341.

Balakrishnan, Ravi und Michelacci, Claudio (2001): Unemployment Dynamics Across OECD Countries, *European Economic Review*, Bd. 45(1): S. 135–165.

Balke, Nathan S. und Fomby, Thomas B. (1997): Threshold Cointegration, *International Economic Review*, Bd. 38(3): S. 627–645.

Bell, Brian und Nickell, Stephen (1995): The Collapse in Demand for the Unskilled and Unemployment Across the OECD, *Oxford Review of Economic Policy*, Bd. 11(1): S. 40–62.

Bentolila, Samuel und Bertola, Giuseppe (1990): Firing Costs and Labour Demand: How Bad is Eurosclerosis?, *Review of Economic Studies*, Bd. 57: S. 381–402.

Bertola, Guiseppe, Blau, Francine D. und Kahn, Lawrence M. (2002): Comparative Analysis of Labor Market Outcomes: Lessons for the US from

International Long-Run Evidence, in: **Alan B. Krueger und Robert M. Solow** (Hrsg.), *The Roaring Nineties: Can Full Employment Be Sustained?*, Nr. 8526, S. 159–218, Russel Sage Foundation, New York.

Blanchard, Oliver J. und Summers, Lawrence H. (1987): Hysteresis in Unemployment, *European Economic Review*, Bd. 31(1/2): S. 288–295.

Blanchard, Olivier und Portugal, Pedro (2001): What Hides Behind an Unemployment Rate: Comparing Portugese and U.S. Labor Markets, *American Economic Review*, Bd. 91(1): S. 187–207.

Blanchard, Olivier und Wolfers, Justin (1999): The Role of Shocks and Institutions in the Rise of European Unemployment: The Aggregate Evidence, NBER Working Paper No. 7282.

Blanchard, Olivier J. und Summers, Lawrence H. (1986): Hysteresis and the European Unemployment Problem, in: **Stanley Fischer** (Hrsg.), *NBER Macroeconomics Annual 1986*, S. 15–78, NBER, Cambridge/Massachusetts, London.

Blau, Francine D. und Kahn, Lawrence M. (1999): Institutions and Laws in the Labor Market, in: **Orley Ashenfelter und David Card** (Hrsg.), *Handbook of Labor Economics*, Bd. 3A, Kap. 39, S. 1399–1461, Elsevier, Amsterdam.

Boeri, Tito (1999): Enforcement of Employment Security Regulations, on-the-Job Search and Unemployment Duration, *European Economic Review*, Bd. 43(1): S. 65–89.

Booth, Alison L. (1997): An Analysis of Firing Costs and their Implications for Unemployment Policy, in: **Guillermo de la Dehesa und Dennis J. Snower** (Hrsg.), *Unemployment Policy: Government Options for the Labour Market*, S. 359–388, Cambridge University Press, Cambridge.

Brown, Charles (1999): Minimum Wages, Employment, and the Distribution of Income, in: **Orley Ashenfelter und David Card** (Hrsg.), *Handbook of Labor Economics*, Bd. 3B, Kap. 39, S. 2101–2163, Elsevier, Amsterdam.

Bundesamt, Statistisches (2001): *Statistisches Jahrbuch 2001 für die Bundesrepublik Deutschland*, Metzler-Poeschel, Stuttgart.

Burda, Michael und Wyplosz, Charles (1994): Gross Worker and Job Flows in Europe, *European Economic Review*, Bd. 38(6): S. 1287 – 1315.

Burgess, Simon und Dolado, Juan J. (1989): Intertemporal Rules with Variable Speed of Adjustment: An Application to U.K. Manufacturing Employment, *Economic Journal*, Bd. 99: S. 347–365.

Caballero, Ricardo J. und Hammour, Mohamad L. (1998): Jobless Growth: Appropriability, Factor Substitution, and Unemployment, *Carnegie-Rochester Conference Series*, Bd. 48: S. 51–94.

Cahuc, Pierre und Malherbet, Franck (**2001**): Unemployment Compensation Finance and Labor Market Rigidity, mimeo.

Chang, Ching-Cheng und Stefanou, Spiro E. (**1988**): Specification and Estimation of Asymmetric Adjustment Rates for Quasi-Fixed Factors of Production, *Journal of Economic Dynamics and Control*, Bd. 12(1): S. 145–151.

Coe, David T. und Snower, Dennis J. (**1997**): Policy Complementarities: The Case for Fundamental Labor Market Reform, *IMF Staff Papers*, Bd. 44(1): S. 1–35.

Cover, James Peery (**1992**): Asymmetric Effects of Positive and Negative Money-Supply Shocks, *Quarterly Journal of Economics*, Bd. 107(4): S. 1261–1282.

Cross, Rod (Hrsg.) (**1988**): *Unemployment, Hysteresis and the Natural Rate Hypothesis*, Oxford, Basil Blackwell.

— (**1995**): *The Natural Rate of Unemployment – Reflections on 25 Years of the Hypothesis*, Cambridge, Cambridge University Press.

Davidson, Russel und MacKinnon, James G. (**1993**): *Estimation and Inference in Econometrics*, Oxford University Press, Oxford.

Davis, Steven J. (**2001**): The Quality Distribution of Jobs and the Structure of Wages in Search Equilibrium, NBER Working Paper No. 8434.

Davis, Steven J., Haltiwanger, John C. und Schuh, Scott (**1996**): *Job Creation and Destruction*, MIT Press, Cambridge.

DeLong, J. Bradford und Summers, Lawrence H. (**1986**): Are Business Cycles Symmetrical?, in: **Robert J. Gordon** (Hrsg.), *The American Business Cycle*, S. 166–179, University of Chicago Press, Chicago.

den Haan, Wouter, Haefke, Christian und Ramey, Garey (**2001**): Shocks and Institutions in a Job-Matching Model, CEPR Discussion Paper No. 2970.

Di Tella, Rafael und MacCulloch, Robert (**1999**): The Consequences of Labour Market Flexibility: Panel Evidence Based on Survey Data, ZEI Working Paper No. B2.

Dibooğlu, Selahattin und Enders, Walter (**2001**): Do Real Wages Respond Asymmetrically to Unemployment Shocks? Evidence from the U.S. and Canada, *Journal of Macroeconomics*, Bd. 23(4): S. 495–515.

DIW (**2000**): Stille Reserve wichtig für die Arbeitsmarktflexibilität in Deutschland, *DIW Wochenbericht*, Bd. 67(29): S. 457–465.

Enders, Walter und Granger, C.W.J. (**1998**): Unit-Root Tests and Asymmetric Adjustment With an Example Using the Term Structure of Interest Rates, *Journal of Business & Economic Statistics*, Bd. 16(3): S. 304–311.

Enders, Walter und Siklos, Pierre L. (**2001**): Cointegration and Threshold Adjustment, *Journal of Business & Economic Statistics*, Bd. 19(2): S. 166–176.

Epstein, Larry G. und Denny, Michael G. S. (**1983**): The Multivariate Flexible Accelerator Model: Its Empirical Restrictions and an Application to U.S. Manufacturing, *Econometrica*, Bd. 51(3): S. 647–674.

Escribano, Alvaro und Pfann, Gerard A. (**1998**): Non-Linear Error Correction, Asymmetric Adjustment and Cointegration, *Economic Modelling*, Bd. 15(2): S. 197–216.

Fahr, René und Sunde, Uwe (**2001**): Disaggregate Matching Functions, IZA Discussion Paper No. 335.

Falk, Barry (**1986**): Further Evidence on the Asymmetric Behavior of Economic Time Series over the Business Cycle, *Journal of Political Economy*, Bd. 94(5): S. 1096–1109.

Farber, Henry S. (**1997**): The Changing Face of Job Loss in the United States, 1981–1993, *Brookings Papers on Economic Activity – Microeconomics*, S. 55–128.

Feichtinger, Gustav, Hartl, Richard F., Kort, Peter M. und Wirl, Franz (**2001**): The Dynamics of a Simple Relative Adjustment Cost Framework, *German Economic Review*, Bd. 2(3): S. 255–268.

Fisz, Marek (**1980**): *Wahrscheinlichkeitsrechnung und Mathematische Statistik*, VEB Deutscher Verlag der Wissenschaften, Berlin, 10. Ausg.

Freeman, Richard und Schettkat, Ronald (**2000**): Skill Compression, Wage Differentials and Employment: Germany Vs. The US, *NBER Working Paper No.*, Bd. 7610.

Garibaldi, Pietro (**1997**): The Asymmetric Effects of Monetary Policy on Job Creation and Destruction, *IMF Staff Papers*, Bd. 44(4): S. 557–584.

— (**1999**): Search Unemployment with Advance Notice, CEPR Discussion Paper No. 2164.

— (**2001**): Search Unemployment with Advance Notice, mimeo.

Gautier, Pieter A. (**1999**): Unemployment and Search Externalities in a Model with Heterogeneous Jobs and Heterogeneous Workers, Tinbergen Institute Discussion Paper No. 99-075/3.

— (**2002**): Unemployment and Search Externalities in a Model with Heterogeneous Jobs and Workers, *Economica*, Bd. 69(273): S. 21–40.

Granger, Clive W. J. und Teräsvirta, Timo (**1993**): *Modelling Nonlinear Economic Relationships*, Oxford University Press, Oxford.

Hamermesh, Daniel S. (**1989**): Labor Demand and the Structure of Adjustment Costs, *American Economic Review*, Bd. 79(4): S. 674–689.

— (**1992**a): A General Model of Dynamic Labor Demand, *Review of Economics and Statistics*, Bd. 74(4): S. 733–737.

— (**1992**b): Spatial and Temporal Aggregation in the Dynamics of Labor Demand, NBER Working Paper No. 4055.

— (**1993**): *Labor Demand*, Princeton University Press, Princeton.

Hamermesh, Daniel S. und Pfann, Gerard A. (**1996**): Adjustment Costs in Factor Demand, *Journal of Economic Literature*, Bd. XXXIV(3): S. 1264–1292.

Hamilton, James D. (**1994**): State-Space Models, in: **Robert F. Engle und Daniel L. McFadden** (Hrsg.), *Handbook of Econometrics*, Bd. 4, Kap. 50, S. 3039–3080, Elsevier, Amsterdam.

Heppt, Ehrenfried (**1979**): Umstellung des kurzfristigen Berichtssystems im Bergbau und im Verarbeitenden Gewerbe, *Wirtschaft und Statistik*, (6): S. 394–402.

Hodrick, Robert J. und Prescott, Edward C. (**1997**): Postwar U.S. Business Cycles: An Empirical Investigation, *Journal of Money, Credit, and Banking*, Bd. 29(1): S. 1–16.

Hopenhayn, Hugo und Rogerson, Richard (**1993**): Job Turnover and Policy Evaluation: A General Equilibrium Analysis, *Journal of Political Economy*, Bd. 101(5): S. 915–938.

Hosios, Arthur J. (**1990**): On The Efficiency of Matching and Related Models of Search and Unemployment, *Review of Economic Studies*, Bd. 57(2): S. 279–298.

Huizinga, Frederik und Schiantarelli, Fabio (**1992**): Dynamics and Asymmetric Adjustment in Insider-Outsider Models, *Economic Journal*, Bd. 102(415): S. 1451–1466.

Jaramillo, Fidel, Schiantarelli, Fabio und Sembenelli, Alessandro (**1993**): Are Adjustment Costs for Labor Asymmetric? An Econometric Test of Panel Data for Italy, *Review of Economics and Statistics*, Bd. LXXV(4): S. 640–648.

Johansen, Søren (**1995**): *Likelihood-Based Inference in Cointegrated Vector Autoregressive Models*, Oxford University Press, Oxford.

Kandil, Magda (**2000**): Demand-Side Stabilisation Policies: What is the Evidence of their Potential?, IMF Working Paper No. 00/97.

Karras, Georgios und Stokes, Houston H. (**1999**): On the Asymmetric

Effects of Money-Supply Shocks: International Evidence from a Panel of OECD Countries, *Applied Economics*, Bd. 31(2): S. 227–235.

Kendall, Maurice G. und Stuart, Alan (1969): *The Advanced Theory of Statistics*, Bd. 1, Charles Griffin & Company, London, 3. Ausg.

King, Robert G. und Rebelo, Sergio T. (1999): Resuscitating Real Business Cycles, in: **John B. Taylor und Michael Woodford** (Hrsg.), *Handbook of Macroeconomics*, Bd. 1B, Kap. 14, S. 927–1007, Elsevier, Amsterdam.

Kodde, D. A., Palm, F. C. und Pfann, G. A. (1990): Asymptotic Least-Squares Estimation Efficiency Considerations and Applications, *Journal of Applied Probability*, Bd. 5: S. 229–243.

Kölling, Arnd (1998): *Anpassungen auf dem Arbeitsmarkt – Eine Analyse der Dynamischen Arbeitsnachfrage in der Bundesrepublik Deutschland*, Bd. 217 von *Beiträge zur Arbeitsmarkt- und Berufsforschung*, Institut für Arbeitsmarkt und Berufsforschung der Bundesanstalt für Arbeit, Nürnberg.

Kugler, Adriana D. und Saint-Paul, Gilles (2000): How Do Firing Costs Affect Worker Flows in a World with Adverse Selection?, mimeo, Universitat Pompeu Fabra.

Layard, Richard, Nickell, Stephen und Jackman, Richard (1991): *Unemployment – Macroeconomic Performance and the Labour Market*, Oxford University Press, Oxford.

Lazear, Edward P. (1990): Job Security Provisions and Employment, *Quarterly Journal of Economics*, Bd. 105(3): S. 699–726.

Lindbeck, Assar (1992): Macroeconomic Theory and the Labor Market, *European Economic Review*, Bd. 36(2/3): S. 209–235.

Lindbeck, Assar und Snower, Dennis (1988): Cooperation, Harassement, and Involuntary Unemployment. An Insider-Outsider Approach, *American Economic Review*, Bd. 78: S. 167–188.

Lindbeck, Assar und Snower, Dennis J. (1987): Union Activity, Unemployment Persistence and Wage-Employment Ratchets, *European Economic Review*, Bd. 31: S. 157–167.

Ljungqvist, Lars (1999): How Do Layoff Costs Affect Employment?, Stockholm Schook of Economics Working Paper in Economics and Finance No. 322.

Ljungqvist, Lars und Sargent, Thomas J. (1998): The European Unemployment Dilemma, *Journal of Political Economy*, Bd. 106(3): S. 514–550.

Lundgren, Tommy und Sjöström, Magnus (2001): A Flexible Specification of Adjustment Costs in Dynamic Factor Demand Models, *Economics Letters*, Bd. 72(2): S. 145–150.

Lütkepohl, Helmut (1993): *Introduction to Multiple Time Series Analysis*, Springer, Berlin, 2. Ausg.

MacKinnon, James G. (1991): Critical Values for Cointegration Tests, in: **Robert F. Engle und Clive W. J. Granger** (Hrsg.), *Long-Run Economic Relationships*, S. 267–276, Oxford University Press, Oxford.

Manski, Charles F. und Straub, John D. (1999): Worker Perceptions of Job Insecurity in the Mid-1990s: Evidence from the Survey of Economic Expectations, NBER Working Paper No. 6908.

Mortensen, Dale T. (1986): Job Search and Labor Market Analysis, in: **Orley Ashenfelter und Richard Layard** (Hrsg.), *Handbook of Labor Economics*, Bd. 2, S. 849–919, North Holland, Amsterdam.

— **(1994)**: The Cyclical Behavior of Job and Worker Flows, *Journal of Economic Dynamics and Control*, Bd. 18(3): S. 1121–1142.

Mortensen, Dale T. und Pissarides, Christopher A. (1994): Job Creation and Job Destruction in the Theory of Unemployment, *Review of Economic Studies*, Bd. 61(3): S. 397–415.

— **(1999a)**: Job Reallocation, Employment Fluctuations and Unemployment, in: **John B. Taylor und Michael Woodford** (Hrsg.), *Handbook of Macroeconomics*, Bd. 1B, Kap. 18, S. 1171–1228, Elsevier, Amsterdam.

— **(1999b)**: New Developments in Models of Search in the Labor Market, in: **Orley Ashenfelter und David Card** (Hrsg.), *Handbook of Labor Economics*, Bd. 3B, Kap. 39, S. 2565–2627, Elsevier, Amsterdam.

— **(1999c)**: Unemployment Responses to 'Skill-Biased' Technology Shocks: The Role of Labour Market Policy, *Economic Journal*, Bd. 109: S. 242–265.

— **(2001)**: Taxes, Subsidies and Equilibrium Labour Market Outcomes, CEPR Discussion Paper No. 2989.

Nadiri, M. Ishag und Rosen, Sherwin (1969): Interrelatd Factor Demand Functions, *American Economic Review*, Bd. 59(4): S. 457–471.

Neftçi, Salih A. (1984): Are Economic Time Series Asymmetric over the Business Cycle?, *Journal of Political Economy*, Bd. 92(2): S. 307–328.

Nickell, Stephen (1985): Error Correction, Partial Adjustment and All That: An Expository Note, *Oxford Bulletin of Economics and Statistics*, Bd. 47(2): S. 119–129.

— **(1998)**: Unemployment: Questions and some Answers, *Economic Journal*, Bd. 108(448): S. 802–816.

Nickell, Stephen J. (**1984**): An Investigation of the Determinants of Manufacturing Employment in the United Kingdom, *Review of Economic Studies*, Bd. 51(4): S. 529–557.

— (**1986**): Dynamic Models of Labour Demand, in: **Orley Ashenfelter und Richard Layard** (Hrsg.), *Handbook of Labor Economics*, Bd. 1, S. 473–522, North Holland, Amsterdam.

OECD (**1999**): *Employment Outloook*, OECD, Paris.

— (**2001**): *Education at a Glance*, OECD, Paris.

Oi, Walter Y. (**1962**): Labor as a Quasi-Fixed Factor, *Journal of Political Economy*, Bd. 70(6): S. 538–555.

Palm, Franz C. und Pfann, Gerard A. (**1990**): Interrelated Demand Rational Expectations Models for Two Types of Labour, *Oxford Bulletin of Economics and Statistics*, Bd. 52(1): S. 45–68.

— (**1993**): Asymmetric Adjustment Costs in Non-Linear Labour Demand Models for the Netherlands and U.K. Manufacturing Sectors, *Review of Economic Studies*, Bd. 60(2): S. 397–412.

— (**1997**): Sources of Asymmetry in Production Factor Dynamics, *Journal of Econometrics*, Bd. 82(2): S. 361–392.

Petrongolo, Barbara und Pissarides, Christopher A. (**2001**): Looking Into the Black Box: A Survey of the Matching Function, *Journal of Economic Literature*, Bd. 39(2): S. 390–431.

Pfann, Gerard A. (**1996**): Factor Demand Models with Nonlinear Short-Run Fluctuations, *Journal of Economic Dynamics and Control*, Bd. 20(1–3): S. 315–331.

— (**2001**): Measuring and Forecasting Asymmetries in Employment Cycles with US Labor Market Applications, *International Journal of Forecasting*, Bd. 17(3): S. 433–445.

Pfann, Gerard A. und Verspagen, Bart (**1989**): The Structure of Adjustment Costs for Labour in the Dutch Manufacturing Sector, *Economics Letters*, Bd. 29(4): S. 365–371.

Pindyck, Robert S. und Rotemberg, Julio J. (**1983**): Dynamic Factor Demands and the Effects of Energy Price Shocks, *American Economic Review*, Bd. 73(5): S. 1066–1079.

Pissarides, Christopher A. (**1990**): *Equilibrium Unemployment Theory*, Basil Blackwell, Oxford.

— (**1992**): Loss of Skill During Unemployment and the Persistence of Employment Shocks, *Quarterly Journal of Economics*, Bd. 107(4): S. 1371–1391.

— **(1994)**: Search Unemployment with on-the-Job Search, *Review of Economic Studies*, Bd. 61(3): S. 457–475.

— **(1998)**: The Impact of Employment Tax Cuts on Unemployment and Wages; The Role of Unemployment Benefits and Tax Structure, *European Economic Review*, Bd. 42(1): S. 155–183.

— **(2000)**: *Equilibrium Unemployment Theory*, MIT Press, Cambridge, MA, 2. Ausg.

Ramsey, James B. und Rothman, Philip (1996): Time Irreversibility and Business Cycle Asymmetry, *Journal of Money, Credit, and Banking*, Bd. 28(1): S. 1–21.

Rauch, Angela und Reinberg, Alexander (1998): Bildung und Arbeitsmarkt: Der Trend zur höheren Qualifikation ist ungebrochen, IAB Werkstattbericht 15.

Richardson, Matthew (1993): Temporary Components of Stock Prices: A Skeptic's View, *Journal of Business & Economic Statistics*, Bd. 11(2): S. 199–207.

Romer, David (1996): *Advanced Macroeconomics*, McGraw-Hill, New York.

Rothman, Philip (1991): Further Evidence on the Asymmetric Behavior of Unemployment Rates over the Business Cycle, *Journal of Macroeconomics*, Bd. 13(2): S. 291–298.

Saint-Paul, Gilles (1995): The High Unemployment Trap, *Quarterly Journal of Economics*, Bd. 110(2): S. 527–550.

— **(1996)**: *Dual Labor Markets – A Macroeconomic Perspective*, The MIT Press, Cambridge, MA.

Sargent, Thomas J. (1978): Estimation of Dynamic Labor Demand Schedules under Rational Expectations, *Journal of Political Economy*, Bd. 86(6): S. 1009–1044.

Schmidt, Christoph M. (1999): The Heterogeneity and Cyclical Sensitivity of Unemployment: An Exploration of German Labor Market Flows, AWI-University of Heidelberg Discussion Paper No. 302.

Shapiro, Carl und Stiglitz, Joseph E. (1984): Equilibrium Unemployment as a Worker Discipline Device, *American Economic Review*, Bd. 74(3): S. 433–444.

Shapiro, Matthew D. (1986): The Dynamic Demand for Capital and Labor, *Quarterly Journal of Economics*, Bd. 101(3): S. 513–542.

Sichel, Daniel E. (1993): Business Cycle Asymmetry: A Deeper Look, *Economic Inquiry*, Bd. 31(2): S. 224–236.

Tong, Howell (1990): *Non-Linear Time Series – a Dynamical System Approach*, Clarendon Press, Oxford.

FSC
www.fsc.org
MIX
Papier | Fördert gute Waldnutzung
FSC® C083411

Kolibri 360 GmbH
Ferdinand-Jühlke-Straße 7
99095 Erfurt, Deutschland
produktsicherheit@kolibri360.de

Druck:
CPI Druckdienstleistungen GmbH
im Auftrag der
Kolibri 360 GmbH
Ferdinand-Jühlke-Str. 7
99095 Erfurt